U0626874

当代河南女作家研究资料汇编
乔叶卷

张莉 李馨 主编

北京出版集团
北京十月文艺出版社

—— 乔叶 ——

河南省修武县人，中国作家协会全委会委员，北京老舍文学院专业作家。主要从事小说和散文创作，已发表小说和散文五百余万字。著有长篇小说《认罪书》《拆楼记》《藏珠记》等，中短篇小说集《最慢的是活着》《打火机》等，散文集《深夜醒来》《走神》等。作品获鲁迅文学奖、人民文学奖、华语文学传媒大奖、庄重文文学奖、《北京文学》奖、锦绣文学大奖、郁达夫小说奖、杜甫文学奖、《小说选刊》年度大奖、《小说月报》百花奖以及中国原创小说年度大奖等多个文学奖项，作品多次入选年度排行榜和年度选本，多部作品被译介到英国、西班牙、俄罗斯、意大利、日本、韩国等国家。

目　录

总

序

地方性色彩与女性写作的可能

——"当代河南女作家研究资料汇编"序言

张　莉

一

想到河南，几乎所有人都会想到那个著名的豫剧片段《谁说女子不如男》："刘大哥讲话理太偏，谁说女子享清闲？男子打仗到边关，女子纺织在家园。白天去种地，夜晚来纺棉，不分昼夜辛勤把活儿干，这将士们才能有这吃和穿。你要不相信（哪），请往身上看，咱们的鞋和袜，还有衣和衫，这千针万线可都是她们连（哪啊）。有许多女英雄，也把功劳建，为国杀敌是代代出英贤，这女子们哪一点不如儿男……"

唱词如此之好，它以典型的女性视角说出了历史的真相、生活的真相。这个唱腔里有典型的河南风格和河南气质，有着古乐的典雅，但同时，女性声音的加入硬朗又柔软，某种对真相的讲述伴随着恳切、朴素，引起了一代代观众的共情。在我们民族的文化生活里，《谁说女子不如男》以其鲜明的独特性和女性气质留存下来。而豫剧、女性意识都成了"硬通货"。这让人想到何为深具地方色彩的女性写作，何为超越性的地方书写与女性艺术的问题。

二

之所以编纂"当代河南女作家研究资料汇编"丛书，是试图厘清新世纪以来河南女作家们的创作谱系。何向阳、邵丽、梁鸿、乔叶、计文君都曾在河南生活成长、写作，即使她们中有四位已经在北京生活，但是，"河南"在她们的写作中有着深深的烙印，毕竟河南是她们创作与生命的给养。

五位作家都讨论过河南之于她们写作的重要给养。何向阳谈起黄河之于她的意义。"这三十四年我切实喝它的水，吃它的水浇出的粮食，它给我生命的恩惠，无法计算。'何水德之难量！'古人说。难量的还有它其中的精神，那是没有物的测杆的——文字能不能成为它呢？也许还是不能，标尺的想法是多余的。因为躺着的水击散到每一个人那里，就是每一个人——这直立的黄皮肤的水，他们奔涌，在历史间，一幕幕大戏开和阖，他们也是为了一个方向，一个必要到达的目的而不懈不屈，我写，在那熟悉的身影里，不止一次找得到我自己。其实是想说，在他们为理想叠加生命进去的队列里，我想找到我自己。"

邵丽非常认同"中原作家群"这一概念。"我还是比较喜欢'中原作家群'这个称呼。河南的作家群体很有特色，从队伍方面来讲，老中青作家非常齐全。从作品内容来看，中原特色比较鲜明，有态度，有担当，有天下意识。中原作家群确实是一个非常有担当意识的群体，毕竟中原地区文化积淀深，'天下'意识有历史传承，所以更容易做到'我为人民鼓与呼'。当然，文学创作是一种更心灵化、个体化的活动，所以文学中的文化意识传承，必然也和作家的个体因素有关。……它是一个文学现象而不是哲学概念。共性只能在个性中存在，每个河南的作家都是不一样的，任何个性都不能完全被包括在共性之中，这才构成一个独特的群体。相对而言，我关注城市比较多，对真正的农村，尤其是底层生活还比较陌生。"对中原及河南的深深认同感，也体现在邵丽的写作中。2021年，邵丽在北京十月文艺出版社出版《天台上的父亲》，其中收录的短篇小说《天台上的父亲》和《风中的母亲》，都给人带来惊喜，那是独属于中原人民的故事，她借由这样的故事，重新为中原大地上那些最普通的人民画像。

梁鸿是"梁庄"最著名的女儿，她以那个落在河南的村庄为坐标，为中国当代的非虚构文学树立了一种写作范式。十年来，《中国在梁庄》引起的影响依然深远，十年后，梁鸿重回梁庄，不负期待，写下迷人的《梁庄十年》。诚挚、诚恳，内心充满柔情和暖意，作家写下作为生存之地、生活空间的梁庄，但也写下历史裹挟、时间变迁中的梁庄，这是《梁庄十年》给我们带来的震动。不再只是作为社会问题的梁庄，不再只是作为中国缩影的梁庄，它还是乡民日常生活、情感变化之所。作家以一种更为生动的细节和故事去讲述村庄里的父老、坟墓里的亲人以及她之于这片土地难以割舍的深刻情感，作家写下村庄之变时，其实也写下了村庄之不变，从而为我们重新勾勒了另一种意义上的作为乡土风景的梁庄。

乔叶的写作中有着另一种中原气质，温厚而多情，《最慢的是活着》《认罪书》《拆楼记》都是她关于中原大地生活的写照，在这位作家那里，河南是她写作的肌理。"河南是我的成长根基，河南文化是我的精神父母，这就是河南对我的意义。它是上天赐给我的命定的东西，我无法拒绝也不能拒绝。它对我创作的影响就是我必会带有河南气息。我曾把河南比喻成我所有作品的序。这序早在我动笔之前的几千年就开始铺展，开始弥漫，直至浸入我作品的字里行间，并延伸到纸外所有的空白。这序的作者所执之笔浩大如椽，它所用之纸，更是季节更替无边无垠。——不仅是我，事实上，它分娩和养育了这里的一切篇章。"

计文君的小说中，钧州是常常出现的地名，在她看来，河南或者北京之于她，只是一种写作时的肌理，而并不一定具有显性表征。"写作时，河南在我的认知中是一种文化和审美性质的存在。它跟我的生命经验有关系，我能由衷地感觉到河南的美——这很好理解，我的审美口味本来也就是由河南'塑造'的。河南优秀的作家很多，每个人的河南都不一样，就像北京对不同的人也是不同的城市。我不认为存在一个客观的实在的'河南'或者'北京'，任何地域都是通过人显现的。人在世界之中，世界通过人来显现，河南，北京，都是我观察世界的一种具体方式。"

读这些女作家的作品和她们的创作谈，你不得不想到那句话，"所有创造性的艺术必须源于某一块特定的土壤，闪烁着地方的精灵"。会想到她们作品中强烈的地方性特色，自然，也会想到她们作品中的那些超越地域的部分，五位作家作品中蕴含鲜明的女性气质。

何向阳的评论独具个性，那是充满着爱和体谅的文字，是以随笔体方式对文学所表达的最诚挚的爱和理解。而她的诗歌，安静、沉静、优雅，写的是女性最深沉的情感和内心生活，显现了我们时代女性诗歌少有的内敛和庄重，一如霍俊明所说，何向阳的诗歌"对日常的身边之物和细微之物保持了持续的观照、打量和探问的能力和热情。这对于女性写作来说是非常关键的"。

邵丽的作品里女性叙述人清晰而鲜明，2021年出版的长篇小说《金枝》，讲述的依然是中原地区人民的生活。一代代如金枝般的女性在酷烈的社会性别秩序中努力抗争，最终拥有了自我意识和自我命运的决定权，从而，人生路途宽阔，枝繁叶茂。作为承上启下的人物，周语同的话语里包含了审视父辈、女性意识、代际冲突等重要命题，《金枝》里固然有"我们如何做父／母亲"的思考，但同时也有"我们如何做儿女"以及关于"革命"的理解。这是一部使我们重新审视父辈，同时也重新审视子辈的作品，叙述人不断向内的思考、倾诉和痛彻的反省尤其令人动容。女性叙事对于这部作品如此重要，一如程德培所指出的，"女性叙事，尤其是以父亲为名所开启的几代母亲形象都是《金枝》得以立足的基石。无论是满含深情与怨恨，在修辞上掌控着叙事进程的'我'，还是'我'的母亲，父亲的母亲和祖母，抑或是另一个母亲穗子以及穗子女儿等，她们为人子女都是金枝玉叶，为人父母却又承担养育下一代的职责，所谓一种天然的道德承诺。从这个意义上说，代际关系与生命传承无疑是《金枝》的时间线索"。

《梁庄十年》中，梁鸿用情感结构她的所见所闻，尤其是引领我们看到女性的力量、女性的逃离，而无论女性的力量还是女性的逃离，其实都是今天这个时代给予女性的机会。很难忘记作品中五奶奶她们一个个说出自己的原名而不是谁谁妈谁谁妻子谁谁奶奶的那一幕，当她们每个人快乐而主动地确认自我时，梁鸿勾勒的是新的中国农村女性风貌，我们从中看到包括河南农村在内的整个中国农村内在情感结构和家庭结构的隐秘而重要的变革。

作为作家，乔叶越来越意识到，女性身份与出生成长地河南之于她的珍贵，在访谈中她多次说过这两者在素材选择、观察视角、思维方式上，对她的影响。而正如我们所读到的，创作二十多年来，乔叶也从未回避过她的女性视角和女性声音，无论她的小说还是散文，都浸润着一种女性独有的对生活的热气腾腾的爱，那是对生活最朴素的爱和理解。一如李敬泽所说，"作为小说家，一直有两个乔叶在争辩：那个乖巧的、知道我们是多么需要安慰的小说家，和那个凶悍的、立志发现人性和生活之本相的小说家"。而无论前者还是后者，都基于"乔叶是那种真正具有生活热情的小说家，因为热爱生活，所以这位小说家才能看到未被理念整理和驯服过的真实的心灵"。

杨庆祥看到了计文君小说某种古典的质地，"计文君的小说，在务虚和务实之间找到了微妙的张力。务实是指善于书写和发现物质性的世界，但她最好的东西是在热闹、繁花锦簇之后有务虚的东西，她的精神气质是有穿越性的，这是我特别感兴趣的地方。她的小说中的人物一方面完全活在现实、算计、功利的物质层面，另一方面又像从古代走出来的人物"。但她的作品女性气质也极为鲜明，吴义勤评价说，"学术研究的背景、理性思维的偏好、生活阅历与经验的丰富、文学阅读视野的宽阔等作为一种'前理解'进入其小说创作，造就了她独特的小说家气质。她的奇特，一方面表现为女性意识与男性意识的碰撞，她的小说既有强烈的女性小说的性别特征，又有着强烈的'力量感'，有着对于女性意识的超越与怀疑；另一方面又表现为传统与现代的纠缠，她的小说叙事及思想形态有着鲜明的现代感，但她的审美趣味却又明显地钟情于传统"。

…………

"女性气质"使这些作家的作品既在河南又不在河南，既有强烈的地方色彩，又有超越地方性色彩的一面，正是这样的既"在"又"不在"，既"有"又"有"，成就了她们之所以是她们的独特性所在。

今天，讨论女性写作时，常常在单一维度、既定框架里去讨论，而讨论地域写作时，也往往就此处说此处。如何在女性写作中杂糅进地方性色彩，又如何在地方性色彩里嵌入女性写作的特质，我以为是当代地方性写作及女性写作的重要路向。

三

那个深夜，我重看了常香玉大师当年的表演，一板一眼，有力、笃定、自信，是后来的女演员们所不能企及的。那次观看感受如此强烈，它多次让我想到艺术作品与地理知识的关系："文学作品不只是简单地对地理景观进行深情的描写，也提供了认识世界的不同方法，揭示了一个包含地理意义、地理经历和地理知识的广泛领域。"我甚至觉得，在常香玉的唱腔里，既有着鲜明的地理性，但也有与这种地理气质相关的认识世界的方法和角度。我的意思是，在常香玉的表演中，闪烁着地方的精灵、女性的迷人，但是也有超越性别、超越地方性的魅力所在。在某一刻，雌雄同体真正在常香玉的表演里得到了实现。

为什么要编纂"当代河南女作家研究资料汇编"丛书呢？某种程度上是我对自己观看常香玉表演后的回应——我试图从这些作家作品里厘清某种传统，试图思考建构一种深具女性气质的中原书写传统的可能性。我相信，这个编纂系列将使我们看到，这些女作家的创作既在中原作家的创作脉络之中，也在中原作家的写作脉络之外——女性视角是给予这"之外"的最强劲动力。

2021 年 5 月 15 日

作家作品选

取　暖

乔　叶

"师傅，停车。"公共汽车刚刚绕过花坛，他站起来说。

售票员看了他一眼，眼神里似乎有一些不满，仿佛在责备他没有提前打个招呼。但是在车停下之后，她还是使劲把油腻腻黑乎乎的门推开，说道："走好。"

其实他也没想到自己会在这里下车，不过在这里下车也并不意外。对他这样的人来说，到哪里下车都可以。他之所以要在这里下车，是因为实在太饿了。

腊月二十五，他被放了出来，带他出来的"政府"拍着他的肩膀说："我们放假，你小子也放假，我们放的是短假，你小子放的倒是长假。过年去吧，敞开怀吃！"

他犯的是强奸罪。

谁也没想到他会犯强奸罪，包括他自己。从小到大，他一直是个有口皆碑的乖孩子，不笑不说话，见面就问好。回家也帮父母干活，学习成绩一直在中上游，没有给父母丢过脸。临了考上了省里最好的大学，每月回一次家，非常规矩规律。这是他的白天。

不知道别人的黑夜怎样，他的黑夜是另一副样子。

他想女人，从十六岁那年在地摊上买过一本叫《香艳楼》的书之后就开始想。想得要死。起初的想是漫天飞舞的礼花，乱。没有一个明晰的对象，只要是女人就可以。女人常常是在梦中，模模糊糊的一片白，向他走来，还没走到他身边，他就会跑马。一跑马就完事了，像礼花的尾巴消失在空中，了无痕迹。上了大学之后，功课没那么紧了，身边的同学也都成双入对起来，他便也谈了恋爱。夜里还做那种梦，但梦里的女主角却越来越清楚，而且换得还很勤，几乎每一个入眼的女生，都和他有过柔情缠绵。他把她们都弄了个遍。他要她们怎样她们就怎样。她们要他怎样他也怎样。

当然，梦只是梦。梦想成真的最切实的目标还是他的女朋友。一瞬即逝的礼花长成了精准导弹。他像解方程式一样步骤明确绞尽脑汁地去解她，进攻她，一次又一次。可总是在最后关头被她拦截。"不行，不行，这不纯洁。"她总是这么说。她和他一样来自乡下小镇，守得紧。

那天夜里，他们去学校附近的一个影像厅看碟，看的是莎朗·斯通的《本能》，看到莎朗·斯通在接受讯问期间故意轮换双腿在那些男人面前显露自己体毛的镜头时，他觉得浑身的血都沸了。他抱住她，她没拒绝。可当他把手往她的裙腰里伸时，她忽然恼了，跑了出去。

他跟了出去，却已经看不见她了。他一个人无精打采地走在路上，斜穿过一个街心公园时，看见了那个女人。那个女人躺在地上，支棱着双腿，一动不动，散发着一股呛人的酒气。刚开始时他吓坏了，以为是个死人。后来他慢慢走近，发现她还在呼吸，而且呼吸得很均匀。他把手放在她的鼻子下，她一点儿察觉都没有。他这才明白她是喝醉了，在这里酣睡。

女人长得很一般，但是身材很好，腿修长匀称。她穿着一条长裙，没有穿袜子，裙子被支棱着的腿撩了上去，连内裤都一览无余。女人的内裤非常窄小，上面绣着隐隐的暗花。

向天发誓，刚开始时，他真是想做件好事，把她送回家的。一个女人深夜躺在这里，危险是显而易见的。他的学校在这座城市的西郊，夜里的行人本来就很少。

"喂，喂。"他把裙子给她放好，拽她。

女人不动。明明不胖的女人，拽着时却死沉死沉。他又拽了一次，女人依然没有一丝反应。第三次拽她的时候，他一着急，抱住了女人，女人也揪住了他。

"不要走，不要走，留下来陪我……"她喃喃着，哼哼唧唧，带着点儿撒娇和放荡。她把他的手按到她的胸上，重又睡去。他的头一下子就大了。她的软绵绵的腰，她的丰满得要爆炸出来的胸，她内裤下面透出的神秘的黑丛，她全身散发出来的甘冽的体味……她是女人，是他如渴思浆如热思凉的女人。这是个机会。

车越来越少，行人也越来越少。他守着这个女人，矛盾着，煎熬着。0点过后，他算了算，已经有一个小时没有人打这个街心公园路过了，女人还在睡，似乎要一直睡下去。

他终于蹲了下来。拨开了女人的内裤，看见了那个魂牵梦绕的秘密。然后，他用小刀把女人的内裤一点点切开，让自己的秘密闯进了女人的秘密里。在他动的时候，那个睡着的女人似乎是很舒服的，甚至有几声轻微的愉快的呻吟。可是当他结束了之后，她睁开眼睛，一切就都变了。

他被开除了学籍。在看守所待的两个月间，母亲从始至终都是像祥林嫂那样自言自语："他怎么这么傻啊。"父亲只说了一句话："这么没出息的罪，还不如杀个人呢。"女朋友给他转来了一封信——当然是绝交信，痛斥他"下流，无耻，龌龊，肮脏，卑鄙，让全世界人都恶心"。

他被判了六年，因为表现好，减了两次刑，坐了四年。服刑的监狱离家有一千里。四年间，母亲去看过他一次。

脚挨着土地的一刹那，他打了一个趔趄。坐得太久了，酸麻的腿让他有些失重。他背着一个深蓝色的旅行包，上面洒着黄色的小圆点，如同夜空里的星星。星星上印着两个硕大的连体字：北京。下面是一排相应的汉语拼音，也是字母和字母搅缠在一起，很热闹的样子。包的上半部明显是瘪的，这使包看起来很轻。

天正在下着小雪珠。很机灵、很调皮的那种，到手里，唰地就没有了。不仔细体会，连瞬间的凉润都是察觉不到的。到了衣服上，也是一刻间就消失了。弹到熙熙攘攘的路上，更是无影无踪。只是当人深吸一口气的时候，才会觉得鼻子里多了些冰辣的味道。

这是一个小镇，可也不是很小，比他家住的那个小镇似乎还要大一些。不过仿佛也是连一条正经的大街都没有。他走的这条，一定就是最宽敞的了。相当于长安街在北京了吧。

这种小镇的格局，他是熟悉的，左边是"幸福烩面馆"，右边是"小玉粮油店"，前面是"换面条"，旁边一行小字：一斤面换一斤二两面条，特细，二细，一细，一宽，二宽，特宽——这些都是面条的型号。再往前是"黎民百货"，门口还放着一张铁丝床，床上用木板压着一摞春联，春联上面还覆着一层油布。过往的人们没有谁看它一眼。这会儿，哪家的东西只怕都备齐了。他沿路过来，已经看到好些人家都贴上了。红红的，青青的。贴青联的人家肯定是白事不足三年的。这些习俗，从他小时候起就这样。

今天晚上，是大年夜。

街实在是很短。他从南走到北，又从北走到南，没有看见一家饭店开门。所有铺面的卷闸门都拉下了脸，如同秋天的扇面，不动声色地裹着一股寒意。

肚子咕噜咕噜地叫着。他真是太饿了。当然，到百货店里买包饼干也不是不能垫垫，关键是，他已经两天没有热热乎乎地吃上一顿面了。天生就是吃面的命。这会儿，要是能吃上一顿面，喝碗清面汤，该有多么好。这两天，他基本上都是在汽车上过的，下了这辆上那辆，就是想离家越远越好。晚上随便找个旅馆，一蒙头就睡，第二天继续上汽车。一直赶到现在，吃的都是饼干。要是再吃下去，他觉得自己身上都变成饼干肉了。

"请问，哪儿有饭店？"他拦住一个正路过他身边的女人。

女人腋下夹着一捆腐竹，匆匆忙忙地向前走着。听见他问，似乎被吓了一跳，随即呵呵笑起来。

"没有了，都关门了。回家过年呢。"她说。

"一家也没有？"

"没有。"

愣着的当儿，女人已经走远了。

他知道自己下错地方了。

雪下得比方才密了。然而没有风裹着，它下得似乎还有些犹疑。疏疏的、大大的雪片一点儿也不着急地盘旋着，迟迟缓缓地旋着，然后，低，再低，直到挨着了那些能挨着的物事。渐渐地，在屋顶，在路边，在所有人动不到的地方，涂出了些水粉一般的轮廓。

他从包里取出伞。伞是鲜黄色的，非常好看。这是他在监狱里劳动时亲自生产制作的，是他们的日常工作内容之一。伞面上印着"一路走好"。在他们监狱，每一个刑满释放人员——这两年已经叫"归正人员"——的出监仪式上，"政府"都会赠送给当事人一只礼盒，盒里有一本《公民道德规范》，还有这把伞。

他撑开伞。傻站在这陌生的街上，有一种引人注目的滑稽。他重新走了起来。走了一会儿，他看见刚才那个女人又从一个巷口奔出，肩上落着零零星星的雪花。这次她手里拎着两捆粉条。

"那，请问，有没有旅店？"他跟上去，问。女人站住了。大约对他如此迫切地想找一个吃饭睡觉的地方感到好奇，她使劲看了他一眼："没有。"

他不知道该说什么了。

"你在这儿没有亲戚朋友？"女人问他。

"没有。"

"那你来这儿干什么？"

"回家。路过这儿。"

"噢。"女人发出一声短促的感叹，眼神里有了一点儿同情。大年三十还得赶路，是够恓惶的。

"有没有哪一家能让我住一夜的？"他连忙抓住这点儿同情，"请你帮忙介绍一下，价钱好商量。"

"大过年的，"女人皱着眉，"哪家人都多。"

他们说话的时候，有人叫那女人"四婶"，有孩子叫那女人"四奶奶"，女人都答应着。一个骑自行车的男人干脆停下来听着他们说。

有一个女人，打着红伞，路过他们身边的时候，和"四婶"互相看了看，谁都没说话。女人走了几步，回头又看了看他。他知道女人是在看他，他没有看女人。已经几年没正经接触过女人了，他简直不知道该怎么面对女人的目光。不过不用看他也知道，女人很年轻。

"四婶，"骑自行车的男人"扑哧"笑了，悄声朝打红伞的女人努努嘴，"小春家不行吗？正缺着呢。"

"要说你去说。我不管这账。""四婶"笑着，走了。骑车的男人也猫着腰，紧蹬着车，顺进了一条小街。

小春。一个茫然的名字。小春家。一个茫然的地址。缺着？一定是男人。别是个寡妇吧？

他走进"黎民百货"，要了一盒烟。一边抽着，一边继续往前走。

这烟有点儿呛。或许是他几年都没抽过烟的缘故了。他舍不得抽。这四年，家里没给他送过什么钱。他的钱，全是自己在监狱里挣的。监狱和保险公司签订了服刑人员短期生活保险业务，只要愿意，每人每月都可以根据自己的实际情况从劳动报酬中拿出一些钱进行个人投保。监狱还根据每个人的具体表现，以当月的有效考核分为标准，再奖励一定数额。四年里，他每月为自己投保了四十元，出狱的时候，领到了近两千。出狱之后他花掉了一些，现在也还有一千五。

为了这些钱，他在监狱里使了浑身解数去表现。"政府"安排的事，他一定会做好。"政府"没安排的事，他也见缝插针地去做。最脏的活儿——刷厕所里的尿碱；最累的活儿——给大厨房的瓷砖墙从上到下清除油渍；最巧杂的活儿——拾掇电器，维修线路，烧锅炉；最危险的活儿——站在七楼窗台外擦玻璃，大冬天，木疼的手，紧抠着里墙，不能往下看，随时会掉下来……这些，都是他抢着干。别人骂他，他置若罔闻。别人打架打到他身上，他躲开。他不想让扣分。扣分就是扣钱。就这样，他攒了这些钱。他是有福气的，只是自己把福气浪费完了。以后的福气就得靠自己攒了。他知道。

早在没出狱的时候，他就把这笔钱筹划好了，它得派上大用场。他得用这钱给自己，尤其是给父母，夯出一些好日子。他还年轻，二十六岁，还有过头。父母却是过一天少三晌，他再不抓紧就来不及了。

"今天我归正了，犯罪到此结束，新生从此开始！"这是他在出监仪式上的宣誓。宣誓的时候，他有点儿别扭，觉得这话有些变形。在心里，他早就把这话说了千遍百遍，不是这么个感觉。仿佛一个每天见面的家人，突然抹了脸上了戏台子。怎么看都很遥远，怎么哑摸都串味儿。但这话里的核是结实的，是掏他心窝子的。

前天回到家的时候，刚喝完母亲给他倒的一杯水，正准备把钱掏给母亲，父亲就回来了。看了他一眼，没说话，就进了卧室，再也没有出来。母亲跟进去了一会儿，说："要不，你先去别的地方躲躲吧，过了年再来。你爸爸心脏不好。让他慢慢地把气儿顺下来。"他二话没说就拎着行李出了门，随便上了一辆公共汽车。

他能去哪儿躲呢？认识他的人都知道他是一摊粪。倒是陌生人的眼睛，只怕还可能会觉得他是一枚放干了的点心。

无论如何，他得往前走。要么坐车，可一直没有车来。要么找个人家住下，不然这夜冻可真够他受的。

他决定再问问。

他走进一家理发店。店里有两三个年轻人正在嗑着瓜子打牌。他一进去，他们都停下来看他。

"理发？"一个头发很红的男孩子说。

他下意识地想要去摸自己的头，又停住了。服刑时不能留长发，一层拱出头皮的硬楂，理什么呢？

"打听个事。"他说。

"什么？"

"我路过这儿，想找个地方住……"

"没旅店。"红发男孩打断了他。

"有没有哪家房子宽敞……"

"没有。"

"怎么没有？小春家啊。"另一个男孩子说。他们嘎嘎地笑成一片。在他们的笑声中，他不知道自己该不该笑，很孤独地站着。

"去吧，去小春家。沿着这条街一直走到北头，左拐，快出镇的时候，有一家小春饭店。"

"方便吗？"

"怎么不方便？方便着呢。方便得不能再方便了。"

又是一阵嘎嘎的大笑。

他出门。又是小春家。小春怎么了？她是个什么样的女人？会让他们笑得这么暧昧，这么放肆？他的心潮乱起来。不然，就去试试吧。既然她开着饭店。如果不能住，能吃点饭也是好的。如果不能吃饭，找个由头喝杯热水坐一坐暖和一下，也是好的。

他走到街的北端，左拐，一会儿，果然看见了一栋白房子。

暮色渐渐地重了，有鞭炮声不间断地响着。也许是因为处于小镇边缘，隔着那么多的树木和庄户，这鞭炮声听起来很奇怪：很近，但不刺耳。也很远，但又不渺茫。似乎有些像电视里的声音开大的效果，把那些棱棱角角都磨柔了。

他走上去。饭店是两间。门上一个木牌，写着"小春饭店"。门前有一棵小树，光秃秃的看不出是什么树，枝杈上挂着一个拖把，硬邦邦地擎着身上的布条，像一个冻僵了的人。玻璃窗很大，上面贴着几行字：主营　烩面　拉面　炝锅面　炸酱面　手工面　米饭　水饺　精美凉菜　香热炒菜　欢迎光临　物美价廉。

对联已经贴起来了，上联是"柴米油盐乾坤小"，下联是"万紫千红总是春"。初读着有些不伦不类，却也别有一种乡村野趣。再一琢磨句尾里藏着"小春"两个字，他就不由得笑了。

他推开了门，一瞬间便闻到了一股诱人的香味，他一下子便断定，这家盘的饺子馅儿是芹菜大肉的。

"谁？"一个小女孩的声音。他看见了那个小女孩，四五岁的样子。穿着一件粉白色的外套，头上扎着满当当的细辫子，像个蒙古娃娃，眼睛滴溜溜地望着他。

他笑了笑。

"你家大人呢？"

"妈，有人。"小女孩喊。

一个女人走出来。应该就是那个打红伞的女人。她上下看了他一眼："有事？"

"吃饭。"他说。他下意识地抹了一把自己的脸。他知道自己穿得很滑稽：裤子太短，衣服太宽。这都是别人给他的。

"今天不给别人做饭。"小女孩说。

"不赶脚回家了吗？"女人问。

"嗯。"

"那，你坐。"女人说，"想吃点什么？"

"什么都行。快点儿。"他实在是饿极了。

吹风机呼噜噜的声音，油刺啦啦的声音，汤咕嘟嘟的声音，此起彼伏地忙碌着，像赶着集。一浪一浪的气息涌出来，侵袭着他的肺腑。小女孩端出一只茶杯放在他的桌上。

"妈说，先喝口热水暖暖身子。"她的声音像嫩豆腐。

蒙蒙的水汽均匀地润上了他的脸。

他打量了一下店里。店里的格局是两室一厅型的，他站的地方是厅，厅的一角摆着一个玻璃柜，柜下摞着一摞雪亮的大白方瓷盘，大约是平时放小菜用的。玻璃柜后面还立着一个书柜，上面放着几种白酒，全带着包装盒，崭崭新的样子。厅里摆的全是长方形桌子，空间大的摆六座的，空间小的摆四座的。大约是不准备迎接客人的缘故，有几张桌子被挤到了一边，厅中间的地方显得大了起来，摆着一个煤球炉子，他的桌就在炉子旁边。炉子封着，但热气还是毫无阻碍地传过来。厅的东墙上一溜三个门，一个窄怯一些，把手上闪着油光，里面有窸窸窣窣的响动，应当是厨房。女人刚才就是从这里面走出走进的。另两个宽大一些，挂着帘子，应该是雅间。

这个格局，很像是监狱里亲情餐厅的格局。

亲情餐厅是监狱里近两年才设起来的。供服刑人员和亲人聚餐用。还有鸳鸯房。鸳鸯房是给夫妻的，他当然不敢想。就是在亲情餐厅能吃顿饭，他也没想到。母亲前年去看的他。当他接到通知的时候，几乎傻掉了，走路都不知道该先迈哪条腿。母亲几乎是从没有出过远门的人，一千多里，长途汽车，火车，公共汽车，三轮车，全都坐一遍才能到达他服刑的监狱，母亲就这样摸来了。在会见室，他和母亲一人拿着一个电话，却没有说什么，母亲只是哭。开始他也哭，后来他不哭了，他只是看着母亲。母亲老得那样厉害。他知道，她的皱纹，新长的，都是自己一刀一刀刻上去的。旧有的，也是他一刀一刀刻深的。

母亲在监狱的招待所住了一夜，第二天，他们在亲情餐厅吃了饭。四个菜：拍黄瓜，小葱拌豆腐，番茄炒蛋，红烧肉。还有半斤芹菜大肉饺子。他把红烧肉给母亲一块块夹进碗里，母亲又一块块地给他夹回来。他吃。大口地吃。噎得喉咙生疼。香腥得让他想要呕吐。他拍拍胸脯，对母亲笑。

结账的时候，他拦住了母亲："我有钱。"

"贵。"母亲说。

吃完饭，他们又在餐厅坐了一个多小时。母亲说她该走了，赶下午6点的火车。父亲心脏不好。她放心不下。

"妈，好好的。"他说。

"我们一把老骨头就这样了。你得好好的。"母亲说。

他们吃的那顿饭，花了四十八块钱。餐厅给他开了一张大红色的收据，他一直收着。没事就看看。没事就看看。

厨房里的声音单调起来。咣，咣，咣，应该是菜出锅了。女人先送上来一大碗肉丝面，随后又用盘子盛上来一个青椒肉片，还开了一瓶半斤装的"玉液酒"，给他满上。又在厨房里忙活了一会儿，端出一大盘香气四溢的饺子，喊着孩子过来："一起吃点儿饺子。大年夜不吃饺子是不行的。"

他埋下头吃着，一句话也没有说，一会儿头上就冒出了热气。

窗户外的暮色渐渐地靛蓝了。往外看去，被越来越紧的雪衬着，靛蓝里又现出点儿粉白。他又点上一根烟，听着外面的车声。突突突的是活泼的时风农用三轮车，轰轰轰的是雄壮的双斗拉煤大卡车，嗒嗒嗒的是热闹的小四轮拖拉机，刺刺刺的是安静的自行车。远远地，他似乎还听见有公共汽车的声音传来，咿咿呀呀，匆匆忙忙。

他慌慌张张结了账，拎着东西走出门，那车已经绕过花坛走了——没有人在这小镇的边缘下车，因此它似乎也知道根本不必节制一丁点儿速度，浪费一丝丝多情的停留。

一出来，就不好再进去了。

空中的鞭炮仍在响着。路却陷入了沉寂。他撑着伞站在路边，觉得手脚都冰冷起来。鲜黄的伞在雪中没了鲜气儿。被雪罩着，露出斑斑点点的黄。他踩踩踏踏，踏踏踩踩，暖意如调皮的孩子，总不会驻留太久。一股鞭炮的烟味融在雪里，沿着空气弥漫过来，浓浓地凝着，像是在冰箱里冻稠了。有行人过来，总要奇怪地看他一眼，他不由自主地往后退缩着，一点一点退到挂拖把的树前，觉得自己也渐渐地像一个拖把了。

"妈让你进去暖和。"小女孩探出头来说。女人已经为他倒好了水。炉子盖掀开了。橙红的火苗一朵一朵绽放着，像一块圆铁开出的奇异的花。

电视上正演着绚丽而遥远的歌舞。小女孩指指点点地跟妈妈说着："……宋祖英，宋祖英……"

"……赵本山，赵本山……"

他们都盯着电视。

"这镇子上，从来就没有旅店吗?"他问。

"没有。"

"饭店怎么全都关了门?"

"都回家过年了。"

"那，你们怎么不回家呢?"

女人不作声。

"我们家就在镇上。"小女孩说。

"那你怎么不回家和爷爷奶奶一起过年呢?"

"我没有爷爷奶奶了。"

"你爸爸呢?"他问小女孩。

小女孩看了他一眼，自顾自地指着电视说:"潘长江，潘长江!"

小女孩渐渐地有些困乏了，眼神懈怠起来。女人从厨房打出热水，给她洗过，便让她睡去了。

"我走了。"他也站起来。女孩的睡让房子一下子大了许多。他觉得自己再也没有理由待在这儿了。

"不会有车了。"女人说。

他还是拎起了包。有没有车他都得走。

"就住在这里吧。"女人说。

"方便吗?"

女人没有回答,起身走向厨房。他看着她的背影,想起那些男孩子的话:方便得不能再方便了。

"多少钱?"

女人自顾自走着,依然没有回答他。

一会儿,女人回来了,叫他。他跟着穿过厨房,从另一个门出去。与厨房并排还有一个门,走进去,是一间窄横的屋子,方位应当是两个雅间的正后面。一个立柜和一道布帘把横长的窄屋分成了两部分。里面铺着一张床,立柜挡着,布帘没拉,他看见了床头。白花绿叶的被子里露出小女孩红艳艳的脸,像被窝里孵出了一只苹果。外面放着一个茶几,两个沙发,一张桌子,桌子上放着台灯、日历和闹钟——也放着一张床,床上方贴的全是奖状,肯定是孩子的。"……该同学成绩优秀,团结同学,热爱劳动……被评为三好学生……"最新的一张,落款是新年的元月,寒假前发的。

"孩子挺出息的。"他说。

女人笑了笑。

床上什么都没有,一张光板。被褥小山一样堆在沙发上。

"我们把它抬到厅里。"女人说。

他站着。

"外间的桌子,拼拼也行。"他说。

"桌子不平。"

他们抬起床,他倒着走,她正着走。到厨房那儿,差点儿卡住。他们倒腾了好大一会儿才勉强把它弄了出去。

女人铺好了床。才9点半,还早。他们又在炉边坐下。默默地看着电视。

"多少钱,大姐?"他突然又问。这话存在心里,到底不踏实。他得问清楚。估摸着不会很贵。刚才吃了那么一顿饭,她才收了他十块钱。

"什么?"女人很困惑。

"住一宿。"

"算了。"女人说,"这又没什么成本。"

"可是太麻烦你了。"

"没什么。"

"店里只你一个?"

"还有几个小工,都回家过年了。"

女人的话渐渐多起来。问他是哪里人,做什么事,算了算他离家并不是很远,怎么今天不想着法子回家。除了老家的地址是真的,其他的他都扯了谎——他当然得扯谎。他说他在外面打工，刚回到家就和家里人闹了别扭，一气之下就出来了。家里人个个都比他有出息，都嫌弃他是个打工的。

"年轻人，气性大呢。"她说，"多半是你错处多。大过年的，家里人说你两句，你就让他们说两句。什么嫌弃不嫌弃的。"

"大姐，"他突然想逗逗她，"你也不大。"

"我三十一了，还不大？"

"顶多像二十六。"

"你就别埋汰人了。"女人笑着封了炉子，"睡吧。"

夜越来越深了，但是并不寂寥。鞭炮声隔着层层的墙壁，又添了几分茫远。棉被上有一种很好闻的清香，有点儿像浸了米酒，甜淡甜淡。许久没有闻过这种清香了。他伸了伸双臂，把腿蹬得很直，一股麻酸的细流顺着全身的血管快速地窜游到了全身，一瞬间又集合在了一个地方，让它膨胀了起来。

他屏住了呼吸。

他想女人。从来没有停止过。监狱里的夜晚，男人们的汗臭掩不住那种腥液的味道。一开始，就有人把他当女人。一天一封给他写情书，承诺给他"政府"之外的所有保护。偷偷塞给他烟和丝袜等一些小玩意儿，洗澡时和他凑一块，干活儿给他搭把手，吃饭时往他碗里拣肉……后来，也有人把他当男人。对他捏着嗓子，扭着腰，飞着媚眼儿，有事没事都绕着他腻腻歪歪挨挨擦擦晃晃悠悠地转几圈儿……他都拒绝了。男人的气息一靠近他，他就浑身起鸡皮疙瘩。他是男人。不是男人他进不了监狱。他在床上要的，只是女人。女人和男人不一样。他为女人犯了罪。可他还是不能不想女人。女人好。

监狱四年，女朋友没有再看过他一次，遥远得像一个梦。他也不再存那份奢望。她是他出狱后遇到的第一个，对他来说，称得上真正意义上的，女人。

这是个什么样的女人呢？他捉摸不透。她是在可怜他吗？可她并不知道他是什么人。她想赚他的住宿费吗？可她明明说"算了"，况且，以她生意人的精明，难道不知道和他同住一间的危险要远大于住宿费的利润吗？她看起来并不愚笨，可做的事情却有悖于最基本的常理。他不过是个陌生的路人，她为什么要对他这么好？好得实在有些可疑，有些不通情理。

正缺着呢。方便得不能再方便了。他又想起那些人的话。她是兼做那种生意的女人吗？他忽然判断。她没有男人，这是肯定的了。一个女人带一个孩子，支撑一个饭店，做那一行确实是很方便的，说不好饭店的生意和这个比起来，也只是捎带的利润。最起码，她也是个鸨头——鸨头多半自己也都做的。

过年这些天，没有什么车路过小镇，她的客人就短了。

可她看起来实在不像。当然，不像也不能说明就一定不是。在监狱里听一茬茬的男人说女人，其中就提到过一种女人，说这种女人看起来很正经，很正常，一点儿也不风情，甚至古板得要死，可是一到男人身下就浪成了落花流水，天上人间。

他觉得自己浑身的火就要着了。如果她真是那种女人，她会要多少钱？他该怎么办？做不做？就这么挺着等她喊？或者自己先喊她？女人有时候是会装装羞的。她男人不在家，她或许早就熬坏了吧？这种小地方，肯定不会很贵。或者，干脆不给她钱？不做白不做，白做谁不做？谅她也不敢把他怎么着。她强不过他。她还有个女儿呢——不过，还是给她吧。她对自己不错。要不是她，今天晚上他就成冰凌了。她也不容易。

他打定主意，如果她来找他。他就做。这回即使被人发现，也算不上犯法了吧？顶多是个拘留，正好有地方过年了。反正回去也没人看出他的好来，他妈的痛快一把是一把吧。

墙上的表嘀嘀嗒嗒地走着，像细碎的女人的脚步。在这脚步里，女人真的起来了。他听见她打开一道又一道门，轻轻地，来到厅里。摸索着朝他的方向走过来，他赶紧闭上了眼。

"睡了吗？"女人问。

他没有回答。

女人在桌边停下，猫一样在抽屉里轻柔地抓翻着什么东西，似乎有一滴滴微微的透亮的叮叮当当的金属响，仿佛雨珠落在了剑上。他一动不动地躺着。她在找什么？刀子吗？她以为他会有多少钱？血里的浪头涌上去，又落下来。他忽然有些明白了她的小店为什么要开在小镇边缘，为什么大年夜里还会留他住宿吃饭。另一种可能在逼近着。

女人走到他的身边。他静静地躺着。

"喂。"女人低低地喊。

他沉默。

"喂。"女人俯过身，氤氲的汗香随着她的呼吸探过来，罩着他的肺腑。在眸缝里，他又看见女人眼睛里的亮，一闪一闪，毛茸茸地扎着他，又热又痒又疼。他格外分明地听到自己的喘息，风箱一样。

女人伸出手，推推他的被子，"快12点了，你起来帮我放炮吧。"

他蒙怔了片刻，起身，披上衣服，两个人来到门外的一小片空地上，女人把火机和炮递给他。炮响了起来，迫炸着他的耳膜。已经很久没有放过炮，也很久没有听到过这么近的炮声了。他震了震，仿佛骨头末子都被震了下来。却又被震得浑身漾暖。炮的亮光炸得他有些晕眩，他不由得眯了眯眼睛，有火星跳跃着弹过他的手臂，勾起一片片温麻，让他觉得自己的皮肤仿佛喝了一股刚出锅的姜水。火花的明灭中，他看见了女人的脸。女人有些兴奋地用手捂着耳朵，胆怯中含着几丝娇媚。她的头发有些蓬乱，眸子上镀着鞭炮映射的星星点点的晶莹。

"会不会吓着孩子？"他问。

"不会。"女人说，"我用枕巾给她堵着耳朵呢。"

回到屋里时，方才鞭炮的明亮一下子把屋里衬得很黑。女人扭开了一盏台灯。他坐在床边，等女人去睡。可女人没有立刻就走。

"先别关灯，我一会儿就来。"她说。

一会儿就来？一会儿来干什么？这句话有意思。她要他等她。她到底还是要他等她了。

他蹑手蹑脚地跟过去，听见女人打开柜子找东西的声音。他挪到门缝那儿，看见女人翻出的桃红色衬衣，粉绿色裙子，宝蓝色内裤，柳翠色胸罩……她是在找避孕套吗？听说做这一行的，都得有这个。

血又跳起了舞，空气重新变得异样起来。他回到床上。用手抓住床单，一下一下地揉着。他不是毛孩子了，得坚持到最后。

女人终于过来了。

"给你。"女人把一件东西扔到了他的床上。

是一条男人的秋裤。

"你的秋裤腿扯了。"女人说,"明天我给你补补。"

他的脸颤了一下。他全忘了。他的秋衣秋裤两侧都绲着两条粗糙的白边,这是犯人服的标志。许多人出狱时都扔掉了,他没扔。他没有多余的秋衣秋裤。反正穿在里面也没人看见,他原本这么想。

他看着她。

女人又从口袋里翻出一张纸,递给他:"你的东西,刚才结账时,掉地上了。孩子捡着了。忘了还你。"

是那张他和母亲在亲情餐厅吃饭的收据。他一下子坐直了。接过来。

"睡吧。"女人也看着他,"孩子的爸爸,也在里面。八月十五,我去看的他。也是在亲情餐厅吃的饭。"

他不再看女人。只盯着那条秋裤。

"犯的什么事?"许久,他问。

"故意伤害。"女人说,"镇上一个流氓把我糟蹋了,孩子她爸揍了他。把他打残了。"

他们都沉默着。寂静中，他们听见了雪落的声音。

"那个人呢?"他终于问。

"还在这镇上。"女人说，"我不懂，没留证据，告输了。不然，孩子她爸也不会下那么重的手。"

"睡吧。"女人又说，"明天就回家去。回家多好啊。不管怎么着，家里人也是盼着你回家的。"女人关掉了灯："再有两年，他就能打上你手里的黄伞，出来了。"

他仍旧坐在那里。女人也站着。雪光映着，如月光一样，屋里的轮廓一寸一寸地朗净出来。

女人忽然想起了什么，把窗户打开了一道两指宽的缝。

"屋里有炉子，别煤气中毒了。"她说。

一股清甜的气息顺着窗缝挤进来。透过那道窗缝，他清晰地看见，窗外的雪，如层层的纱布一般，下得正好。

《十月》，2005年第2期

走到开封去

乔 叶

走着走着，石就落在了后面。

"慢点儿。"他说。

我尽力放慢，可不知不觉地，不一会儿就快起来。习惯了快，收不住。也许该怪这双耐克，穿着它走路可是太舒服了。轻薄，透气，弹力十足。

石走得慢是不是因为他的鞋是个国产牌子？

是突然决定的，要从郑州走到开封去。

郑州到开封这条公路，叫郑开大道。很久以前，叫郑汴快速路。据说应该从金水东路和东四环的交叉处算起，全程将近四十公里。去年春天某日，我在一个乱七八糟的场合和一个衣冠楚楚的中年男人聊天，他说他负责的项目都是全民体育，其中有一个叫"郑开国际马拉松"。

"很好玩吧?"我纯礼节性地问。

他喋喋不休地开始宣讲,在他开口的一瞬间,我残存的唯一一点儿好奇心也消失殆尽,假装接听手机,我走开了。这事儿和我没关系,我以前、现在和将来都不会和马拉松有什么关系,我不想为此付出任何一点儿多余的情绪。

当然,我和开封还是有关系的。每年我都会因为这样那样的缘故到开封去一两次——梳理起来,最主要的缘故是吃。我吃过第一楼包子,也吃过黄家包子,相比之下,觉得第一楼严重地名不符实。也在鼓楼和西司吃过各种小吃:锅贴、双麻火烧、炒凉粉、杏仁茶……两年前的一个深夜,我和朋友在鼓楼消夜,抱着吉他卖唱的小姑娘,在邻座男人们的划拳声中清亮地唱曲,近处灯光璀璨,远处夜色沉沉。

马拉松是跑不动了。如果走着去呢?莫名其妙地,就蹦出了这个念头。可一个人走,不是那么回事儿——这个念头本来就不是那么回事儿,若真要实施,一个人就更不是那么回事儿。总得找个伴儿。不能多,一群人嘻嘻哈哈走那么长的路,你以为是春游呢。

只要一个就成。这一个伴儿却是不大好找。老公和儿子都不行,都是能躺着就不坐着能坐着就不站着的主儿。那些娇娇垮垮的闺密,也没有一个能成的,邀请她们只能换来她们的大惊小怪。而且，即使有去的，女人们也总有各种各样可想而知的麻烦。

顶好是一个男人。四十公里的路，按快步走的节奏，一个小时五公里，需要八小时。中间吃饭休息两小时，加起来少说也得十个小时。从早上7点到下午5点，都和这个男人在一起——必须承认，一时间还真挑不出这么一个男人来。

这么胡思乱想一番，便搁置了这个念头。直到碰见石。

两天前才认识了石，在一个饭局里。

一桌十来个人，石的话最少，语速也最慢，似乎每一句都值得用句号或者省略号来间隔语气。

"有一天。"他说，"我去上班。"

你明知道后面还有话说，可他就是不着急，在显而易见的上一句和下一句之间，他仿佛都要沉吟或者思考。待到他说出来时，其实也没有什么期待中的更高质量。而以这种风格，他的话头儿很容易就从悬崖跌落，消失在众人推起的新话题里，再也不见了。

对此，我曾怀疑自己过于浅薄，也曾怀疑他故作高深。可是，故作高深那么久，也不容易吧。故作了太久，是不是也会接近于一种真的高深呢？

最后到的客人说是因堵车才晚了，大家便聊起了堵车。堵车烦，堵车苦，堵车的话题人人都有兴趣和资格参与，唯有石，只是沉默。有人问他，他照例沉吟了一会儿，说堵车对他从不是问题。

"为什么？难道你不是人吗？"

"我没有车。"他说，"也不会开车。"

"可你总会坐车，坐车就会遇到堵车。"

"那我就下车走。"他说。

"很远的路呢？"

"也走。"他说有一次在高速上碰到了堵车，他就走啊，走啊，从一个服务区一直走到了另一个服务区。

"不会累吗？"

"会啊。"

"累了怎么办？"

"歇歇。"他说。

大家都笑了。又有人问他是不是用这种方式健身，他说不是。我们便自顾自地以鸡汤文的问答聊起来：为什么喜欢走路？因为长着腿啊。为什么喜欢走路？因为路在那里嘛。

他只是笑。

饭局结束后，我送他回家。一路上倒是没有堵车，也无话。只是他那么沉默，总使得我有点儿想逗一逗他。

我突然捡起那个念头来。

"我们什么时候一起走一次长路吧。"

他看了看我，笑了一下。

"走长路？"

"嗯，走长路。"

他点点头，"好。"

"周日？"

"好。"

到了他家小区门口，我刚刚把车停稳，一个穿僧衣的人从车边悠然而过。那个僧人中等身材，青黑头皮，旧灰的僧衣，背着一个褡裢。

石的视线跟着那个和尚的身影，跟了很久。直到那个身影消失在人流中。

"和尚有什么好看？"

"这是一个云水僧。"

"什么是云水僧？"

"就是游方和尚。"

"你倒认得清。"

"八岁那年就认得了。"

我还想问点儿什么，一时间却没想好要问什么。再一看，石已远去，还是没想好要问什么。

早上，在金水东路和东四环交叉口的东北角，我们接上了头。

"走吧。"他说。

方向是东。太阳正在面前一点一点升起。

我对他提议向东的时候，心里已经预备好了，他若问为什么要向东，我便说东为上，是大吉方向。还要说东方红，太阳升。

可他什么都没问。

"好。东。"他说。

我有些失望。

"到开封吧。"

"好。开封。"

我便知道，他是不会再问什么了。

于是就只有走，一步，一步。

一个人走路，是一件最寻常的事。两个人走路，似乎就有些不寻常。说不寻常，其实大街上并肩而行的人比比皆是。或者交头接耳言笑晏晏，或者勾肩搭背狎昵无间，又或者悠游漫步相契安然。

只是此刻，和石走路，我却觉出了不寻常。

因他走得真是慢，一步压着一步，仿佛每一次下脚都会踩死一只蚂蚁或者踩扁一朵鲜花似的。和大道上飞驰的车相比，这种慢深沉得很带样儿，简直有点儿装大师了。

有必要这么慢吗？我实在走不了这么慢，总是忍不住就快起来。待到勉强慢下来，和他并肩时，听着彼此的呼吸声，又觉得不自在。

那还是快些走吧，把他落在后面。

"要不要喝水？"他问。

我不要喝水，但是我停下来，等他靠近，递给我一瓶水。他背着四瓶水。上午两瓶下午两瓶，应该够了。不够也没关系的，难道郑开大道上还没有卖水的吗？

车很多，前后望望，一辆紧着一辆，一辆辆地从我们身边"唰"过。路面几乎没有消停的时候。这些车上的人，匆匆忙忙的，都是去做什么呢？

太阳一点点地爬高了，变得越来越炽白。汗水开始流下来，在衣服上浸出形状。沿路的绿化带尽是树，开车的时候觉得这树很密，走路的时候才发现稀疏之处很多。

我们从一团树荫走到另一团树荫。

"这些树，你认识吗?"

我百无聊赖地摸着树干，一棵，一棵。

"认识。"

"都认识?"

"嗯。"

"都是什么?"

"有银杏，雪松，刺槐，毛白杨。"

"这个我认识，柳树!"

"馒头柳。"

碰上这么淡定的人，总是让我有些气急败坏。我加快了脚步，又把他甩到了后面，越甩越远。走了好一会儿，我才回头，发现他不见了。

我告诉自己要镇定，但还是有些慌张。他去哪儿了呢?

"喂!"

"喂!!"

"喂——"

像个傻子一样，我对着身后的空气喊。

忽然觉得，他像一个秤砣。本来闷闷沉沉的，让我很不舒服。可当秤砣消失了，秤的另一边就轻轻飘飘地翘起来，这让我更不舒服。

他从旁边浓密的树丛里闪了出来，慢慢悠悠地走近我。

"在呢。"他说。

"干吗去了?! 也不打个招呼。"

"小解。"他说。用坦白无辜的眼神看着我。

那他一定没有洗手吧。我找出湿纸巾，递给他。

"不用。"他没接，"大路太吵了。咱们走旁边的路吧。"

旁边的路? 和郑开大道平行的，几乎没有什么路。可想而知，那些路都在更远的地方。路也是会吃路的，在同一个方向上，大路会吃小路。和它交叉的路倒是非常多，垂直交叉的，倾斜交叉的。

我伫在那里，等他说服我。

"往北走一点，肯定还有路。"他喝了一口水，"也向东，也能到开封。"

"好吧。"

我的语气似乎有些勉为其难，其实对他的建议，我很是有点儿愉快。他的建议，他得负责。我很愿意他来负责。

"这边是小刘庄，马仙李，小冉庄，丁庄。路那边是高庄，白坟。"在一棵树下歇脚的时候，我前后左右地指着，有点儿像个导游似的介绍着。

这是一棵很大的榆树，不知道为什么幸存至今。树下横躺着一块残破的预制板，仿佛是被谁抛掷在这里很久了，在磕口处露着几根歪歪扭扭的锈蚀的细钢筋。面儿上倒是干干净净的。郑东新区设立该有十来年了吧，自从开建郑东新区，再加上郑汴一体化的提法，这些位于郑州东和开封西之间的村子就都成了金灿灿的房地产辐射区，三三两两地被开发商圈了不少地，有的村子已经开始了拆迁。

"嗯。"

"还有个大冉庄呢，也在路那边。"

"你怎么知道的？"

"这里面有地图啊。我做了功课的。"我朝他晃晃手机，"既然定了目标，总得知道自己在哪个位置上嘛。"

"哦。"他接过我的手机，一个一个念："六堡，九堡，六里岗，七里岗，八里岗，六府营，八府赵……"

"听听这些村名儿起的，数学都挺不错。"我忍不住调侃。

"堡一般是军事据点，岗一般是军事指挥中心，府一般是军队编号。"他把手机还给我，"郝营，草场，耿石屯，这些都是刀光剑影。"

我接过来，继续看。很快就看到了官渡，赤兔马，还有一个赤裸裸的逐鹿营。

"那瓦坡、白沙、下板峪、莲花池呢?"

"是根据地理环境起的。瓦坡肯定跟瓦有关,白沙也是一样。"

"桑园、石灰窑、青谷堆呢? 还有这个,园棠树,多好听!"

"和庄稼人的东西有关呗。"

"茶庵、半截楼、南北街……"

"都是某一时期的地标。"他说,"打仗能留记号,过日子也能留的。"

"我老家叫乔庄。你呢?"

"庙李。听说曾经有过一座很大的庙,姓李的人也多。"

庙,这让我突然想起了那个游方和尚。

"所以你那么小就能认得游方和尚?"

"嗯?"他有点儿惶惑。

"不是你自己说的吗? 八岁那年。"

"哦。"他释然,"我们村的庙,早就只剩个名儿了。那个和尚,他是路过我们村的。化缘。"

化缘,这样的词久未听到,好不优雅。听到这样的词,简直就想去化缘了。

"化到你家了?"

"嗯。"

"然后呢?"

"走了。"

哦,走了。我有些怅然。游方和尚化过了缘,自然也是该走了。

可是,就这么完了?

"在你家的情形呢?"我着急起来,"你细细地讲,不要让我一句一句地榨!"

他灿烂地笑起来。然后开始慢慢地说。他说和尚走进他家院子里,先诵"阿弥陀佛"。他和母亲闻声出来,母亲还了礼,让他去厢房盛小麦给和尚,自己去厨房给和尚拿了两个夹了豆瓣酱的馒头,倒了一碗热水。和尚取下肩挎的布袋,从夹层里取出一只乌黑锃亮的铁钵,把水倒进自己的铁钵里,抬头看了看日头,才开始吃馒头。

"为什么要看看日头?"

"出家人过午不食。"

有风吹来,树叶微动,簌簌作响。我和他坐在这棵大榆树下,听他说着这样的话,恍惚间如做梦一般。

我也抬头看看日头,"找个地方吃饭吧。"

前面不远处的村子,叫刘集。

　　小饭店名叫"天天红"，最多有二十平方米的样子，墙上用大红的字写着菜单。我们要了两碗芝麻叶鸡蛋捞面，又点了两个素菜：一个炒豆腐，一个炒上海青。总共才三十块。只有老板娘一个人里里外外地忙活着，她看起来有四十来岁，自我的心理定位应该是二三十岁吧。浓妆艳抹，敏捷矫健。

　　"天天红，这名字起得好啊。"我寒暄。

　　"好吧？我也觉得好。有人说，你咋不起个年年红季季红？我说，咱不贪大，这世道，眼错不见地变，能一天接一天红就中。"

　　"世道再变，人总要吃饭的。"

　　"就是说呀。人只要不死，总得吃饭，只要吃饭，就有咱的活路。"她眉飞色舞，一副精明强干的样子，"话说回来，只要能天天红，还愁不年年红，不季季红？有那缺德的，还说叫月月红，我说，去你娘的脚，月月红可成啥了？"

　　我们一起笑起来。

　　"你们是来串亲戚？"

　　"不是。"

　　"会朋友？"

　　"不是。"

　　说话间，饭菜都已齐备了。我和石低头吃饭。

"没开车?"

"嗯。"

"走路?"

"嗯。"

"从哪儿走过来的?"

我抬头笑盈盈地看着她,"来点儿醋行不?"

吃完饭,出门继续向东,走到路的尽头,也就走到了村子的最东边。跨过一条干枯的水渠,我们沿着玉米地中间的小路继续向东。9月的热如同孔雀开屏,是夏天盛大华丽的尾声,过人高的玉米是两排翠绿的城墙,密不透风。

"烤玉米吃过没?"

"嗯。"

"你最中意的汉字就是嗯吧?"

这回连嗯也没有了。

和他在一起,我像个话痨。原本还担心找的伴儿犯话痨,这可倒好。

玉米地无穷无尽。十来岁的时候,每到7月末8月初,我和哥哥给半大个儿的玉米追肥,他挖坑,我撒肥料,哪怕穿着长袖衣服戴着帽子,胳膊和脸也会被刁钻的玉米叶划得红肿疼痛。中秋过后是玉米收获的时节,也是一种酷刑:要在枯败燥闷的玉米秆丛林里找到玉米，掰下来，装进塑料编织袋中，拖到田边。直接把玉米秆杀倒也不是不可以，只是在杀倒之后，再弯腰弓背地去掰玉米，则是另一种麻烦。

当时就觉得玉米地无穷无尽。现在空着两手走路，依然觉得如此。

玉米都已经结了穗，有的两穗，有的三穗，有的四穗。

"现在的穗结得真多。"他说，"小时候，都只有一穗。"

"嗯。"

"你吃过黑丹丹吗？"

"没有。是什么东西？"

"一棵玉米上，要是一穗都没结成，就有可能结出黑丹丹。炒着吃，很香的。"

我停下来，打开手机："哦，你说的这种东西，学名应该叫玉米黑粉菌，形状不定，多呈瘤状，往往由寄生组织形成……"

他也停下来，回头看着我："别念了。"

我讪讪地退出网页。

"把手机关了吧。"

"万一……"

"我的早就关了。"他静静地看着我，"没事。"

　　也许是刚开始的蛮力散尽，也许是被石的节奏感染，不知不觉地，我也越走越慢，有时候甚至落到了石的后面。看我落得远了，他就停下来等我。再落远，再等。如是反复，终于走出了玉米地。

　　其实前面还是玉米地，只是在这块玉米地和那块玉米地之间，是一块棉花地。在宽展展的叶子托衬下，粉红、玫红和雪白的花朵正在绽放，圆润坚挺的棉桃也已经一个个鼓起。有风吹过，袭来一丝丝淡淡的甜香。而在不远处，也有细微的嗡嗡声传来。向南，可以清晰地看见郑开大道上的车流。

　　"要走大路吗?"他问。

　　"不要。"

　　穿过棉田，再次走进玉米地。连窄小的路都没有了，只能走稍微宽一些的田埂。哗啦，哗啦。哗啦，哗啦。像两艘小船，我们划行在玉米地的海里。蚂蚱在我们前后左右跳跃，像微型的海鸥。

　　胳膊和脸上很快起了红肿的划痕，疼痛起来。

　　他也穿着T恤，应该也是一样吧。

　　汗水如浆。抬起胳膊去擦汗，胳膊和脸的疼痛度都生动地加深一层。很奇怪的是，却也有隐隐的快感涌动。

　　"那和尚是从哪里来的?"

"安徽九华山。"

"到哪里去?"

"山西五台山。"

我暗暗地嘘了一口气。之前还有点儿担心他会说什么从来处来到去处去呢。

不过,从安徽到山西,从九华山到五台山……这真是很远啊。一时间,我有些茫然。我想问问他,和尚为什么要从安徽九华山走到山西五台山去,还没问出口,就觉得这个问题很愚蠢。

可是真的,很想问。

他仿佛看出了我的心思。

"那和尚说,年初的时候,他做了一个梦,梦见观世音菩萨让他去给文殊菩萨送信。他一醒来,就上路了。"

"他这么走,该走了多久呢?"

"走到我家时,已经有半年。"

"好远的路啊。"

"我当时也是这么说。"他微微笑着,"可他说,很快啊,将近年关就能到了。"

"那封信,你知道说的是什么吗?"

"什么信?"

"观世音菩萨给文殊菩萨的信啊。"

"哦,知道。"

"你怎么知道的?"

"是那游方和尚说的。"

可不是嘛,想来如此。

"他偷看了?"

"没法子偷看。"他轻笑一声,"是口信。"

走着走着,玉米地似乎成了帷幕,一道,又一道。每次拉开最后一道幕布,不期然就会看到另一种东西。有时候是苗圃,聚集着各种各样的小树苗。更多的时候,那些东西都能吃:花生,红薯,西瓜,葡萄。

"想吃吗?"

"嗯。"

花生和红薯用手刨其实很容易。花生仁的衣有的浅粉,有的大红。花生仁一律都是白生生的。红薯肉呢,有的白,有的黄。白的就只是白,黄的有的黄色深,有的黄色浅。生花生和生红薯看着是那么不一样,吃起来的口感却有一点儿相同:都有一种鲜奶的甜腥。

——土地真有意思。看着干干的,当你往深处刨下去的时候就会发现，下面湿润润的。有水汽。

"用农民的专业说法，这叫墒。"他说。

"知道。左边是个土，右边是个商。"其实这个字我早已经忘了，此刻不知怎么的，也从记忆里刨了出来。

"墒分四级，湿，潮，润，干。"他捻着手里的土，"这不是干，是润。"

我们手上贴了一层薄薄的泥。我掏出湿巾。

"别擦。一会儿就好了。"他说。

果然，一会儿工夫，泥干了，拍一拍，搓一搓，就变成了细尘。再拍一拍，搓一搓，就了无痕迹。

"土是很干净的。"

"嗯。"

立秋后的西瓜味道已经寡淡了许多，葡萄倒是正当时。只是我们从玉米地里刚出来的时候，那一个亮相把葡萄园老板吓了一跳，他大叫了一声："什么人！"

我和石笑得直不起腰来。

太阳偏西，天色如极薄的灰纱，一层，一层，披暗了这个世界。原本壁垒森严的闷热一点一点懈怠下来，所有土地和植物的呼吸都开始变得柔软和清凉。腿脚碰到草叶的簌簌声多了些微的氤氲厚静。空气里的墒,浓重了。

手机关着,看不了时间,无从知道走了多久。居然也不觉得累。是因为走得太慢吧,也是因为歇的时辰太多。

这么走,几时才能走到开封呢?

"今天是走不到开封了。"我说。

"走不到就走不到吧。"他说。

"嗯。"

我朝他的方向挪了挪,感受着他清寒的暖意。迄今为止,这个可爱的人都没有问过我为什么要走到开封去,走到开封去干什么。

"那,晚上怎么办呢?"

"露宿,你的身板可能不行。可以住到中牟。"

远处有一团巨大的光晕,那大概就是中牟县城之所在吧。县城的旅店不会很多,却也必定不会客满。找一家干净舒适且便宜的,和他住下,再找一家小馆子喝两杯,想想还真是不错呢。

等会儿给家里发个微信。

信?突然又想到那个游方和尚的事。

"对了,那信说的是什么?"我赶快问。

"什么信?"

"观世音菩萨给文殊菩萨的口信啊。"

他站在那里，无可奈何地笑起来。

"快说，快说!"我拉扯着他的手臂，生怕把这个问题又给弄丢了。

"说的是三纪后的佛诞日，观世音菩萨邀文殊菩萨在四川峨眉山见面。"

"哦。"一纪就是一轮，这个我倒是知道的。三纪，那就是三十六年呢。

我们继续走。他走前，我走后。夕阳在他的背上镀了一层浅浅的金。我的背上，一定也有吧。

"你今年几岁?"

"四十四。"

"那不就是今年吗?"

"是啊。"他说，"他们一定见过面了。"

斑驳的阳光下，一片修长的玉米叶拂动在他左耳的耳轮上。

"那么，他到了五台山，再回到九华山，又要走一年吧。"

"不止。"

"怎么?"

"他说，他拜见过文殊菩萨后，还要再去一下南海。"

"去干什么?"

"他说，要给观世音菩萨复命。对菩萨说，信已经捎到了。"

我突然难过起来，难过得要命。仿佛有谁的手在攥着我的心脏，一下松，一下紧。

这个和尚啊，他可真有意思。

可是，他也真傻啊。

这么傻的人，可真让人揪心啊。

"你有没有想过，那个和尚，如果他死在了半路上，那该怎么办？"

说着，我坐在地上，便哭了起来。

石没有拦我，也没有劝我，只是任我哭着。一直等我哭够。

"即使那样，也不要紧。"终于，他缓缓地说。

透过蒙眬的泪光，我看着他笃定的神情。

"菩萨都会知道的。"

许久之后，他又说。

《作家》，2016年第12期

双城记

乔 叶

郑州和北京，算是我最熟悉的两个城市了。对郑州是因为十几年前被调到了这里，由此落地生根。对北京是因为曾经在这里学习过多次，其中有过一个整年，两个半年，光这加起来就有差不多两年的时间。近年来，因为工作的缘故，它又成为我频率最高的出差地。想来若不是因为常在两地奔波，还真没有把它们串到一起的想头儿呢。

由此至彼串的是这具肉身，感受也是来自肉身的本能。比如说，虽然都是北方城市，但郑州毕竟还是靠南了六七百公里，这一点点南，切肤了就不一样。冬天到了北京，一出车厢就能感觉得到风的硬，站一会儿腿就冻得隐隐发疼，再回到郑州立马就觉得暖和了好几摄氏度。再比如说，一到北京就会感觉得到城的大，人的小，踽踽独行，渺渺如蚁。在郑州，人依然是小的，可很鲜明的，城却不再称得上大，尤其是刚从北京回来。在中国，哪个城市能大过北京去呢？尽管我如今也常跟着郑州人一起把郑州叫作"大郑州"。

话说回来，再大的城，与过日子休戚相关的，也都是些"小"，不然怎么会有"小日子"的叫法？比如我郑州家门口左手边的胡同里有家小花店，小得不能再小了，只有一米多宽，两个人错身都难，却什么时令花都有，物美价廉。一把青青葱葱的蓄根水竹才要十块，便宜吧？一大束云南干花也才三十八。花店旁有家理发店，也就一间门面，最里面是卫生间，最外面是收银台，小哥儿个个都帅，手艺个个都好，我办了张五百块钱的卡，平均每月去一次，理了两年还有余额。

再比如家门口右手边的张氏牛肉面和张家大盘鸡，都是好吃不贵的小店，我常去这两家打发午饭，它们约等于我的私人厨房。朋友约饭我懒得跑，也让朋友迁就我，常在这里吃。它们门紧挨着，门牌装修也很雷同，又都姓张，孪生兄弟似的。有一次，和朋友们约了去吃大盘鸡，他们跑到牛肉面那家点菜，我跑到大盘鸡那家点菜，点完菜各自等着，实在等得不行了才打电话询问，最后爆笑着把菜汇集到了一家。再向右还有一家卖凉菜的小店，师傅应该姓卢吧，所以就叫卢氏凉菜店，一年四季都有那么多人买他们家的凉菜，去迟了就会清盘。丝瓜尖儿，黑木耳，面筋块儿，莲菜，也不过是这些家常式样，但他有一个画龙点睛的秘诀，就是特制的麻酱，太好吃了。每样菜他都会问我，要不要麻酱？我每次都会要求：多放点儿啊。他都会应答：好嘞。其实他每次都不会多放，但我每次也都要求，他每次也都应答。每次把这些个菜买到家里，吃的时候大家会说，还是那个味儿啊。嗯，这个很重要，还是那个味儿。吃不烦，吃不腻。

呵，我这个吃货，由不得想数数大郑州的美味了。烩面是不用说，全世界最好的面就是它。哪条街上要是没有一家烩面馆子，那就不能原谅。其他的虽然没有烩面势力大，但也处处开花：洛阳浆水面，新野板面，三门峡大刀面……不好了，别的也挤挤挨挨地蹦上了喉头，抢着报：还有我呢，还有我呢。亲爱的们，我知道，我都知道，你们别急，容我一个一个排着说：葛记焖饼，老蔡记蒸饺，黄家包子，灵宝羊肉汤，博望锅盔，北舞渡胡辣汤，许昌热豆腐，郏县饸饹面，驻马店芝麻焦饼，封丘卷尖，濮阳糟鱼，信阳糍粑，滑县道口烧鸡，鲁山揽锅菜；我老家的经典几样：武陟油茶，博爱杂拌，沁阳闹汤驴肉和驴肉丸子；开封的小吃花样最全，在郑州的门店也是抬头可见：桶子鸡，油馍头，炒凉粉，羊肉炕馍……

口水出来了吗？没关系，一想到北京小吃，它自然就退缩了回去，舌尖顿时寡淡。有一次，我和一个山东大妞一起搭北京公交，闲着无聊便赞美着各自的家乡小吃，同时也对北京小吃表达着深切的困惑，说着说着，我们便难抑悲愤，简直是痛心疾首地说，什么炒肝儿啊，豆汁儿啊，那些玩意儿有什么可吃的？还北京小吃呢，北京人就吃这些，真可怜！我们只顾尽情尽兴地声讨抨击，却不知道旁边一位女士一直在默默地忍耐着我们。直到下车的时候，她才适时插话，一口京腔京韵：请你们说话注意点儿，不要伤害北京人民的感情。

但凡感叹起北京的大，很多朋友都不免会沮丧。不过这大城中的被湮没感，却很对我的胃口，虽然这听起来仿佛有些矫情。"惟有王城最堪隐，万人如海一身藏"，这诗其实是有些傲娇的。在王城还想隐的，一定是不太好隐的人。而如我这样的人，进了人群就找不着，想不隐也不成，因此也恰恰享受到了真自在。到北京开会，我最寻常的状态就是在酒店里宅着，哪儿都不去。在北京学习的日子，除了到楼上教室上课到楼下餐厅吃饭，其他时间我就在房间里待着，穿着睡衣晃荡晃荡，前进后退，或者在床上翻波浪打滚儿，畅快极了。

北京所有的地方，和平里于我是最亲的。因有一位闺密级别的朋友曾在这里住了很多年，她在这里住时，我每次来北京宁可不住会议安排的酒店也要住她这里，她会把备用钥匙留在一个只有我们俩知道的隐蔽之地，一摸到那串钥匙，我的心都是甜的。如今，每次到北京，只要有可能，我依然会去和平里转悠一圈。那里太多的"小"，我都知道。我知道哪条路上无论冬天多么灰扑扑，春天一到就先开满小仙女一样的白玉兰，过些天再开满娇嫩嫩的粉蔷薇。也知道哪个小院的深秋，会闪烁着银杏叶的金灿灿。——这个地方，如果她是一个人的话，我可以笃定地说，我爱抚过她衣褶里的"青红皂白"，也拥吻过她皱纹下的泪水欢颜。

前年盛夏，去北京开会，又到了和平里。空气质量是良。我开始狂走，走了又走。烈日黄昏，街道闷热，汗水很快就浸透了我的前胸后背。混在下班的人群中，我也装作行色匆匆。暮色降临，地摊儿纷纷绽放如花朵。我筋疲力尽，便坐在马路牙子上看着人们来来去去，听他们闲话。我听见年轻的母亲对身边的男人说："宝宝的牙龈已经硬了，快出牙了。"我赶快摸摸自己的牙，就在上个月，我拔掉了两颗智齿。一边摸着，自己也觉得自己好笑。馄饨侯，吴裕泰，煤炭大厦，庆丰包子，青年沟，兴化路，地坛北里，还有那些树……它们依然在原地，没有老。在它们眼里，我一定已经老了十多岁，却也常常愚蠢地觉得自己还没有老。

后来我上了一辆公交车，随便它开到哪里去。年轻人很多，很拥挤，车的中部，那个不设座位的广阔地带，我倚仗着一只抓环，承受着他们的挤压和冲撞。那些沉默的青壮年男人，几乎还都没有开始谢顶，他们的黑色短发凝结成一片乌云，深色衣衫是另一片乌云。他们对这世界，对金钱，对异性，都正有着充裕的荷尔蒙。我能推测到，他们抽烟，喝酒，打游戏，看电影，加班，吹牛，偶尔笨拙地洗洗衣服，下厨做做菜，接打老家的电话时，他们既手心烫热，又如履薄冰。他们指望薪水每月都能准时发放，最好每年都能涨那么一点点，指望什么时候有些许好运气，邂逅一个傻白甜的女孩……而此时，他们身边的女孩和他们一样都沉默着，她们和他们，想的不一样。

——每次坐郑州的公交车，也是一样的他们和她们。真的一模一样。在郑州的早晨，为了避免早高峰，我喜欢坐7点之前的公交车。那时节，郑州刚刚醒来，车里尚有一股清新的气味。人也不多，疏落的层次入画也不难看。我常常坐在最后一排，这是我最中意的地方。一遍又一遍，我看着车里所有人的脑袋：拎着空竹两鬓斑白的老人，背着书包面颊红润的孩子，戴着耳机专注听歌的绿衣女子，目不转睛刷着手机的青春少年……彼此不知姓名，只有很明确的一点：我们都是最最普通最最平凡的人，无论在哪一站下车，我们都有着大致相同的命运。

每逢此时，我都会涌起一种祝福的冲动。祝福你们。我默念。这种祝福已经进行过很多次，都只是默默，因这祝福是如此简陋——没有什么具体的内容，比如健康长寿，或者恭喜发财。只适合默默。说到底，这祝福也许只能回馈给我自己一点点温暖，好在我也并不贪婪。

《文汇报》，2018年7月2日

北方、南方和远方

乔　叶

6月初，去深圳出差。原定的飞机因为南方频频的雷电天气一再延误，于是干脆退了机票，搭乘高铁。

出了郑州，便是田野。在城市中常常觉得城市很大，可谓是人海茫茫楼海茫茫车海也茫茫，出了城市就知道，还是田野更大。当然，到了山里又会觉得山很大，在海中又觉得海很大。可这大不同于那大，在这心里，终归还是田野最大。

这种执拗的感觉是因何而起？想来想去，也许是因为，那山那海再大也都是自然的风景，而这广袤的田野却是人为的。这一片片庄稼，这庄稼包裹着的一个个村庄，这些意味的都是人，千千万万的人，以及他们的汗水和血泪。凡事一相关，就会觉得大。作为这些人中的一个，从这田野里感受到的大，是有温度的大，自然就是最大。

一览无余的华北平原上，麦子已经被收割过，只留下了矮矮的麦茬。它的黄比土黄浅，比鹅黄硬，比杏黄暗，却原来，用它自己来形容自己才是最恰当。什么是麦黄色，这就是了。玉米呢，已经露出了茸毛般的翠绿——只有在这样的田野上，你才能领会到"苗头"这样用惯的词有多么美妙。

树是那么多，随处可见。河边是树，路边是树，再荒僻的角落里也长着葱葱茏茏的树。树聚集在一起的样子是好的。常常的，一棵树孤零零地长着，那样子也是好的。树在田野中静静地立着。我很清楚，在列车快速的移动中，这静是一种假象。只要有风，无论风多么微弱，它们都不会辜负，就会动。这田野怎么会没有风呢？风从来都没有停止过。

常常的，在大块的村庄之外，会突然出现一两个院子，也是孤零零的，一副离群索居的神秘样子，似乎和谁都不相干。我知道，这也是一种假象。都在这一块土地上，吃的是同样的粮食，调菜用的是同样的油盐酱醋，怎么能不相干呢？再偏居一隅也是相干的。不仅是相干，恐怕还是特别相干。每当看到这样的院子，我都有一种冲动，想要跳下去，猛地推开门，看看里面正在发生着什么。

在河南，尤其是平原，土地没有闲的时候。一年四季，不是种这个，就是种那个。再小的地块，哪怕是道路交叉口的一个锐角三角形，也会种着一两株南瓜或者是几棵油菜。而它们呢，也是该开花就开花，该结果就结果。一位新疆的朋友第一次到河南，忍不住对我感慨说，这才知道了什么叫作"四海无闲田"呢。

这真是勤勉的土地，也是泼皮的土地——"泼皮"这个词是我的豫北老家方言，翻译成普通话就是强韧，但我更喜欢用泼皮，因它冒着一股鲜灵灵的水汽。这土地，总是让我心疼。可心疼的时候，又忍不住要嘲骂自己的矫情。

过了许昌和漯河，就是信阳。一靠近信阳地界，就很不一样了。这是河南的最南方，有着明显的南方风韵。河流多了，池塘多了，丘陵也多了。没有大片的田地，稻田宛若布拼一样，一块接一块地玲珑着。除了豫北老家和久居的郑州，这是河南我最熟悉的地方。因产名茶信阳毛尖，这里的人便都爱喝茶。是被茶浸润的缘故吗？和河南其他地方的人相比，这里的人显得格外雅气，格外骄傲。

过了信阳，隧道就多了。一个接一个，于是车厢里便黑一下，亮一下，再黑一下，再亮一下。在亮的那个瞬间，视线里会闪过一团团绿和一抹抹白，绿的是树，白的是房子。除了白绿二色，再无其他。

进了湖北湖南，大江大河如画卷一般徐徐展现。水已经不能用多来形容了，水在这里，就是另一种意义上的土地。毛茸茸的细竹在阳光下摇曳着，有一种不知是什么花，开得鲜艳肆意。稻田也平整阔大起来，颇有点儿"一条大河波浪宽，风吹稻花香两岸"的歌词意韵。有的稻田不大不小，铺在两山之间的平地上，这种地形该叫"冲"或者"峁"吧？适宜盖房子的地方，人家便密匝起来，都是楼房，高的盖到了六七层，房顶大都是红色的。房子和房子之间看着几乎没有什么缝隙的，街道也窄。可我也很清楚这些都是视线的错觉。如果走下车去，走到它们中间去，就会知道这密匝里有多少荒凉和疏旷。而在那些貌似荒凉和疏旷的地方，又有着多少热闹和繁华。

窗玻璃上不时会划上一些斜斜的雨线。车里凉爽适宜，车外的雨似乎也给人这种幻觉。但真要走到车外，恐怕就不是这么回事儿。南方已经进入了雨季，盛夏加雨季，酷热潮闷，很难熬。或许也有快感？只是这快感太陌生，无法想象。记得某年4月，我去广州开会，想当然地以为南方春日和暖，便净带薄薄的衣裙。岂料春雨绵绵中，广州人民都穿着厚外套甚至小夹袄，将我这北方妞冻得颤颤巍巍，弓腰缩背。

船也多了。大大小小或不大不小的船，零零落落地行在或宽或窄的水上。是因为水的缘故吗？船总是显得缓慢从容，哪怕是那些装卸货物的船。远远地看着就知道它被压得很重，船舷沉沉地挨着水，总让我担心会进水。船从来都不在意我的这份徒劳的担心，它们无谓地无声地浮动着，一副心无挂碍的散淡模样。而车在路上的时候，无论开得多么慢，也会显得行色匆匆，仿佛急着要去做什么。

去做什么呢？

这些船，在我的感觉里总是黑漆漆的，哪怕明知道它是红的蓝的绿的甚或是白的，终归它给我的感觉就是黑漆漆。而游艇、摩托艇之类的就不会，也许是因为它们速度快？速度快的色调就亮，速度慢的色调就暗。

身边的乘客上了又下，下了又上。随手拎的吃食也有了习焉不察的变化，尤其是女孩子们的零嘴。在北方上车的她们嗑的是花生瓜子，南方上车的她们嚼的就是槟榔话梅。在河南吃的是大樱桃和奶油草莓，还有娇小的袖珍彩虹西瓜，快到广州的时候，她们品咂的已经是酸甜迷人的杨梅和那种名为妃子笑的荔枝了。

临近韶关，土地有了红色。此地有丹霞山，这些红色就是丹霞地貌的肤色。山也高大了起来。但离大山稍微远一些的地方，也有一些独立的小山，圆圆的，看着和大山似乎没有什么关系。看着它们，觉得真是可爱又亲切，仿佛看到了华北平原的田野上那孤零零的树和村庄外那一两个离群索居的院子。那些树和院子是村庄的孩子，这些山也是大山的孩子。看来从北方到南方都是这样啊，有的孩子离父母近一些，承欢膝下。有的离父母远一些，高冷独处。无论怎么样，都是孩子，都是大地的孩子。

在车上，看着车窗外的一切，这大地上的一切，觉得这一切都是那么安宁。因何安宁？往往是想象中已经获得或者正在获得的某种自由。正如此刻我视线所及之地，山路蜿蜒行，帆影碧空尽。小鸟从这一枝跳到那一枝，人在田野似乎也可向八面而择，他们仿佛都有着陌生的、无穷无尽的远方……

当然，这当然是妄断。荒谬的是，也许在他们眼里，我所在的疾驰飞奔的高铁更意味着远方吧。而这远方，也不过就是深圳北站。

不知道该说什么好了。只能确认：地理世界，并没有远方。心理世界，则尽是远方啊。

《新民晚报》，2018 年 6 月 19 日

作家创作谈

沙砾或小蟹

——创作杂谈

乔　叶

一　第一部短篇小说

《一个下午的延伸》是我的第一部短篇小说，写它时我还在县里工作。县是修武县，单位是县委宣传部新闻科。我1994年从乡下上调进来，一进来科长就教育我说："脚板子底下出新闻。"于是我整天忙着出去采新闻。可是一个县就只有那么大点儿地方，有多少有价值的新闻可写呢？多余的能量无处释放，我就写小散文——现在看来，小是真的，散文不散文的倒不确定。众所周知，散文的金科玉律是不能虚构，可那时候我也就二十出头，正是热爱虚构的年龄。于是我一起手写散文就开始在散文里写故事，而且有很多不是真实的故事，是虚构的故事。我那时太年轻，不知道这是散文行当的大忌，不过幸好我也没有准备在纯文学刊物发东西，能接纳我的都是一些发行量巨大的社会期刊，以某些标准看，他们不懂文学——至今还有小小说之类的杂志会把我那些旧作重新拎出来转载发表，我看了不禁汗颜，同时也颔首：还真是的，还真是很像小小说呢。

都是些什么故事呢？想来也无非就是类似于《一块砖和幸福》那种范式的：一对夫妻因为一件很小的事情离了婚，吃完了离婚饭，从饭店出来，路过一片水洼，女人过不去，男人捡起一块砖头给女人垫在了脚下，女人走一步，男人就垫一步，走着垫着，两个人便都意识到了彼此的错误："一块砖，垫在脚下，不要敲到头上。有时候，幸福就是这么简单。"

那时候，我的故事也就是这么简单。"一个故事引出一个哲理。"许多评论家都这么说我那时候的散文或者说是美文写作，也就是说，二十出头的我是通过讲故事来总结所谓的哲理的。那时候每当接到陌生的读者来电或者来信，对我的称呼都是"阿姨"或者"老师"，可见我多少少年老成，过早沧桑。

就这样，那时候，我挂着散文的"羊头"，卖着不伦不类的"狗肉"，居然也颇受欢迎。不过社会期刊的版面尺寸都有定规，所以我的故事都很短，最长的也不过三千字。写着写着，就觉得散文已经不能满足我了，于是就琢磨着该怎么把散文盛不下的东西给倾倒出来。1997年夏季的一个下午，天刚刚下过雨，空气清新，办公室里就我一个人，我突然特别想不限篇幅地写个故事，于是就在宣传部统一印制的淡绿色方格稿纸上一字一字地写下了这部小说，那时候，我还没有电脑。小说很快就写完了。写完了也不知道这是不是小说，就两眼一抹黑，自由投稿给了《十月》。两个月后，我收到编辑的回信，说用了。这个短篇就是《一个下午的延伸》，发表在《十月》1998年第1期，责任编辑是田增翔先生。几年之后的一天，我在电视上看到了他。他很瘦，喜欢收藏石头。

不过写了也就写了，发了也就发了，我没怎么在意——十年之后，我才知道自由投稿被《十月》这样的杂志发表的概率有多么低——人也没有在小说面前停住，仍旧被散文推着往前走。亦知道再往前走也不过如此，可热络的编作关系，边角料的时间，轻车熟路的生产流程……都滋养着我的惯性。以后的三四年时间里，我依然写着小散文，直到2001年我被调到河南省文学院当专业作家之后，各种条件都已成熟，我才开始正式去琢磨小说。起初两年，我野心勃勃地写了个长篇，后来有了自知之明，2004年便上鲁迅文学院去练习中短篇。别人问我何时开始写中短篇，我总是会把《一个下午的延伸》给忽略过去，许是因为相隔时间太长的缘故，也是因为缺乏面对少作的勇气：随意设置的段落，没有质量的形容词，泛滥平庸的抒情……如今重新去看，我的心态倒是平和了许多。毕竟那是1997年的作品，对于小说而言，那时的我确实太过年轻。

二　第一部长篇小说

2001年2月，我被从县里调到河南省文学院当专业作家，"资本"是七本散文集。在文学院听李佩甫、张宇、李洱、墨白等小说写作精英们谈了一年小说之后，2002年，我决定转型写小说。怎么写？不知道。写什么？也不知道。干脆一蒙头，傻子买鞋——冲大的去了，要写个长篇。记得佩甫老师听说我的想法之后，显然有些吃惊，他停顿了片刻，道："还是先写写中短篇吧？"我断然道："我觉得我能写长篇。我已经准备好了。"他笑了笑，不再说话。

用了将近一年的时间，我写下了这部长篇的初稿。在写作过程中，我无比真切地认识到了佩甫老师当初给我的建议是一种多么委婉的劝导。作为一个优秀的小说家，他心如明镜：对于一个完全不知小说为何物的懵懂者来说，没有中短篇写作的技术和经验作底，在长篇小说的创作中会遇到多么严重的障碍和困难！回忆起来真是有些后怕：我以初生牛犊不怕虎的心态，经历了一次冒险。

　　还好，冒险者的运气不错。2003年底，《我是真的热爱你》这部小说被《中国作家》头条发表，2004年初，长江文艺出版社出版了它的单行本，并且入选了本年度的中国小说排行榜长篇榜，获得了诸多评论家的关注和读者的认可。两年之后又被《长篇小说选刊》选载。前一段时间，因为想要再版，我将这部小说从头到尾又看了一遍，经过了这么多年中短篇小说的历练，这部长篇的硬伤更加显而易见：议论过多，概念先行，叙述方式单一，结构线性……但是，在重读的过程中，我还是涌起了一种深深的感动：感动于自己对于"小姐"这个特殊群体尽力细致的认知，感动于自己在认知中尽力诚实的思辨，感动于自己对小说创作无知无畏的热忱，感动于自己在这部长篇处女作里浸入的浓烈而美好的情感……而当年为这部小说写的后记里，一些话仍然是我不变的初衷："……在更深的本意上，这两个女孩子的故事只是我试图运用的一种象征性揳入，我想用她们来描摹这个时代里人们精神内部的矛盾、撕裂、挣扎和亲吻，描摹人们心灵质量行进的困惑和艰难，描摹我们每个人都曾经有过的那个纯净的自己，这个纯净的自己常常鲜活地存在于我们的内心之中，时时与我们现在的自己做着分离、相聚和牵扯。就像我们每个人其实都有这样一个血肉相融的孪生姊妹，在生命的过程中始终不懈地镌刻着我们……我是一个理想主义者，那种我认为生活中应当有而实际上却没有或者很少有的美好事物一直是我创作中最重要的激情和动力。文字赋予了我表达理想和描述理想的方式，我也将以自己的方式来回报它。我知道我做得不够好，但聊以自慰的是，我忠实地表达了一些我的认识和思考。我觉得自己的表达是认真和严肃的。"

——我知道我以后的长篇小说可能都比它成熟老到，却再也不会比它稚拙可爱。它是我小说创作的开端，是我小说创作青春期的产物，是我和小说的初恋。这样的青春期，这样的初恋，对于一个写作者来说，最为特别，也最为刻骨铭心。

三 此散文，彼小说

都说散文是我创作历程里的一个重要阶段，那么就再说说散文。自散文而小说之后，媒体最常提的问题有两个：第一，你为什么会从散文转型写小说？我回答：我知道自己的选择是多么必然。如果说我感受到的生活是一棵树，那么散文就是其中的叶子。我写叶子的时候，状态是单纯的、透明的、纯净的、优美的。但我写树叶并不等于我不知道还有树根、有树枝、有树洞、有鸟巢、有虫子等其他的一些东西。我不可能把这些用散文的形式去表达出来，只好把它置放到另外一个领域里去，这个领域就是小说。李洱曾在文章里调侃我说：她的散文能使人想到早年的冰心，能让人感到自己的世故，就像吃了鲜鱼能让人感到自己嘴巴的不洁——如果说我的散文创作是鲜鱼的话，那么作为厨师，我怎么会不知道厨房里还有什么呢？破碎的鱼鳞，鲜红的内脏，暧昧黏缠的腥气，以及尖锐狼藉的骨和刺……这些都是意味丰富的小说原料，它们早就在我的内心潜藏着。只要到了合适的时候，小说就会破土而出。第二，对你来说这两种文体的创作感受有什么不同？不同是必然的。散文和小说是一个事物的不同棱面，如果说散文是阳光照耀着的树，那小说可能就是树背后拖出的长长的阴影，这是一种互补的关系。只是相对来说，我觉得小说的空间更大一些，给人的尺度更宽一些。它是有翅膀的，可以任我对现实的面貌进行"篡改"，进行重组，带它们去飞翔。我觉得这更好玩。至于创作的难度，如果打个比方的话，我觉得小说是旗袍，散文是睡衣。旗袍选料讲究，制作精良，如果技艺不过关，穿上不仅不漂亮，还会使你瑕疵全现，出乖露丑。而睡衣呢，因它是睡时贴身的最后一层衣服，所以最重要的一个特点便是舒服。因此款式一定要宽大，便于最广范围的肢体运动，用料不是纯棉便是真丝，而且穿的时间越久越觉得舒服，旧的、褪色的、磨了边儿的、开了线的……这些都可以加浓对它的依恋。

这种形容似乎可以引申为小说是面子，散文是里子。——不，这不是我想说的，它们都是里子。又似乎可以理解为小说要严谨，散文要自由。——不，这也不是我想说的，它们可能恰恰相反：小说因虚构和想象的因子在其中流溢，所以有一双强劲的隐形的自由翅膀，而散文因是以写实为依托的，所以于外在的自由中又有着一些难以言尽的拘束……这话似乎又有些不对，抛却文体的形式不谈，从本质上讲，它们应该都是贴着心的，都是自由的，它们的区别只在于旗袍和睡衣的表象，殊途同归的是表象下的那颗心和那个身。

四　小说与生活

一直认为自己在生活中是个懵懂的人。那天，和一个朋友聊起为人处世的琐事，听他讲得头头是道，连忙把一些藏匿已久的困惑翻出来向他请教，不料他突然之间变得非常警惕："你还问我？你小说写得那么聪明，不可能不懂。"

我苦笑。已经不止一次听到有人这么评价了——小说写得聪明。说实话，对此我仍是懵懂，不知道怎么会给人留下如此印象。反正我写的时候，是没有这种感觉的。不过既然人家都这么说，我要是不认也太不识抬举，且也没有力气去反驳，于是姑且认为自己写得聪明。那么下一个困惑又来了：何以在小说中聪明而在生活中懵懂？

想着这个问题的时候，眼前正放着一碗冬瓜排骨汤。这就冒出一个比喻：小说是一块排骨，生活是一头猪。

面对一块排骨的时候，我约略学过一些烹饪常识，知道什么作料什么配菜能把它做成一锅什么样的汤。酱醋盐，葱姜蒜，香菜木耳，文火武火，慢慢做来。若是做得不好，大不了换块排骨，重做。

而生活，它真的是一头猪。它是活的，总是扑面而来。它在田野里啃青，在玉米秆子里睡觉，吃泔水，拉臭粪。它四处游移，哼哼唧唧，什么味道都有，各种形态兼备。它让你不好捉，不好逮。即使你把它赶到圈里，也无法下口。当我这种智力的人面对它的时候，我没有本事来固定它、解剖它。于是我只能用本能去反应。本能的反应就是懵懂。——我得承认，有许多人和我恰恰相反。他们有本事在小说中优美地失控，而在生活中保持足够平衡的理性。他们的手中握着锋利的刀子，能干净利落地把猪置于死地。

我不能。于是我只有在夜深人静的时候，拢着一窝灶火，慢慢地，尽可能地炖好一锅排骨。而在白天，面对一头头生气勃勃横冲直撞的猪时，我最擅长做的事情，就是狼狈逃窜。

五　写作的意义

　　写作是我迄今为止最重要的精神生活。它一次次地改变着我的生活轨迹，也一点点地改变着我的内心。有人问我说是不是稿费啊获奖啊这些更能坚定你写作的信念，坦白讲，这些都是花。有花当然好，但对我起决定性作用的，还是锦。这个锦，就是写作本身。没有锦，一切花香都没有依据，一切安慰也都没有背景。可以说，写作对我的最根本的意义就是：锦的存在让我的心得以自足。因此，写作很可能不需要我，但我是那么需要它。

　　——为什么它能让我的心得以自足？为什么我那么需要它？

　　一天晚上，我上卫生间，发现下水道堵了。我冲了又冲，疏了又疏，还是不行。卫生间里开始弥漫出难闻的异味，但我却不反感。我想我可能已经不正常了。我已经变态了。我对异味居然也是那么留恋！我仿佛随时可以爱上一切，爱上我看到的看不到的经历过的没经历过的一切——走在大街上，看到柳树上萌生出的黄芽，我都会止步，不知所措。一切生命都在萌生，我却正在这一次次的萌生中永久地死去。而我又是如此热爱这个世界。这可怎么办啊。这可怎么好啊。我被这爱击中，被这爱打痛。我是个时时疼痛的人。我的心常常处在酸软状态。我会突然放下双手，任泪水汹涌而出。

我热爱这个世界。仿佛也热爱所有人。凡是与人有关，就不会不与我有关。再丑恶，再阴暗，仿佛与我也有一种奇怪的亲切。我似乎是一个活了千年百年的人，似乎对每个角落都十分熟悉，对每个灵魂都能够容纳。他们似乎都可以被我理解，被我吸融，由我的手导入，成为我生命里的一个个分支。

这种感觉很疯狂。——写作于我而言的意义，就和这种疯狂有着本质关联：让我在只此一次的生命历程中表达了最大可能的爱。在可以拥有的瞬间，这是权利，也是幸福。如果不表达，这个世界怎么能够知道我对它的爱？我怎么能够梳理对这个世界的爱？我怕自己会被这爱湮没。我怕自己会在这爱中崩溃。

像一片潮汐膨胀的海，台风掠过，海浪冲天。等到海面平静下来，沙滩上总会留下一些细碎的沙砾和卑微的小蟹。我对这个世界的爱，是海。而我留下的文字——包括这些关于创作的杂谈——就是沙砾或小蟹。

《新文学评论》，2014年第2期

穿衣显瘦，脱衣有肉

乔　叶

　　因为写作的关系，经常被人问及何为好的文学，比如好小说或者好散文。这个问题要说也是简单至极，是万里无云万里天。好的东西就是好嘛，长在那里，有眼睛的人都可以看到啊。如冯唐所言："文学的标准的确很难量化，但是文学的确有一条金线，一部作品达到了就是达到了，没达到就是没达到，对于门外人，若隐若现，对于明眼人，一清二楚，洞若观火。"要说复杂也是复杂至极，是千江有水千江月，你有你的金线，他有他的金线。你的金线在珠穆朗玛峰闪烁，他的金线在吐鲁番盆地低回。如此简单又如此复杂，实在是不说也罢。可是鱼在江湖，有时候还真免不了要吐些泡泡。

　　今天，我终于找到了关于好文学的泡泡：穿衣显瘦，脱衣有肉——最近乍听到这句关于身材的话，喜悦非常。倒不是因为这话和我对景——无论穿和脱都无比显肉的我，身体形象永到不了这种境界。我是突然觉得找到了形容好文章的说辞。

穿衣显瘦不一定脱衣有肉——很可能只是个骨头架子。脱衣有肉不一定穿衣显瘦——肉都是赘肉和肥肉。这是一个辩证的关系。

见过太多作者的文字，臃肿不堪，臃肿的前提是他把自己看得太聪明，把读者看得太愚蠢，所以他要反复地跟读者们讲啊说啊："张三是个孝顺的人。他深知父母把自己养大很不容易，自己长大了就应该回报父母……""李四每天都很快乐，快乐的根本原因是他懂得知足。""作为母亲，她很爱自己的孩子。孩子是母亲的心头肉，儿行千里母担忧。"……拜托，这些话有意思吗？有意思的是那些啰唆的人，谁也不认为自己是啰唆的，都觉得自己的表达是天下独一份儿。听到质疑还振振有词地为自己辩解："我说的都是平实的真谛，是最朴素的常识。"

——真谛和常识固然有平实朴素的外貌，但也有质量高低的分别。质量低的人人皆知的就是废话，就是肥肉。被无数人熟视无睹却不曾发现和总结却被你说出来的那些，才是熠熠发光的常识，是触手皆弹的肌肉——一定是肌肉，是肌肉穿上了衣服才显得出让人垂涎欲滴的好身材啊。

写作的价值，就是要显出这些肌肉，写出这些常识。这些常识，就是真理。它的魅力所在，是粗服布衣掩不住的天姿国色。一定要举个例子的话，就是如杜拉斯这样的话："写作是自杀性的，是可怕的。可人们仍在写。"或者是卡夫卡的这句："说真话是最难的，因为它无可替代。"

我已经写了很多文字，很惭愧的是，深知自己离"穿衣显瘦，脱衣有肉"还有很远，好在还不算太老，还有努力的意义和可能。那就在有生之年慢慢锻炼慢慢接近吧。

《东方剑》，2018年第4期

对

谈

小说写作是我精神成长最有效的途径
——乔叶访谈录

李 勇 乔 叶

李勇：乔叶老师您好，感谢接受访谈。刚看到江磊对您做的访谈，才知道您最早发表小说是在2000年之前。

乔叶：对，有一个很早的作品，叫《一个下午的延伸》。在1998年的时候，发表在《十月》。

李勇：我没看过这个作品，它是写什么的，关于情感问题吗？

乔叶：对，也不纯粹是情感问题，我觉得它其实是一个外延比较模糊的作品。情感问题让人很容易想到男女什么的，它不仅是男女问题，比那个要宽泛一点。当时是自由投稿，我那时还在我们县的宣传部工作，大量地写小散文。小散文有篇幅限制，在期刊发一般是两三千字，报纸可能不超过两千字。我那时候也不懂什么是小说，当时我们订的有没有《十月》，我也忘了。我说那我要写一个故事，能把它写到想写多长就写多长，看看怎么样。小说题目《一个下午的延伸》，还挺有点后现代意味的。写的是我在宣传部的工作，一万多字，写了一天还是两天，是我在工作的间隙写的。写在我们宣传部的方格稿纸上。写完了，我怕发不了，所以自己还留了一个复印稿，然后就寄给了《十月》，自由投稿。

李勇：第一篇就发表在《十月》，起点很高呀。（笑）

乔叶：对，当时我觉得肯定发不了，但后来他们编辑就给我写了封信，说稿件被录用了。这让我有一种错觉，觉得这录用也挺容易的。有件事也挺有趣的，发了以后刊物寄过来，信封已经破了，我们部里的人就拆开看，大家都觉得很神秘。因为我当时写男主人公的时候图省事，想就是要找个熟人的外貌很实地写下去，就照着我们一个副部长的样子，把他的外貌加到我小说的男主人公身上。小说写女职员和男领导之间有一种暧昧的东西。当然，这些全都是自己瞎写的。同事看了以后都觉得这个事情很难以言说，觉得事情很重大，都鬼鬼祟祟的。

李勇：看来外貌描写很成功。（笑）

乔叶：对，一看就是我们副部长，因为我们副部长自己也看了。我觉得那种状态特别有趣。我当时还不知道，后来我才知道他们都看了，所以大家才用那个眼神——想说也不敢说，

又忍不住要在背后议论议论。(笑)

李勇：小说改变了办公室的氛围。其实，您早年的经历我确实不太了解。您中师毕业后，好像还当过老师?

乔叶：对，当过四年老师。完了又去宣传部工作。

李勇：是公务员吗?

乔叶：没有，当时是借调。因为好像不太顺，从一个教师直接到宣传部做干事，属于事业编，当时体制上好像不是那么顺的。我当时教书教得很不好，是个很失败的老师。我师范毕业，中师学的都是理论，比如小学语文教法、数学教法等，就是那种教你怎么样跟孩子更好地相处的知识。但其实这种东西在现实中很难实现，你跟乡村小孩做朋友，他们就不怕你，你就没有权威。但应试教育要求你必须有权威。我教书时才十七八岁，自己还像个大孩子一样。当时中师毕业在乡村是比较珍贵的资源，所以1990年一毕业就让我去教中学了。当时年龄大的学生和我差不多大，教学效果可想而知。后来就调到小学，等于发配了。自己也就不再理想主义了，变得特别严肃。从内心来说，我不喜欢老师这个工作。可能自己也不是很安分，教学是一个极其需要耐心的、重复性很强的工作，对我来说是个很大的考验。

李勇：那当时为什么要当老师?

乔叶：因为师范毕业，当老师顺理成章啊。但我确实不适合当老师。工作肯定是跟一个人的性格有关系的。我妈妈是个乡村民办老师，她快退休的前两年才转正。她文凭本身就不高，但是她就特别喜欢她的工作，只是她永远教不了高年级，小学的高年级她都教不了。她永远教一年级、二年级，她就觉得特别好，而且永远在我们全乡的考试排第一。她就觉得这个工作单纯，所有学生的第一茬学习都是从她开始，这种感觉很好。

李勇：那您的性格更像爸爸？

乔叶：没有，我爸爸是特别内向的、沉默的一个人。我在表面上有点像我妈妈。我妈妈是比较天真、开朗的人。

李勇：您在宣传部这边工作完之后呢，好像去过北京、上海？

乔叶：我在宣传部工作有四年吧，后来我们县里面清理借调人员，但我那时已经在县城结婚生子了，不可能再回到农村。当时一个省信访局副局长挂职我们县当县委书记，很早就关注到我。在他的推荐下，我正式调到了县文联，还被提拔当副主席。这样我的问题都解决掉了，那是1998年。2001年调到省里。2000年时有个契机。因为我的散文比较受欢迎，《青年文摘》《读者》转载很多，《青年文摘》的老总就给我写信，说他们要改版，当时发行量非常大，一月一期不够用，要改成一月两期，分上、下半月，问我有没有兴趣来北京工作。我觉得也可以，当时县里面也很通融。然后我就以学习的名义跑去了北京，确实也学到很多东西。在《青年文摘》一直待了差不多一年。我属于运气很好的。1999年参加省里散文研讨会，坐车时和孙荪老师一起，他当时是省文学院院长，我就问他文学院是干吗的，他说文学院有好多专业作家，然后我就无知无畏地问孙老师我能不能当个专业作家，孙老师说，还是有希望的。后来我才知道"有希望的"只是一句善意的客气，但当时自己却觉得确实有希望，我那时出了几本书，孙老师让寄给他看看。我现在还留着他给我回的信，用毛边宣纸、毛笔字写的，说我的作品有小妖小魔的气象，期待我什么时候成为大妖大魔。2001年时，省里说要调专业作家，孙老师就推荐了我。当时是佩甫老师去考察的我，他那时是文学院常务副院长，那是我第一次见到佩甫老师，我不知道他写小说，也不知道他是一个大作家。他的车在半路上坏了，所以那天他有点懊恼，神色不大好，他本来就很严肃，我在县委门口迎接他时，他脸上一丝笑都没有。

李勇：那时是作为散文作家调过来的吧？后来怎么写起了小说？

乔叶：是的。佩甫老师说当时把我调过来是因为看到了我散文的才华，但不知道写小说会怎样。散文和小说对一个作家的要求是有区别的，可能小说还是考验作家更全面的功力。我自己也比较忐忑。直到自己写出了一些小说，我觉得他们才放心。

李勇：您是新世纪之后开始大量写小说。记得您好像谈过，写小说能让自己面对世界幽暗的一面。您是从什么时候开始意识到这幽暗的一面，并有不得不面对和表达它的欲望的？

乔叶：我喜欢用幽暗来形容那些不确定的、暧昧的、复杂性的东西。这个世界本就存在那些幽暗的角落。不过从意识到它到把它转化为一种文学形式，这中间还有个漫长的过程，这要看一个作家的自觉意识。我们从小接受的作文教育，就像我写散文的时候，都是讲真善美的东西，那种特别明亮的东西。但这个世界根本没这么简单。对我而言，逐渐长大逐渐成熟的过程，就是深入认识幽暗的过程。认识到了，自然就想表达。

李勇：最开始写作时，是怎样的情况？是受当老师的妈妈的影响吗？

乔叶：妈妈对我没有写作这方面的培养，完全是我自己琢磨。师范毕业在乡下教书时，因为生活很单调，自己又不爱教书，就老想自己搞点事情。在师范的时候参加文学社，也写诗什么的，是个文学小青年，到乡下教书以后真的非常寂寞，那时经常买书、看书，多了就想自己动笔。真正开始投稿是在《中国青年报》。我们学校就订了这一份报纸，上面有生活散文版，好像叫"屋檐下"。感觉很时尚。我那时身处农村，心里却很向往城市的时尚生活。我发在《中国青年报》的第一篇文章应该叫《别同情我》，第二篇反响比较大，叫《愁嫁》。那时我虽然才二十岁出头，但是在乡村已经是大龄女青年，很不好找对象，也不想找人们给我介绍的那些，比如在乡镇政府工作或退伍军人，有个正式工作，好歹拿点工资那种。那时流行征婚启事，我想我要登个征婚启事，但征婚启事是要掏钱的，按字算钱，我不想花钱，还想挣点钱，就写了这篇《愁嫁》，其实是个变相的征婚启事，收到很多读者来信。

李勇：《愁嫁》是1993年发的？

乔叶：对。后来又写了一个《一个女孩的自知之明》，也是发在《中国青年报》。1993年发了十几篇，还被评为了优秀撰稿人。其实是生活很单调。那时已经有《读者》这种刊物，很流行。我就会在读书时，在生活周边，在别人的身上，发现故事。写的那些散文，其实有好多故事元素。常常是自己凭空想一个道理，觉得特别好，然后就反推出一个故事来要抵达这个道理。所以人们称它们为青春哲理美文。那时候写了好几百篇，发遍全国各大报刊。其实自己后来想想挺可怕。

李勇：那时就用乔叶这个笔名？

乔叶：对，我在师范的时候写过一首诗，就用乔叶署名。那时怕退稿，想着起个笔名，如果发了，我就说这是我，如果退了，我就不承认是我。很狡猾的小心思。后来发现起个简单的笔名特别好，签名很省事儿。

李勇：写散文到写小说，这个转换容易吗？

乔叶：我1998年写的那篇小说是兴之所至，严格地说，不是我小说创作的真正开始，甚至第一个长篇我觉得都不能算作开始。《我是真的热爱你》是我的首部长篇，当时有点赌气的性质，那时刚到文学院，李洱他们都在，大家都在写小说，谈论的都是小说，我心里说我也可以写，我写给你们看看。其实那时我是最没有资格的，因为不懂，很自卑也很焦虑，很想证明自己。所以在2002年左右就写了，佩甫老师也鼓励我写。我后来想，作为一个领导，他是想看看自己挑的人怎么样，是骡子是马牵出来遛遛。那段时间他老追着我问，你不是要写个长篇吗？写成没？让我看看。这个小说完成之后，我就知道，自己很幼稚。

我内心认定的小说写作的真正开始是2004年，我个人的划分是这样。那一年我真正开始认识到小说是什么东西，然后才有意地立志开始认真写小说。那年我写了一批中短篇小说。

李勇：真正开始写小说了，才发现和自己想的不同吧？

乔叶：当然了。认识到了很多问题。在写作过程中，你所遇到的所有的障碍和困难会教育你，你确实没有准备好。那时写《我是真的热爱你》，已经写到半路，骑虎难下，就要一直把它完成，就硬着头皮写完。所以，我不愿意把它列为我真正的小说创作的开始。它只是让我认识到了小说创作的困难和障碍。之后，我就老实了，开始认真地静下心来想小说到底是什么东西。2004年去鲁迅文学院，把我分到散文组，我坚决没去，去了小说组。

李勇：小说写作二十年。用小说写作来面对内心幽暗的一面有效吗？它是否带来了精神的改变？

乔叶：特别有效。精神的改变肯定是有的。小说创作对我来说，是精神成长的最有效途径。要写小说，很重要的途径是大量阅读小说，看经典小说的技法，更重要的是有大作家的情怀，他们对人物或人性的理解特别深刻和广阔，那是一种教育。写作还要思考自己在写作中如何认识自己的人物。其实我认为，你写的所有人物，某种意义上都代表你自己，不论是正面人物、反面人物，或者是复杂性的人物，都代表了某个层面上的作家自己。你写反面人物的时候，如果仅仅把他当作反面人物，我觉得这是成问题的，他一定是你自己内心产生的另外一个反面的东西。你要深刻地理解你的反面人物，才能把这个反面人物写出来，而不是仅仅带着批判的眼光，觉得他离我十万八千里，我觉得那不是你的反面人物。如果是你的反面人物，他在黑暗中，在犯罪，或者堕落，你会跟他一起心疼，你会特别难过。所以我觉得莫言那几句话说得很好："把好人当坏人写，把坏人当好人写，把自己当罪人写。"比如坏人，坏人不是天生的，他怎么就成为一个坏人？你要是把他当成你的兄弟姊妹去写一个坏人，这样才会有更有质量的同情或批判，才会不简单粗暴。

李勇：在我的阅读印象里，你的写作是有叛逆性的。比如《锈锄头》，是我最早读的一个你的作品，结尾很讽刺。

乔叶：写知青是因为看了一些知青文学觉得很矫情。有些知青写当年在农村受苦，很委屈，觉得为什么要受这种苦。可他们没想过，如果农村是受罪，那么世世代代生活在农村的农民，他们是为什么？遭受了天谴吗？应该从出生就受罪？知青不过在农村生活几年，就这样怨声载道，那农民该怎么样？而且好多知青回忆过去生活的时候，我觉得很奇怪，他们带着一种不能让我信服的情绪去歌颂乡村。就是因为走出去了，所以反而去歌颂农村，容光焕发地返乡，热泪盈眶地和过去的老乡们叙旧，那是一种让人不适的欣悦表情。令我很困惑。我想，如果他真的结结实实地面对一个农民的时候，他到底会怎么样？于是便写了《锈锄头》。

李勇：您在访谈的开始聊到征婚启事，我感觉《叶小灵病史》有些是你当时的状态。不过它最后的结尾也有点出人意料。很上进的女孩却变成了一个热爱麻将的妇女。

乔叶：这个人物其实有一点点我姐姐的影子。我姐姐是高中毕业，当时在村里算是很有文化的人。她就是有点理想主义或浪漫主义的那种小女孩，把屋子收拾得特别干净，穿得特别讲究，下地干活也穿得特别讲究。她结婚生子以后，我就眼看着她慢慢地变成一个平常的乡村妇女，当然她也有自己的光芒，但是我内心总是怀念我姐姐那时候很光彩夺目的，甚至有点矫情的，带着城市习性去乡村种地种菜的状态。她那些追求我觉得是非常动人的。她要和泥泞的现实做斗争，我特别喜欢她抗争的这一点。所以我小说里面写了很多理想主义的内容。不过，到最后，她一直想过城里人的生活，却突然就成为了城里人，该怎么办？她一直在和自己战斗，和周围的现实环境战斗，突然失去了战斗对象，其实某种意义上是失去了理想的照耀，然后自我垮塌。我想表达的是这样一个主题。

李勇：这个结尾还是比较出人意料的。按一般的阅读期待，她应该一直积极向上，不应该垮塌。但您还是让她垮塌了。所以我感觉这里是不是有什么观念和深意要表达，以至于让人物脱离开小说中她本应该有的命运？

乔叶：对，也可能是，你这么说我也要自我批评一下。不过也有一种比较现实的情况，就是城市化了，推动她往前走的理想突然唾手可得，自己努力奋斗希望要的东西，别人都没怎么奋斗却也得到了，那么我奋斗的价值何在？我觉得这种自我怀疑的成分也是有的，所以她才垮塌。但是可能她想不清楚这是为什么，这个弯绕到了哪里，为什么别人不奋斗和我奋斗的结果是一样的？所以我很心疼她。一个人的力量和整个时代裹挟的力量相比是多么脆弱，我也会想到这些。所以有时候一个小说的出发点很单纯，但是写着写着，承载的东西多了，就会出乎我的意料，超出我的初衷。写作更多的是和自己博弈，和自己的某种想法博弈，或者和想象中的某些力量和问题在博弈。

李勇：《他一定很爱你》是我印象极深的一个作品。男主角是个骗子，一直被他深爱的女主角也认为他是要骗她，所以假意找他借钱试探他，事实证明她错了。女孩的怀疑是因为她在我们这个社会已经世俗化了，深情却在骗子身上，这是多大的嘲讽。

乔叶：他确实是个骗子，但我不同意你这句话——深情却在骗子身上，我觉得应该说骗子身上也有深情，而不是深情在骗子身上。他真的是个骗子，骗了很多人，但他内心会保留一点点纯洁的地方给他的初恋，我觉得这是他有限的深情。深情在骗子身上和骗子身上有深情，我觉得是两码事，对吧？

李勇：对，我的说法确实有问题。不过，您为什么对人的"世俗"有这么大意见？

乔叶：因为世俗力量太强大了。我们其实都习焉不察、根深蒂固地生活在世俗当中，我们觉得世俗有理，我们都应该世俗……我们都生活在这样一个铁桶围成的世俗圈里。太强大的东西，总是会让我想要质疑，想要抗争一下。

李勇：您觉得世俗的原因是什么？

乔叶：因为我们都生活在现实中啊。现实要求我们必须得经常面对世俗。至于在《他一定很爱你》这个小说里，我觉得可能是缺乏安全感。我小说里的主人公小雅，她从小缺乏家庭安全感，她对危险的嗅觉格外敏锐。所以她不可能像男主人公陈歌那样信任他给她的感情。而且没有安全感的人，会很敏锐地嗅到陷阱的气息，所以我也特别理解她。当然，她自己最后也做了很多批判，觉得自己过于世俗。我觉得认识到自己的世俗或世俗本身带给她的很多拘束或绑架，就已经是对她的一种批判和惩罚了。那个小说写得很用心。早年有一段时间，我的写作状态高度紧张，特别想努力写得像个小说家，故事构架、悬念设置都特别的精心，现在觉得有点过度。

李勇：《最慢的是活着》好像不是这样的。

乔叶：那确实是个比较放松的小说。

李勇：很奇怪，隔这么多年一直记得《他一定很爱你》，那情节、结局。但《最慢的是活着》却不是这样，只记得很感动，情节却忘了。给人推荐作品的时候，总是《最慢的是活着》，而不是《他一定很爱你》，但后者却是印象最深。

乔叶：对，我个人也很喜欢。小说最后的结尾是小雅收到骗子寄给她的钱以后去了菜市场。因为之前骗子一直问小雅借钱，她不给，她后来想了一个办法拒绝骗子，就说我现在特别需要钱，你能不能借给我两万块钱。最后骗子在特别困难的时候——那时他已经快被抓起来了——把自己仅有的两万块钱寄给了小雅。然后，女主人公小雅就震惊了。她到菜市场看到排骨，想要买排骨，然后排骨在那来回摆动，像一个钟表。我觉得这个情节写得挺好的。而《最慢的是活着》是弥漫性的、情感性的小说。这却是个蛮理性的小说，我觉得小雅其实像一个屠夫，她心里面一直有一把刀在骨头缝里杀这个人。

李勇：批判世俗是因为看到世俗，讨厌世俗，但生活当中我们有时可能也难免世俗。

乔叶：对，所以我也是在批判我们自己。

李勇：官场和女性是您小说经常出现的故事元素。通过女性的视角审视、批判官场，是这些小说共同的主题。但小说中借由女性发起的批判和反抗，有时候方式却并不是特别被世俗眼光接受。比如《我承认我最害怕天黑》中刘帕失望于体制内的张建宏，却委身于入室抢劫的歹徒……小说写作常常会对日常伦理构成冒犯。这种冒犯，在写作过程中和作品发表后会感到压力吗？

乔叶：没有。就这一点来说，我基本没有感到过什么压力，或者说压力极其微小。所以，我觉得我在这方面是很幸运的。因为我觉得写作会带给我某种特权，尤其是写小说似乎比创作散文更有特权，我知道我在虚构，而小说的虚构就是一种保护屏障。比如，《一个下午的延伸》发表后，我曾听到一些关于这部作品的流言蜚语，但我自己始终坦然自若。后来也有很多作者跟我交流这个问题，就是"被人对号入座该怎么办"的问题。其实我觉得这不是作家的问题，而是读者的问题。更何况这还是虚构作品呢，如果你写"非虚构"该怎么办。比如说《拆楼记》，我写的是家乡的故事，那压力不就更大了？所以我觉得作者内心要强大，不要自我阉割。这是写作给你的权利。我们为什么写作？写作其实是为了抵达我们思想或者精神上最大的自由。如果这时候你还要自我阉割、自我捆绑，你干吗写作呢？所以我可以很自私地说，我写作时不怎么考虑读者，我最优先考虑的是我自己。也就是说，我的内心、精神是不是得到了最大程度的自由，表达了我最想表达的东西。作者要为自己服务，这是第一点。我写《拆楼记》的时候，在后面附上了两句话，大概意思是："本作品纯属非虚构，有想对号入座者，请坐好。"我认为写作的地盘是自己打出来的，你越打，地盘越大。如果说别人不开心了，你就不写这一块，比如丈夫不开心你就不写婚外恋，朋友不开心了你就不提某件事，那么你就没什么可写的了。而反过来说，如果你什么都写，那么世俗的力量就会虚弱下去，他们会觉得"这个人什么都写，原来他一向都是如此"。这样一来，别人也就没法跟你置这个气了。风格就是一种存在。所以你不要被他们绑架，你要绑架他们。我觉得对于一个真正的作家来说，即使他感觉到了压力，也没有什么能抵挡住他想要表达的冲动和渴望。这种冲动或渴望是最有魅力的。

李勇：《最慢的是活着》里面有一个细节，好像是奶奶病危时"我"却和老公做爱。这个细节的用意是什么？

乔叶：我觉得没有这个细节就没有力量。它挺有挑战性的。我觉得从人物的心理来说，这个细节是可以理解的。因为在亲人行将就木的时候，小说主人公也感受到了空茫和虚妄感，就会想要一种结实的温暖。我认为这一点在逻辑上是完全可以说得通的。像加缪的《局外人》，里面写到主人公不记得母亲的葬礼是哪一天了，展现出一个高度冷漠的人。但是《局外人》跟我的小说是完全不一样的，我这个是很有温度的，那个其实是展现冷漠和荒谬的。我想要展现生命的逝去感和存在感，特别是展现它们之间的对比。其实，答案就在这部小说后面的句子里——"这既是我的强韧，也是我的无耻。"亲人的生命就要终结，我们才更珍惜我们的生活，更充分地去享受它，这有什么错呢？所以说我觉得这是强韧的，如果你要说无耻或者怎么样的话呢，我觉得这其实是所有人都经历过的或者必将经历的无耻。

李勇：读那些小说确实经常遇到你说的这个词——"无耻"，而且它总是一种自指。它是否也暴露着什么？比如不自信。

乔叶：可能也会有这样的意思：有些人就是想听到这样的词，那我就说出来给他们听。你们想踩我一脚，我自己倒下去让你们踩。此外，我觉得无耻的前提是有耻。我在前面说："世俗力量太强大了。"同理，说无耻是因为有耻的力量太强大了。

李勇：刚才谈到性描写，关于这个，我觉得当代作家很多写到的时候，总是写得不是特别好，有刻意渲染或其他什么问题。《藏珠记》的某些地方似乎也是如此，您怎么看？

乔叶：我不认为《藏珠记》里的性描写有刻意渲染的意味。相反，我觉得它是有必要的。因为女主人公唐珠当了一千多年的处女，当她在性的问题上情绪爆发的时候，我个人觉得应该会是激烈的。性爱或者爱情一直是她生活的空白，她是压抑的，不是一个常态的女性。当代作家里，我觉得毕飞宇老师写性爱很节制、很干净，很有力量。男作家和女作家写性的角度是不同的。

李勇：是的，北方作家和南方作家也是有差异的。您认为河南作家身上有某种群体性的特质吗？

乔叶：我认为地域性差异是存在的。南方作家更灵动，他们的写作像水一样，有弥漫性、渗透性。而我们北方作家的写作像土地，或者山脉。虽然大家的小说都是现实主义风格，但相对来说，我们更爱正面强攻。

李勇：您原来似乎不怎么认同作家的地域性，不太认同自己是个"河南作家"。是这样吗？

乔叶：我那时候比较叛逆，不喜欢打到我身上的标签。我那时心存大志，觉得自己要有更广泛的存在性。但现在就比较认命，真的就觉得自己是个河南作家，是个女作家。可能是年龄增长的原因吧。

李勇：再聊一下"非虚构"吧。同样是写作，"非虚构"和

"虚构"作品的写作差异到底在哪儿?

乔叶：我觉得方向不太一样。比如我写《叶小灵病史》时，我一直怀念我姐姐在过去的那一段时期的样子，所以想写这样一个小说。那么，它整个是虚构的，包括叶小灵的婚恋，她的抗争，她卖猪肉，等等，都是虚构的，也就是说我的主导是虚构的。但是里面的细节，我需要把它坐实了，要使所有的细节变得可信，包括20世纪80年代的人怎么穿衣服等等，我都要把它坐实，然后构架出来一个可信的小说文本。但如果非虚构的话，这个素材的整体是实的，我需要做的是把里面凿空，使它透气。这个事件本身真实性是非常强的，但我不能完全地以实写实，还是要它有更空明的地方，也要有更具深度的东西——比如说，我自己对人物会有一些推测性的想法，我的作品中都要有所表达。但是我写这个的时候，为什么可以说"此文纯属非虚构"呢？是因为从文学的写作伦理上来说，我可以保证这个东西都是真的，我也会尽最大努力让它去抵达真实。

李勇：写《拆楼记》的拆迁事件，您当时是完全参与其中吗？

乔叶：当然了。书中出现的那些布告，还有那些砖多少钱一块，我都进行过严密的采访。包括里面南水北调的宣传片，我也是一遍又一遍反复看的。

李勇：拆迁考验人性。从现代启蒙的角度看，人性自由，人的欲望是合理的，但彻底放任人性，可能问题更大。我可以这么去理解《认罪书》的题旨吗？

乔叶：我觉得《认罪书》的题旨并不在此。我觉得我只是探讨了个体承担责任的必要性。而其他的一些内容，比如说家庭伦理情爱故事等，只是个表壳。我一层一层地往下揭露各种人的罪过，其实就想探讨个体承担责任的必要性。因为既然是全民参与的一场运动，便是人人都应该负责的。

李勇：欲望、自私可能是一个源头。《认罪书》提出要认罪，但我们缺少认罪的文化土壤，人性解放若缺少某种文化制约，结局可能就是小说里写的那样。那么，人性解放到底应该解放到一个什么样的程度？它又需要什么样的力量来制约？我觉得这是《认罪书》导引出来的更深层的问题。

乔叶：对，我觉得你可能是把《打火机》和《认罪书》做了对比。就《打火机》来说，我并没有想要去张扬人性自由和解放。我觉得《打火机》想要探讨的是一个人怎样活成真正的自己，在不伤害别人的前提下回归真正的自己的问题。也就是一个人应当在合理合法的前提下，去抵达相对的自由。比如说，《打火机》里的余真一直在追寻她十六岁之前，就是受伤害之前的那个天真烂漫的自己。虽然她有点痞，有点小坏，但她没有伤害别人。尽量不虚伪或者尽量不假惺惺，相对来说更为重要。所以我觉得张扬人性自由这个帽子太大了，我戴不住。我个人觉得，《认罪书》是我写得比较有强烈的社会意义的一部小说，它更倾向于展现某种社会关怀，探讨的是在某些公共问题上我们怎样承担相应的社会责任的问题。

李勇：《认罪书》提倡"认罪"。但知罪、认罪、赎罪，对我们民族来讲是非常高的道德要求，还有知识要求、理性要求。所以面对现实，您有绝望吗？而且这种道德要求和理性要求，也是指向您自身的，所以会有焦虑和压力吗？

乔叶：我觉得会失望但不会绝望。因为还是有希望的。虽然整体上是悲观的，阶段性还是很乐观的。对于我自己来说的话，会有一定的焦虑和压力。但我觉得这种焦虑和压力，我愿意承受。因为它是良好的焦虑和压力，可以让我更好地实现我自己，变得更结实一点，更成熟一点。

李勇：《认罪书》中关于"文革"的描写，那些材料是怎么来的呢？

乔叶：采访得来的。"文革"部分我看了很多文字的资料。但我觉得这是不够的，因为文字资料是死的。虽然文字资料也是人讲述的，但一旦凝聚成文字，很多鲜活的东西就丢失掉了，所以我更喜欢现场采访。但采访也不是正儿八经的采访，而是聊天。我觉得把它叫作潜伏式采访更好一些。

李勇：录音了吗?

乔叶：基本没录音，有时候会录一点，大多数时候听听就够了。就是听那些比我年长的，亲历过"文革"的我的前辈们讲那段历史。

李勇：是怎么找到他们的? 打听出来的吗?

乔叶：没有，主要是通过各种开会认识的。"文革"发生在1966年，那时1960年生的都有记忆了，现在也就不到六十岁吧，那些亲历者大部分都健在。所以我平常在外面开会很容易遇到这些人，然后跟他们就聊一聊，有时候不经意间聊到那段历史，他们都会讲一些，有心听就可以了。这个事情过去这么长时间，都很安全了，他们愿意告诉你这些。

李勇：他们会讲小说里写的那些事情吗?

乔叶：对，会讲。不过讲的都是别人的罪过，一般都觉得自己是受害者。

李勇：所以，小说很大程度上还是复原了历史的?

乔叶：素材仅仅是素材，想要转化成文学的东西，还是要有一个很复杂的过程。素材要酝酿、发酵，或者变形，然后处理成文字的东西，以供小说所用。这里，我觉得佩甫老师说的"让认识照亮生活"特别好。但是《认罪书》有一个很大的问题，就是概念性，我确定一个强大的主题想要去表达，然后采访，得来素材，再为我所用。也就是先有一个骨架，再往上贴肉。《认罪书》的骨架是有点钙化的。

李勇：所以《认罪书》尤其是《拆楼记》，和《藏珠记》是两种完全不同的创作路数。

乔叶：写作路数是因材而定的。"非虚构"肯定是以实体为重，我尊重这个事实本身，然后是技法、细节。但如果是小说，那我就要从我出发。素材、采访记录都是为我写这个小说服务的。也会出现意外，原来想往东，后来却偏东南或东北，但完全偏向西的可能性不大。所以我觉得马尔克斯的《一桩事先张扬的凶杀案》写得特别棒，他没有把这个人会死的悬念留到最后，而是直接告诉你某时某刻他会怎么样死，之后再展现"怎么抵达了他的死"这个过程。我觉得这是一个极具规划、极具秩序性的小说。真正技术高超的小说家不是瞎写胡写的，而是对人性世故有精密的把握，对小说节奏感有精密的把握，这样才能完成一部让人读起来舒服的小说。所以王安忆曾在《小说不应该忘却"生计"》①的访谈中说："好的小说就好比一个走得很准的机械钟表，在看到它的外部之后，内部才是最

---

① 王安忆：《小说不应该忘却"生计"》，《江南时报》2015年10月21日第 B02版。

值得玩味的——把表壳拆开来，你会看到齿轮和齿轮之间清晰地咬在一起，机械带动齿轮的运转很规则，很有条理。"好的小说具有科学性的美。只是有的小说设计感强，质量就低了；而有的你看着没有设计感，但实际上非常科学，是大师手笔。

李勇：可能不同类型的小说、不同的写法，都有写得很好的作品。

乔叶：对，有的。有浑然天成的。我觉得浑然天成有几种情况，一种是这个人确实天赋太强大了，然后就浑然天成了。但我觉得，不经过后天训练，全凭自己的才华的这种浑然天成的创作不可能多。一个作家凭才华写了几十年都是浑然天成，那更不可能。更多的浑然天成，是精心地准备，火候到了，显得浑然天成。

李勇：问一个比较本土的问题。您觉得"中原作家群"这样一个群体真的存在吗？如果存在，那么他们的共同特质是什么？

乔叶：这个群体还是存在的。河南作家一般都是非常正统的。我其实并不像你说的那样是叛逆的。早期啥也不懂的时候，老想教育别人，有些狂妄。现在慢慢地回到规矩里了。另外，河南作家的人才梯队还是很完整的，也很强。作家说到底还是自然成长，然后整体命名。我觉得地域性格很重要，因为都生活在河南这块土地上。而且我觉得文学传统这个东西更玄妙，传统真的是根深蒂固，一块土地上长的植物都差不多，人也是如此，虽然看着不一样，但其实共性很大。觉得看着不一样，是因为我们都生活在此，如果走出去，你会觉得河南人就是很像，就像我们到国外一看，我们中国人也很像一样。这里面有一些难以言喻的东西存在。至于我们河南的共同特质，大家都有一些沉重感，即使像我这种有点离经叛道、跟主流不太一样的人，也会写《认罪书》这种正经的东西。因为从根子里来说，也还是有很正统的东西在。并且我们这块土地多灾多难，所以还是有共同的地域性格的。

李勇： 您谈到的这种正统性、道德感，山东、陕西等北方这些省份其实也都有，河南的特殊之处在哪里？

乔叶： 我觉得河南可能更突出。"中原逐鹿""得中原者得天下"，因为中原长期处于政治意义的地域核心，一代代人都在这种政治氛围中生活，大家不得不关心政治。到50年代以后，像李准的《不能走那条路》《李双双》《黄河东流去》，就是紧跟时代。包括李洱，他写《石榴树上结樱桃》《花腔》等，也是和政治主题离得非常近的。还有张宇老师的《土地的主人》，也是正面展现生活，和我们的民族生活紧密相关。还有佩甫老师的《羊的门》，甚至包括写"帝王系列"的二月河。这种家国天下情怀，是有深厚的传统的。陕西像陈忠实老师、路遥，是相对个体化，不像我们这边形成了整体气候。

李勇：现在纯文学边缘化，有人觉得其生存前景堪忧，您怎么看？

乔叶：在这个文化多元的时代，我觉得纯文学被边缘化挺正常的。如果放中心，那其实是非常态的。就像20世纪80年代的时候，发表一个小说红遍全国，那其实是挺不正常的。可能我比较迟钝，没有太大的焦虑，也不悲观。作家不是流量明星，但他生存得可能也不错。就我自己来说，我对自己的生活状况是比较满足的，这个职业让我衣食无忧，甚至活得还挺有尊严，我一点怨气也没有。我也很相信读者，读者藏龙卧虎，火眼金睛，他知道什么是好东西。作家要反思自己写得够不够好，要拿作品说话，写得好才是硬道理。所以，我想纯文学会一直存在，哪怕再微小，它是个一直会闪光的东西。而且，只要写得好，就能活得很不错。

李勇：您平常喜欢什么纯文学类的书？

乔叶：我现在读书也是一段一段的。最近读的是《夏日走过山间》，作者是约翰·缪尔，是美国的一个自然主义作家，被誉为美国"国家公园之父"。我喜欢他笔下的大自然。这本书是阿来老师推荐给我的，然后我就反复看。最近还看译林社寄给我的书，四本，我在微信上还推荐了，叫"风物四记"：《春满北国》《夏物记趣》《秋野拾零》《冬日漫游》，是同一个人写的：美国作家艾温·威·蒂尔。

李勇：也会去读些历史、哲学类吗？

乔叶：对，也读，反而是纯文学类的读得少。我觉得跟心境有关系。有时候突然觉得某个书读起来特别有意思，比如最近读莱辛的《野草在歌唱》《好邻居日记》。之前有一段却读不进去。还有阿特伍德的《道德困境》、日本远藤周作的《沉默》《深河》，写得特别好，《沉默》特别让人震惊。

李勇：感谢您接受采访！

2019年6月26日访谈于河南省文联221办公室；

7月14日整理、定稿

李勇:《新世纪文学的河南映像》，人民文学出版社

2019年版，第137—154页

我的局限也未尝不是我的根基

——乔叶访谈录

李　馨　乔　叶

李馨：按代际划分的话，您属于"70后"作家，您怎样看待这种代际身份？有人认为"70后"一代的作家处在"夹缝"中，这种说法有道理吗？

乔叶：对代际身份我有个认识过程。最初觉得挺重要的，因为刚开始写作，被纳进某个群体，会有一种归属感。后来就渐渐觉得，这并不多么重要。这种代际其实就是一种外部的命名，当然这样大众媒体和评论界归类起来可能会省事一些。主要意义大概如此。再后来也就是现在的认识是，有这么个身份也没有什么不好，而且确实也有一定的道理，有相当的"70后"，我所熟悉的朋友里，如鲁敏，如李浩，如张楚，如徐则臣，如付秀莹，共同的特点都是从小地方而言，是"小镇青年"的路径，因此对这个世界的看法和表达方式有很相近的一面。

　　实际上到现在我也不习惯把作家们的代际划分得那么清楚。王安忆老师曾在一个会议上对青年作家说："……再有二十、三十年过去，回头看，我们和你们其实是一代人。文学的时间和现实的时间不同，它的容量是根据思想的浓度，思想的浓度也许又根据历史的剧烈程度，总之，它除去自然的流逝，还要依凭于价值……"在这个意义上，无论是哪个代际的作家，他们所处的共同的时代背景其实不必多说，具体到每个人，都只能用自己的作品来定位自己，这才是最根本的。而每一代作家在写作中面临的困境和障碍也都是无可避免的，所谓的特点也要依靠各自的写作风格来彰显。

　　对于"70后"，也常有人谈起代际尴尬问题，认为"70后"在一个"夹缝"里。也可能是我比较迟钝，总觉得这是一个伪问题。作家的成长是一件顺其自然的事，也是一件特别需要耐心的事，最大的"70后"也才五十岁，就写作而言，还有充分的时间来接受检验，怎么就成了在"夹缝"里呢？前些时间有媒体问我，是不是会觉得被低估，我说："从来没有觉得被低估，偶尔觉得被高估。"——不知道其他领域如何，文学这个领域，有一种不言自明。你写得好，就不会被湮没。所以，其实不必为"70后"着急，"70后"自己也不用着急。作家要看年龄，但也要看成长性。实际上，越发展年龄越不是问题，大家都处在一个大的代际中。当你的年龄没有转化为文学价值的时候，代际就没有任何意义。这只是一种很普通很普通的概念性资源，没有什么了不起。任何人都有，也都会有，如果你以为以此就会建立起自己的世界，那只是一种客气的理论。对一个写作者而言，世界不是你们的，也不是我们的，归根结底，世界是文学的。

李馨:《最慢的是活着》是您很看重的作品，而且屡次获奖。从小说中似乎可以看出您自己生活的影子，请问作品中的故事、人物原型与您的个人经历有一定的关系吗？

乔叶: 关于这篇作品，我有一篇专门的创作谈:《以生命为器》，简要回顾了写作的过程。这篇作品的人物原型就是我的祖母。我的祖母本名叫王玉兰，母亲的名字叫吕月英。我将她们的名字各取一字，组成了小说中祖母的名字。因为在我心中，祖母和母亲并无二致，甚至比母亲还要母亲。我和祖母的感情很深，自从我开始写作以来，我一直就想写写她，可是我发现自己写不了。她在世时，我写不了。她去世多年之后，我依旧写不了。无数次做梦梦到她，她栩栩如生地站在我的面前，还是找不到落笔的方式。直至《最慢的是活着》这篇小说，终于动笔写出来，虽然仍觉得写出来的不是我心中最想写出的那个她，但总算是对这份怀念有了个交代，从中获得了很大的安慰。

很多人问里面的"我"是不是你呀？这个"对号入座"的问题有悖于写作常识。某种意义上说，每一个创作者，写小说中人物的时候，多多少少都会带一点自己的影子，每个人物都可以说是自己的各个分身，包括反面人物也是自己的投影。不过话说回来，小说里的叙述和我本人对照而言，在精神脉络上是一致的。《最慢的是活着》里"我"的童年细节在我的童年生活中也有一些，但大部分不重合。有一点很相近：童年的我在家里也是不被特别重视和关注的，所以我在家里比较孤独，在外面就比较野，认同感和成就感都是在家外的世界获得的，这些也许都是文学创作的潜在因子。

当然，这个小说里还有很多东西和我个人的经历有着委婉曲折的不可剥离的关系。怎么能没有呢？往根子里挖，所有作家的写作都是在写自己。不记得是哪位作家说过，作家所有作品里的所有人物，多少都会有代入自己的痕迹，这是一个艺术规律。从技术层面上讲，这也是我喜欢使用的一个叙事手法。其实我知道有不少人看了这个小说以后会觉得这就是乔叶自己的生活，愿意用代入感信以为真地去解读，我从来不会因此和他们辩驳。我常常怀着一点儿暗暗的得意对自己解释说，看来你写得还不错，不是有个有趣的比喻嘛，好的小说家都是骗子，也许你这就是诱骗成功。

李馨：可以谈谈您的阅读喜好和阅读习惯吗？有哪些作家作品让您印象深刻？

乔叶：平时读书挺杂的，文学类的书，读经典的比较多。曹雪芹、兰陵笑笑生、夏洛蒂·勃朗特、狄更斯、诺曼·梅勒、卡波特、三毛、琼瑶、亦舒、远藤周作、卡夫卡……如果不限篇幅，会是一个非常长的名单。他们的影响有的在结构上，有的在语言上，有的在意识上，有的兼而有之，是难以梳理的化学反应。非文学类的书也读，喜欢读自然、地理、旅行方面的。毕飞宇老师有一个观点，大意是"写作是阅读之子"，写到一定程度，阅读甚至比写作更重要。对我来说读书是一种自觉的教育和学习，虽然很难直接从书籍中找到什么灵感或者来源，但可以给我长期的稳定的良好营养。

一般是遇到什么就读什么，阅读量比较大。诗歌方面喜欢聂鲁达和惠特曼。有一段时间很喜欢卡瓦菲斯，他是一个比较另类的诗人。国内有很多诗人也相当不错，比如雷平阳。《最慢的是活着》这个小说题目就来源于他的一首诗。我也很喜欢写《我想和你虚度时光》的李元胜的诗，那种虚空感十分曼妙。国外的小说，我很喜欢读福楼拜的作品，我曾经反复阅读《包法利夫人》。我觉得精读作品对一个作家很重要，另外文学翻译也相当重要,《包法利夫人》是李健吾先生翻译的,他学贯中西,语言功底扎实。我也很喜欢读作家对作品的分析,比如格非评析《包法利夫人》,还有很多作家也分析过,作家们的理解很有趣,从中能给你提供很多思路和启发,就像一个多重的映射。

有时候阅读也会跟着写作走,有一定的阶段性。比如写《藏珠记》时看卡尔维诺更多,他的故事貌似离奇,现实逻辑又很严密,像《树上的男爵》,一个人在树上生活那么多年,怎么可能呢?很奇怪,但他就进行得严丝合缝。我写的其实是有些学习他的。

长期爱读的是《红楼梦》,《金瓶梅》我也很喜欢,兰陵笑笑生这个作家很有力量,很冷酷,又冷中有热。他写世相的复杂性和人性极其深刻,这本书我人到中年之后,越来越读出它的好。他在剖析人性时像一个手段极其狠辣的医生,比方说西门庆在《水浒传》里读是很可恶的,在《金瓶梅》里他就有很不同的地方,不单纯是浪荡子。他在妓院里很呆萌,对儿子又很温暖,对李瓶儿对吴月娘撒娇时又很可爱,在十兄弟算计他的时候他其实是很大度的,憨态可掬……是很多维的、深陷在欲望里的可怜之人,有他本心的一面,并不是一个万恶之徒。还有一群中年女人的复杂性,比如李瓶儿对花子虚的算计是很不厚道的，但是对西门庆的温柔、对儿子的爱，又很深情动人。包括应伯爵，你觉得他很油滑吧，但又觉得他真是很聪明，这是非常通人情世故才能写出的大手笔，这就是文学的魅力。我也对作家们的分析很感兴趣，比如格非写的《雪隐鹭鸶——〈金瓶梅〉的声色与虚无》就是他的私人视角，读他们的文本分析，看他们怎样把自己的视角代进去，可以给你提供一个参照，特别有意思。我觉得自己这方面是有所欠缺的，很想补补课。

李馨：您最初以散文作者的身份被读者熟知，后来才转向小说创作。从散文到小说的转型是如何完成的？散文创作经验对小说创作有什么样的效用？

乔叶：现在想起来，我早期的所谓散文其实离文学很远，只是靠本能的观察在书写。即使有些想法也多是胡思乱想。想因何而生，为何为死，何谓爱情之类的问题，找不到答案就去读书，读书后有了更多的困惑就去读更多的书……在当时的条件下，写作就是我和自己讨论、争辩以及沟通的最重要方式，这是非常有益和有效的方式。和传统的散文相比，我那时候的散文面貌很有些可疑，因为喜欢在散文里讲故事，而且有很多并不是真实的故事，是我虚构的故事，后来我才知道这是散文行当的大忌，有违正统的伦理，不过幸好我也没有准备在纯文学刊物发东西，能接纳我的都是一些发行量巨大的社会期刊，以某些标准看，他们不懂文学。也亏得他们并不恪守，给了我放肆练笔的机会。

因为自己的故事乏善可陈，写着写着就从别人身上找故事，这其实挺有意思的，从别人身上看到故事性，别人讲的很有限，需要你虚构其中的一部分把它连接起来。当时我觉得在散文里加入故事比较爽，后来因为"散文写得有故事性"，还得了首届河南省文学奖。文学界普遍认为我是从散文转型小说的，还经常有写散文的朋友问我怎么转型，我能告诉他们的就是，我当初是把散文写作的经验尽量清空，归零。从头做起。尽管散文经验很宝贵，但最开始写小说的时候，如果尽量不依赖这些经验，可能会更有效。当然这只是我的个人观点，仅供参考。

现在回想起来，如果分析散文经验对小说创作的效用，我觉得可能还是锻炼了我的细节能力。我比较善于发现细节，就是源自那时大量写小散文的锤炼。在我大量写小散文的时候，因为自己的生活一向贫瘠，只能从别人那里有所发现，对别人的生活细节"巧取豪夺"。我曾开玩笑说，发现这个细节可以值二百块钱稿费，那我就赶快写下来。这种对别人生活细节的发现和占有，我觉得是非常重要的。这个能力要求要有很敏锐的感觉，否则那些细节既在别人眼前一晃而过，也在你的眼前一晃而过，那你还写什么呢？

李馨： 在鲁迅文学院和北师大的学习给您带来了哪些收获，对写作产生了怎样的影响？

乔叶： 我是鲁院高研班第三期学员，在鲁院的学习期是2004年3月到7月。回想起来，没有任何一部小说作品的灵感产生，和鲁院的学习有直接的关系，似乎有点儿遗憾。以鲁院生活为素材的小说迄今也没有写过，之后应该也不会去写。可能跟我个人对素材的取舍习惯有关。我不喜欢以文学生活为素材。不过我在鲁院学习期间倒是完成了两个小说，都是原来就有的素材积累。一个是短篇《普通话》，另一个是中篇《紫蔷薇影楼》。

最深刻的课是李敬泽先生的《小说的可能性》。那是我听到的第一次真正意义上的文学课。他声音不高，却有一种独特的气场。班里很多人都和他是朋友，在上课前他还和他们言笑晏晏，可是在讲台上一坐，他开始讲的时候，班里鸦雀无声。老实说一节课下来，他讲的我没太听懂，可是莫名其妙地受到了震撼。他既迂回又直接，既温和又尖锐，对人和事充满了深刻的理解。这大概就是我当时感受到的。他还是我所在的小说组导师，后来给我们上小组课，他让我们谈的还是小说的可能性，让我们进行深度探讨，每个人都发言。小组里七个人，我的发言应该是最差的。后来我和师兄庞余亮负责整理录音，来回听了好几遍，受益匪浅。应该说，我的小说创作意识就是从那时候开始成长的。

鲁院和北师大办的现当代文学的硕士班，我们这是第二届。莫言、余华他们是很多年前的第一届。我们赶上"隔了27年以后恢复了一个伟大的传统"。书读了三年，比较辛苦。尤其第一年是集中授课期，每天要去北师大上课，刚开始不太适应，挤地铁几次挤不上去，堵到路上堵半天这种，郑州小城市没有这么奔波过。艰难的还有英语，我英语比较差，鲁院很用心，专门请了英语老师给我们班特别安排课程。11月份中国作协"国际写作计划"将会特别安排在鲁院这边，到时候会有国际作家过来，所以大家积极在学英语，我下载了一个软件，每天在记单词，以前觉得自己不行，后来发现自己还可以再激发一下。但常常觉得蛮幸福的，能找到这种学习的感觉。人到中年能够有这么一个学习的感觉，会有一种幸福感。尤其是我第一次去北师大图书馆的时候，看到那么多人都在安静地读书，非常震撼。我1990年中师毕业后就没上过正规的大学，虽然后来自考了本科，但我一直有学历自卑症，特别羡慕这种接受过正规大学教育的人，在北师大的学习满足了我的这方面梦想。

　　无论是鲁院还是北师大，和同学们的课下交流，都让我获益良多。尤其是进鲁院学习时我刚开始写中短篇小说，特别喜欢兴致勃勃地和人讨论分析小说，逮住一个人就问啊说啊，很多同学都受过我的折磨。除了饭局之外的其他时刻，同学们聚在一起闲话，也会很纯粹地说些写作问题。我很喜欢这种时刻。大家的观点经常有所不同，相互争论、辩驳一下，也未见得需要说服谁，但大家都由此获知了更多、更丰富的想法和观点，这一点尤其宝贵。——真的，我觉得丰富特别重要，对我而言，文学最重要的价值之一，就是丰富。这个世界，也许没有绝对的正确，但是会有真正的丰富。不过这种影响当时并没有意识到。很久之后才明白，鲁院的作用其实是一种更长效的方式，是一种缓慢的渗透和激发。听课、阅读、交流乃至课余时间的日常生活，都是营养。有的营养是直接的，当时就能够立竿见影。更多的营养则是宛转的，多年后才能味至醇厚。

　　李馨：您的很多小说都关注了"小姐"的生活和命运，第一部长篇小说《我是真的热爱你》，以及《紫蔷薇影楼》等都涉及这一题材。这些小说有什么特殊的创作背景，又寄寓了您怎样的关切？

　　乔叶：听你这么一说，我赶快回顾了一下，发现也没有很多，也就是这两个吧。《我是真的热爱你》是我的第一部长篇，我称之为"我和小说的初恋"。写这部小说是在2001年前后。当时乡间开始盛行进城打工，我所在的村子里就有很多这种情况，回老家的时候也会听人讲，说哪个女孩在外面打工，莫名其妙地有了很多钱，家里条件迅速改观，盖了好房子怎样怎样……这在心里埋下了一点儿意识。后来又看到一个新闻，说姐妹两个都去做小姐的故事。我就本能觉得这是一个很有空间的题材，就想把它当成小说去写一写。这个小说的写作我遇到了很大的问题，在一次访谈中，我也做了反思，我说作为一个写散文的人，在初写小说的时候，我为了写得特别像小说，故意把矛盾设置得很集中，表达方式上也有些用力过猛。现在如果再写，我应该不会那样处理了。《紫蔷薇影楼》是《我是真的热爱你》的剩余素材，是一个小姐金盆洗手回到老家重新开始生活的故事，这篇写得就相对成熟一些。

这种素材的获得当然不可能亲身经历，只能通过去看守所和监狱之类的地方采访，从而做点儿准备。其他的就会贴着人物去想象。其实不要以为"小姐"这个词离我们很远，我们很多人心里都有"小姐"意识。在《我是真的热爱你》的后记中，我写过这么一段话"……在更深的本意上，这两个女孩子的故事只是我试图运用的一种象征性揳入，我想用她们来描摹这个时代里人们精神内部的矛盾、撕裂、挣扎和亲吻，描摹人们心灵质量行进的困惑和艰难，描摹我们每个人都曾经有过的那个纯净的自己，这个纯净的自己常常鲜活地存在于我们的内心之中，时时与我们现在的自己分离、相聚和牵扯。就像我们每个人其实都有这样一个血肉相融的孪生姊妹，在生命的过程中始终不懈地镌刻着我们"。如今重读，觉得依然如此。

李馨：您的小说不乏婚恋题材，也经常写到婚外恋，在这一话题上您似乎更少道德批判——请问您怎样看待婚外恋题材和婚外恋现象本身？

乔叶：作为女作家，我的小说写情感伦理的要更多一些，婚外恋就会成为一个自然的常选项。至于道德批判问题，我觉得批判的前提是理解。真正的理解才能构成真正的批判。如果你足够诚实，那你就得承认：漫漫人生路上，很可能不仅仅是一团爱情之光在吸引我们。在情爱的领域，我们每个人都有可能让自己的心灵外出。——外出的程度或大或小，外出的方式或明或暗，外出的时间或长或短，外出的距离或远或近，但外出的本质并不丑恶，并不肮脏。抛却传统道德的衡量，这只是人之常情，顺理成章。婚姻是规定动作，婚外恋是自选动作。规定动作大致如此，自选动作千姿百态，生命状态自然也更活跃、更有趣。所以，很多小说家都会写到婚外恋，甚至可以武断地说，不写的是极少数。

李馨：《拆楼记》是您的首部长篇"非虚构小说"，其中的上部《盖楼记》和下部《拆楼记》都是当时《人民文学》杂志"非虚构小说"栏目推出的重要作品，广受关注与认可。您曾说写作本书的动因之一是"非虚构写作"风潮，请问您如何理解"非虚构小说"？

乔叶：在写作时，我没有想过文体问题，只是觉得这么写是我的最好选择。作品完成之后，先在2011年的《人民文学》上分两期发表过，获得了当年的人民文学奖。《人民文学》把这个作品定为"非虚构小说"，《人民文学》之所以如此定位，我想很大程度上可能是因为它的小说化。我选择了用小说化的技巧来优化我想传达出的那种真实感，使我想传达出的真实感能够以一种更集中、更有趣也更富有细节和温度的方式来展现在读者面前；使读者能够看到在这样的事件中——这样很容易把具体的人心和人性遮蔽住的事件中，活生生的人心和人性。总之，就是想用小说这个利刃插进事件的骨缝中，在小角度尽力解剖巨牛的同时，也使得整个叙述效果更为趋真。《人民文学》在卷首语上这样推荐："小说"而"非虚构"，大概会让人糊涂，但有时糊涂是难得的，不顾体裁的樊篱，探索贴近和表现生活的新路径，这才是要紧的。所以，我想，相比于一般意义上的报告文学或者纪实作品定位，我更喜欢"非虚构小说"这样的称呼。

以我的拙见，所谓的"非虚构小说"，就是非虚构的小说，或者说就是小说化的非虚构。这个我们听起来很新的称谓其实一点儿都不新了，在美国甚至已经成为了一种文学传统。它是暧昧不明的，但它最吸引我的魅力也正在于它的暧昧不明。暧昧不明就那么不好？小说难道就必是纯虚构？其他文体难道就必不虚构？文学样式之间就必得楚河汉界，水火不容？每种样式之间的门都是相通的，只要你愿意，只要你认为有必要，就可以随便串门，我认为如此。所以我写的时候，就只想尽力抵达我最想要的那种真实，哪种表达方式顺手就用哪种，没有顾忌那么多，事实上也顾忌不了那么多。而所谓的虚构和非虚构，也不能用简单的对应关系来画线：虚构就是全假，非虚构就是全真。做这种对应很容易，但也很粗暴。

李馨：《认罪书》是继《拆楼记》之后您的又一部重要长篇小说，这部作品的创作机缘是什么？其中的"认罪"有何深意？此外，小说中的"金金"是一个"80后"，这一设定是否有某些特殊的考量？

乔叶：关于《认罪书》的创作初衷，很多人会觉得是我对"文革"感兴趣。当然，我对"文革"有一定的兴趣，但我其实对当下生活更感兴趣。比如现在的雾霾天源头何在，比如为什么老人摔倒了没人扶等社会问题，我会思考为什么人们会如此，当下的国民精神状态到底是怎样的。于是就去探究，就找到了"文革"这个比较近的源头。我觉得，虽然当年的事件在时间意义上已经远去，但在心理层面上一直都在附近徘徊。所以，《认罪书》和道歉有关，和忏悔有关，和反思有关，也因为道歉、忏悔和反思的人是如此之少，所以更和追究有关，和认罪有关。在题记中我写下了"要认知，认证，认定，认领，认罚这些罪"，这"罪"到底是什么罪？我想——当然这样的问题可以有更周详的回答，但我还是愿意去做一个哪怕不周详但却有重点的回答——我最想让小说里的人和小说外的人认的"罪"，也许就是他们面对自己身上的罪时所表现出来的否认、忘掉和推脱。至于导致所有人悲剧的"罪"，肯定不止一种。时代的、政治的、民族的、文化的……都有其根源。而我在《认罪书》里想探讨的，只是平常人的罪。正因为平常人这些罪都很难说是上条上款的实际罪状，所以这也正是我想探究和表达的。

写这个小说前，我在网上看过一个人物纪录片，叫《我是杀人犯》，主角是在十六岁那年杀人的，那一年是1967年。我写的时候想起了这个人，我想：是直接从杀人的角度写呢？还是从谁都没有亲自动手杀人所以谁都可以觉得自己无辜这个角度写呢？最终，我决定，就从后一种角度写。自认为没有罪的人一定是绝大多数。这绝大多数是最容易被人原谅和自我原谅的绝大多数，当然也是最容易被遗忘的和最保持沉默的绝大多数。从这个角度写，更微妙、更繁复，也更有我自己认为的意义——这种对自身应当承担的责任去回避、推脱、否定和遗忘的习惯作为我们国民性的一种病毒，一直运行在无数人的血液里，从过去流到今天，还会流向明天。如果不去反思和警惕它的存在，那么，真的，我们一步就可以回到从前。

小说中的金金是"80后"，我自己是"70后"，在写作之初我想过把金金定位为"70后"，但最终还是将其设定为"80后"。"80后"对历史深藏的国民性的东西可能认识更浅，更不够，那么，从"80后"的角度去写，因为他们对历史的认识几乎空白，反差就会更大。我觉得这个设定更有意义。也因此金金这个名字，直观的字面意义是"金色的"，这说明我们这个时代是一个非常物质化的时代；另一方面，"金金"谐音"今天"，是指当下的，说明的是历史和现实的深层关系。我设置金金这个角色就是试图为"80后""90后"的读者补上历史这一课。所以我特别希望"80后""90后"读者或者更年轻的读者在我的小说中读到这段历史的时候会有所思考，这样我会很欣慰的。也因此，每当看到"80后""90后"对《认罪书》进行阅读和评判的时候，我会尤其感觉欣慰和惊喜。张莉老师曾说："事实上我认为这个小说有一个潜在的读者群，它其实是给更年轻的一代看，这个作品非常成功地完成了一点，是青年一代认同和情感交流的一部小说，因为反向的挖掘适合青年一代读者去重新观察、感应和面对我们历史中不愿意去正视的东西。她做到了，我认为乔叶作为青年作家承担了这一代人的历史书写，而且找到了她的一个路径，我一直认为作家是独特民族精神的记忆者，'70后'作家在很长时间里没有找到他的历史担承，这个小说做到了。"我觉得她特别懂我。

李馨：在您的作品序列中，《藏珠记》似乎尤为轻盈明快，您曾说过，写这部作品一方面是受当时热播剧《来自星星的你》的影响，另一方面也想在《认罪书》之后写一部偏于"轻"的作品。那么，这次写作是否算一种休息或休养？《藏珠记》真的"轻"吗？

乔叶：2013年，长篇小说《认罪书》出版后，我的情绪获得了阶段性的松弛。如果说《认罪书》的取向偏重的话，我想要写一个偏轻的小说来调节一下。2013年底至2014年初，韩剧《来自星星的你》大热，我也跟着追剧，追着追着，就"老妇聊发少女狂"，起了写这个小说的念头。当时就想，如果我也写一个永生的人，这会是个什么人？是哪个朝代的人？想来想去，既然微胖界的我常被朋友们调侃为来自唐朝，我也那么喜欢自信、璀璨、开放、烂漫的唐朝，那就写一个来自唐朝的她吧。

但我不想让她和韩剧里的穿越者一样开一个无比强大的外挂，可以随意穿墙破壁，可以让时间静止，可以千里听音，可以因为不死之身积累巨额财富。说到底，我还是一个现实主义作家，虽然这个小说有着异想天开之处，但是剥掉穿越的外衣，我遵循的还是现实写作的逻辑，所以除了吞吃了波斯人给的珠子，她没有别的异常之处。这个最平凡又最不平凡的女孩，很年轻，也很苍老，很善良，也很冷酷。是活得最长的人，也是活得最可怜的人，因为体内藏珠，自己便也活成了被时间和岁月所藏之珠。至于意义，如果用一句话来总结，这是一个关于爱的故事，怎么去爱人，怎么被人爱，我在其中有一些自己的思考和探寻。

偏重和偏轻的话，我曾对媒体说过。后来我深深地觉得，这话说得唐突了。《藏珠记》的取向也并不偏轻。本来以为会写得轻松甚至戏谑，写着写着还是严肃了起来。有媒体让我对比一下《藏珠记》和《认罪书》这两个小说，我还真没有比过。被逼着这么一比，我倒是比出来二者的相通之处：都是从时间深处流淌出来的一泓深水，映照着当下的现实。只是《藏珠记》是一个人的独语，《认罪书》是众声喧哗。

李馨：很多人都从女性写作的角度分析您的作品，可以谈谈您对女性写作的看法吗？

乔叶：女性人物在我的小说中出现得确实比较多，因为同为女人，写起来可能比较容易抵达。所以关注女性精神世界是很自然的选择。这么多年来，几乎每次接受访谈都会碰到女性写作的问题，很长时间以来，我的例行回答是：写作如果仅限于个人经验或者和自己很贴近的某类人的经验，那正如张爱玲说过的那样："通篇'我我我'的身边文学是要挨骂的，最近我在一本英文书上看到两句话，借来骂那种对于自己过分感到兴趣的作家，倒是非常恰当：'他们花费一辈子的时间瞪眼看自己的肚脐，并且想法子寻找，可有其他的人也感到兴趣的，叫人家也来瞪眼看。'"——再怎么说，肚脐眼还是小，看够了就得把目光投向其他地方。所以除了女性角度，我尽力让自己的关注不仅限于女性，当然也不仅限于男性，总之不被性别所困扰。无论男性和女性，大家都是人，大家都有性嘛。只需要关注于男性女性通用的那个词：人性。简而言之，以人为本。

说实话，我对自己的这个回答相对还算满意。直到前些时候，应邀参与一套短篇小说集的出版，我把自己的短篇小说重新浏览了一遍，有了一个意外的发现：三十来个短篇小说里，其中有二十来个的叙述角度是女性，而这二十来个女性叙述者，其中又有十来个都没有名字，只是"她"而已。不知道为什么没有取名字，肯定不是懒惰。为小说里的人取名字，于我而言是一大享受。那么，要么是没有想到合适的名字，要么就是觉得"她"是最合适的名字，这个发现使得我都想把以"她"为主的小说们全拎出来，给这个小说集定名为"她"了。

"用作品说话"，是作家们的口头禅，我从来不知道，原来作品还可以这样说话——它们无比诚实地击碎了我曾经一贯的故作姿态。我意识到，号称不从性别来考虑人物，这居然是我试图自欺欺人的谎言。于是有了认命之感。生而为女人，这就是我的命。我的写作，也必定在这个命里面。当然，这是我的局限，不过话说回来，我的局限也未尝不是我的根基。与其虚弱逃避，不如恳切面对。也许，只有根基越强大，才越可以破局限。

李馨：是什么让您一直保持创作的动力？您遇到过写作的停滞阶段吗？如果有，您如何看待和应对这种情况？

乔叶：停滞阶段，换个说法就是瓶颈。我好像没有遇到太大的困难，都是小小的，体现在对作品的具体处理上。大家通常说的什么瓶颈期我也没有特别明显的感觉，往往是走过去之后才知道那是瓶颈期，很是后知后觉。

作家写到一定程度停滞不前，这太正常了。我觉得应该对此理解和宽容。就像一个登山者，只要他上过八千米的高峰，这就挺好的了，你不能要求他总在峰顶住着，而且越爬越高，尤其是在他年龄和体力都越来越不济的时候。不过有的作家还很年轻就停滞不前，这倒是一个问题。原因很多，主观原因大概是学养不够，只凭着原始的才华前行，就不容易走远。当然这大概是中国作家的普遍问题，所以有一种说法是中国作家的创作寿命不够长。我也存在这个问题，所以总是在提醒自己学习。事实上，我经常觉得，我创作的核心动力就是学习，向前辈们学习，向无数经典学习，向生活学习。

相比于停滞或者瓶颈，我更愿意用的词是煎熬。事实上我一直都在被煎熬，快乐着被煎熬，幸福着被煎熬。所谓的煎熬，我认为，对每个创作者来说都是有的。一种是内煎熬，一种是外煎熬。外煎熬就是发表啊出版啊之类的外在不顺。内煎熬就是作家自己和自己打架。外煎熬我几乎没有。因为我的小说没有受过什么委屈，一写出来就受到了比较普遍的肯定。发表、转载、获奖什么的，都很顺利。如果是内煎熬的话，那现在一直还有。而且，只要我写，我相信就一直会有。这不是太正常了吗？"凡墙都是门"，耐心地在墙上找到出口，找到最适合成为门的地方，慢慢走出去就是了。

就创作本身来说，我一直是蛮兴致勃勃的，觉得很有意思，素材对我不是问题，我的兴趣点非常多，对我来说没有不可写的东西，就是能不能写好的问题。最难的并不是素材，而是你怎么把素材表现出来，这个是比较痛苦的，当然，所有的痛苦都会有回报。都很值得。写作这件事让我很踏实的一点，就是从不辜负任何努力。

李馨：您如何看待文学和写作在这个时代的意义？

乔叶：写作从来就是一件边缘之事，没有体量去和庙堂国家横平竖直地接轨，但杰出的文学作品会以自己的方式在历史内部与这些概念血肉相融地运行，成为时代的精微脚注和有力旁白。至于当下这个时代，毫无疑问，对于写作者而言既是财富也是噩梦，全看你自己的能力。对此我心有惶恐，又常感幸运。无可怨艾，只有尽力。正如哈金所言："每个人的写作都是个人行为，文学写作的终极目的是超越历史……一切都必须从你的时代开始，只有通过你的时代才能超越你的时代。"

研究论文

李敬泽评论三则

李敬泽

一　故事爱好者乔叶

——评《打火机》

有关《打火机》，我不必再多说什么。它可能会使一些人不舒服，可能会使一些人越看心里越糊涂，那么，这正是乔叶的目的。乔叶是个热爱生活、相信生活的小说家，所以，她写了那篇《取暖》——那篇小说到处转载，大家看得喜气洋洋，谁会拒绝生活中珍稀的、单纯的、令人安心的温暖呢？但是，我们必须警惕，一个真正具有生活热情的小说家，她也会烫伤我们，正是由于她的这种兴致勃勃，她不可能是单纯的，她必有一种直觉的复杂，她会好奇地揭开我们经验的浑浊，让我们看到，生活是多么难以规划和界定，人在可能性的原野上走出了多么艰危崎岖的路。

因为热爱生活，所以乔叶能看到未曾被理念整理和驯服过的真实的心灵，她的眼光敏锐明察；当然，有这种眼光的作家现在不少，特别在女作家中，张爱玲式的"世故"大行其道，但张式世故中有怨妇气，对世界对人不依不饶、察察为明，一副福薄命浅的相。乔叶的好处在于，她眼光敏锐，但心怀善意，她希望大家过得好，当然，关于如何才算过得好，她认为那是如鱼饮水，冷暖自知，一人有一个真理，而她特别尊重人家的选择。

乔叶迄今最好的小说是《解决》，那也是温暖的，甚至是喜乐的。看它的时候，我总有一种困惑：解决了吗？真的解决了？但是最终，我还是相信，解决了。那些我以为绕不过去要死要活的难关就那么过去了。

我的困惑是有理由的，作为一个满脑子大道理的知识分子，我当然倾向于追根究底，倾向于和小说里那些可怜的人物过不去，要是换了我写我非把他们逼成哈姆雷特逼出人命不可。但是，乔叶不是知识分子，我说了，她是个热爱生活的人，她知道事情就是这么解决，世界就是这样运转，她问：为什么不呢？——作为一个中国人，我得承认，她是对的，那就是我们的经验和心灵。

话说回来，乔叶其实也解决不了什么，她其实也将信将疑：解决了吗？就像《打火机》里，那个女人的问题其实没有解决，但乔叶无疑喜欢她的不甘自我解决的野性，喜欢她身上那种包含着危险的活力——生活因此是有前景、有悬念和下文的，因此才成为故事，而乔叶是个热情的故事爱好者。

《中华文学选刊》，2006年第2期

二　上香的时候不说话
——评《锈锄头》

关于《锈锄头》（《人民文学》第8期），我能猜得到它将被如何阐释——它也许会被放进城与乡、富与穷的二元图景中，为绝对正确的愤怒修辞提供又一个例证。

但我关心的是小说中的小事：那把"锈锄头"，它究竟意味着什么？

它是农具，曾被农夫灵巧地使用，比如除去豆苗中的杂草；后来它成为一个收藏品，从它的语境中被剥离出来，镶嵌在城市中一个富人的外室，它失去了"物性"，变成了一个符号，指涉着这个人的过去和来历，指涉着他与土地、农村、农民的深切联系；再后来，它恢复了功用，重新成为实实在在的

"物"，但这一回，它是凶器或武器（这要看你怎么理解当时的情境），杀死了一个入室盗窃者——恰好这个人是个农民。

从这个角度看，这篇小说就是一把锄头的历史，它的三重性质和意义相互对比，逐渐展现。一把锄头，做农具或是做武器都是合于物性的、自然的，它之所以成为有历史的、不平凡的、被用作标题的锄头，关键在于它曾是一个符号。

对此，乔叶做了有说服力的论证。在小说的尺度内，我们没有理由怀疑那位名叫李忠民的先生在锄头上寄托的深情，那是真诚的。这把锄头收藏在"外室"，它几乎是个信物，最初正是李忠民对自己知青经历的讲述引起了小女子对他的"心疼"。为什么不挂在家里呢？因为家里的太太也曾是知青，她是否有兴趣听他那套就是个问题，即使听了可能更心疼自己而顾不上心疼丈夫。

所以，李忠民热衷于对外人包括外室"讲"，一讲起来就兴奋、就滔滔不绝，通过讲述他完成自我想象和自我塑造：一个受过苦的人，一个精神上有根基的人，对乡村与土地和农民满怀深情抱有信念。

——同样，我们无法怀疑他的真诚，他真的以为自己是那样的人，他为此感动着，他守着那把锄头，过着他的"精神生活"。

这很好，总比想象自己是条狼好。但小偷来了，如果盗窃者是个城里人——实际上完全可能——事情就完全两样了，锄头即使用来作为凶器或武器，也不妨碍它继续成为符号，但那样的话也就不会有这篇小说了；我们看到的是，面对不速之客，李忠民将这把锄头的符号意义渲染得淋漓尽致，在他的倾诉中，锄头不是锄头，几乎就是他的那颗心了——但这时我们却不能相信他的真诚，事情的乖戾之处在于，当这把锄头最像一个充实的符号时，它却同时构成了骗局和诡计。

——《锈锄头》最后的对话部分写得仓促草率，那本该是莎士比亚式的壮观、澎湃，不仅是一个农民和一个昔日的知青对话，也是城里人和在城里的乡下人对话，富人和穷人对话，弱者和强者对话，法律意义上的受害者和侵犯者对话，一个男人和另一个男人对话，种地的人和卖面包的人对话……这个场面中汇集千头万绪，绷紧、断裂，人在自己的重重身份间挣扎，两个人的身份急剧转换，语境向着四面八方扩展，他们在这场对话中尽情呈现自己、呈现世界。

但现在，它基本上仅仅是一个诱骗的圈套，尽管如此，那个农民还是上当了，他都快把李忠民当成乡亲了，他真的以为自己不是自己，自己就是符号所深情指涉的农民了，他不知道符号所指是多么抽象、多么难以具体，这不是他熟悉的游戏，结果他输了。此时，李忠民号啕大哭，我不怀疑他的眼泪含有深邃的痛苦，因为符号破碎了，山就是山，水就是水，锄头就是锄头，李忠民无法再拿它说事儿，也无法再让自己相信自己是自己想象的那种人。

——乔叶锐利地分析和撕开了李忠民的幻觉，这个有信念的人，他终于知道了什么是信念，那不是拿来侃的，不是人们在嘴上、网上、纸上慷慨激昂的言辞，信念是实际支配着人们行动的东西。在最关键的时刻，在行动和选择时，言辞剥落，他还原成了真实的他：怀着恐惧，冷酷地自我保护，并无体认他人之心的能力。

有一个小小的细节很容易被忽略，那位窃贼，每干完一次，都要给菩萨上香，"上香的时候他从不说话。其实他是想说点什么，但他不知道自己该说什么"。

我认为，那把锄头就是李忠民们的菩萨，他们——或者我们——的问题是太知道自己该说什么了。

《小说选刊》，2006年第9期

三 《拆楼记·序》

1

从《月牙泉》说起。这是乔叶的一个短篇小说，写作时间应在《拆楼记》前后。

《拆楼记》的读者，应该读《月牙泉》。这是一篇让我很不舒服的小说，我克制着羞耻感把它读完。

我牢牢地记住了那对姐妹，她们住在一座豪华酒店里，妹妹是城里人了，而仍是一个农妇的姐姐被妹妹忍不住地厌弃着，妹妹知道这是不对的，妹妹和我们大家一样，预装了很多话语和言辞来反对这种厌弃，但妹妹忍不住啊，她甚至厌弃姐姐的身体。

——阶级、阶级感情，我还真想不起更好的词。

类似的情景让人想起"十七年"的小说，想起"十七年"的思想路径从何时开始改变，从《陈奂生上城》？在进城的穷人身上，一种羞耻感被明确地表达出来，然后，就是逐渐发展起来的对这种羞耻感的消费，在大众文化中、在赵本山那样的小品中。

现在，这是社会无意识，它不能形成言辞，它不需要经过大脑。

社会在哪里？如果说一个人本质是他的社会关系的总和的话，那么，他的这种本质如何呈现？

在《月牙泉》中，这不是通过思想和言辞，而是通过本能、身体。

我的"不舒服"在于，《月牙泉》揭示了我们的思想和言辞着意掩盖的事实，它把羞耻感还给了我们，撕开了我们精神上的羞处。

是的，多多少少，我们和那位妹妹是一样的。

2

现在，谈《拆楼记》。乔叶写了一部不那么讨人喜欢或肯定不讨人喜欢的作品。

乔叶当然知道讨人喜欢的作品怎么写，别忘了她是《读者》的专栏作家，实际上，作为小说家，一直有两个乔叶在争辩：那个乖巧的、知道我们是多么需要安慰的小说家和那个凶悍的、立志发现人性和生活之本相的小说家。

现在，是后一位小说家当班。

她在《拆楼记》中，力图重建我们的生活世界：在纸上，把我们生活与意识的隐秘结构绘制出来。

对此，我们当然是不喜欢的，我们都希望，打开一本书时，发现自己在"别处"，而不是仍在"此处"，而且，"此处"如此赤裸清晰，令我们羞愧不安。

3

凡惧怕注视自身的人，不要打开此书。

凡在此处"安居"而乐不思蜀的人，不要打开此书。

凡戴着言辞和公论的盔甲，永不卸下的人，不要打开此书。

凡坚信世上只有黑白二事的人，不要打开此书。

凡头脑简单者，不要打开此书，此书会把他简单的头脑搅乱。

4

"拆迁"这件事，每天出现在媒体上，我们对它有最明晰的认识。

但是，真的吗？

围绕这件事，聚集着当下社会一系列尖锐的冲突主题：人们捍卫"家"的自然正义、人的安全感和公平感，以及常常不能得到有效回应的诉求，由此产生的无助感和愤怒，等等。

所有这一切，形成了鲜明的戏剧效果，它几乎就是古老戏剧的基本结构，它有力地激发了深植于民间传统的情感力量。

社会在按照戏剧的、文学化的方式组织和表达自身的意识。

那么文学还能够做什么？

伯林在《反潮流》一书的一个脚注中说："我们从马基雅维里以及他那类作家里受益良多，他们开诚布公地讲述了人们在做什么，而不是应当做什么。"

无论是对于看客，还是对于演员，社会戏剧的力量在于，它强烈地诉诸"应当做什么"，而对于人们在做什么，远不是"开诚布公"的。

社会戏剧的灯光在照亮什么的同时，必定简省了什么，让有些事物留在灯光之外。

5

在《拆楼记》中，乔叶或许是在探索文学的另外一种可能，一种不可能的可能：

文学必须把自己化作一种更全面的感受形式和思想形式，它必须反戏剧化，必须超越于各种概念和命题，必须尽可能忠直地回到全面的人生和经验。

也就是，看到灯光之下和灯光之外，看到前台和后台，看到白天和夜晚，看到那些拆迁和被拆迁的人们，他们真实的、赤裸裸的动机、利益和情感，不是对着记者、对着麦克风所说的，而是他们正在做的。

《拆楼记》由此成为庞大社会戏剧的一个脚注，一种边缘的思想和争辩。

6

《拆楼记》本身就有很多注释。这些注释或许应该删掉，因为它们增加了阅读的难度。

但不能删掉。因为，这种阅读的难度和麻烦也正是思想的难度和麻烦。

人生的真正秘密，或许不在正文，而在那些被删掉的注释里。

社会现象的复杂结构，也正藏在被记者和专家们略去不提的漫长注释中。

7

这样的写作一定是令人不适的，它使人从令人激愤、某种程度上也令人安心的戏剧场景中回到灰色的、模糊的人生。

它甚至令人恼怒、令人羞耻——

揭开事物的羞处，揭开人心与社会中隐秘运行的规则。

揭开指引着我们行动的那些难以形诸公共话语的情感、本能和习俗。

揭开下意识和无意识。

揭开正在博弈、心照不宣的各种"真理"，这些"真理"相互冲突和对抗，但是也在妥协和商量，秉持着各自"真理"的人们在紧张关系中达成了某种生态，这是谁也不满意的生态、谁也不认为正确的生态，但它成为了"自然"。

为此，乔叶采用了"非虚构小说"这样的形式。

她为自己找到了一个源头：比如杜鲁门·卡波特的《冷血》和诺曼·梅勒的《刽子手之歌》。

但其实略有不同，卡和梅，当他们使用"非虚构小说"的时候，他们某种程度上是回到混沌初开，他们在卑微的层面上模仿宏大的诸神。

而乔叶，是从宏大的戏剧中，回到经验，回到凡人和人间。

8

这样的形式同样会令人恼怒，对于那些老实得像火腿一样的评论家和艺术家来说，仅仅是"非虚构小说"这样既矛又盾的概念就令他们生气，就令他们欣喜：如此轻而易举地就找到了空门和破绽。

但为什么不可以呢?《矛盾论》都忘了吗？难道体裁和形式本身在它的发展过程中不就是要充分运用矛盾的张力吗？

你看着"非虚构小说"生气，你看"史诗"这样的说法是否生气呢？

"非虚构小说"是以争辩和挑战的姿态回到小说的史前史，把虚构与非虚构、生活与对生活的表达、"真实"的承诺与真实的相对性，把所有这些夹缠不清的问题，重新在这个网络的、媒体的、众声喧哗的时代摆在我们面前，让我们如同小说史前史的那些人们一样，自由而富于想象力地着手书写模糊混沌的人类理智、情感、欲望和梦想。

9

在这里，这个人、这个书写者站在这里，她拒绝宣布这一切纯属虚构，她愿意为自己的每一个字承担责任——本故事纯属非虚构，欢迎对号入座。

但同时，她也明确地承认自身的裂痕和有限，我有我的特定身份以及相随而来的局限和偏见。因而"小说"在这里也不是托词，不是作者为自己争取特权的方式，而是，这个人说，

148

我只能在我力不能及的地方努力动用我的理解力和想象力。

乔叶在尝试一种被无数人推崇但很少被人践行的写作伦理，她以自剖其心的态度，见证了她的所见和所知。

是的，所有的人，她爱他们，这是无疑的。但她同时也对他们感到失望，这也是无疑的。她深刻地知道自己就是这些人中的一个，她对自己同样失望。

《月牙泉》是如此,《拆楼记》亦是如此。

《拆楼记·序》，河南文艺出版社2012年版，第1—6页

有意义的"冒犯"

张　莉

《拆楼记》是乔叶的"非虚构小说"，2011年《人民文学》曾分两次发表。作为与许多新闻报道、图片影像有很大区别的纪实性作品，乔叶以亲历者的身份讲述了姐姐一家所面临的拆迁：在知道要拆迁之前，各家各户争先恐后地盖楼——盖楼意味着被拆迁时分的赔偿金会更多。当然，下有对策，上又有新政。不服从拆迁、扰乱拆迁秩序者，在政府部门工作的亲属都将受到牵连。可是，马上离婚的夫妻不能再有连带责任了吧？兄弟如果登报脱离亲属关系呢？"拆迁"在乔叶笔下不是静态的社会学意义上的标本，而是动态的，各方都像是坐在跷跷板上，你来我往地进行利益的博弈，用书中频繁出现的一句话来说，就是"不是东风压倒西风，便是西风压倒东风"。

"拆迁"是这个时代"人际政治"的风眼。在写《拆楼记》的过程中，乔叶说她比以往任何时候都更强烈地意识到什么是人。《拆楼记》里每个人都处于紧张的关系之中，拆迁世界由被拆迁户、拆迁的官员、记者、公务员、上访者等各种利益相互缠绕的人群共同构成。小说采用了大量的注释和引用，将各种新闻报道、歌曲、谚语引述过来，同构了这个时代纷繁复杂的"拆迁"语境。

《拆楼记》中的公务员既陌生又熟悉，他们有"像狐狸一样的精明，间谍一样的戒心"，他们会"以情动人"，也会"以权压人"；他们怕上级主管，也怕外地记者。在作品中，正是地方官员"怕曝光"的心理，才使姐姐的女儿在拆迁人员进屋后用暗地摄像的方式取得了资料，交给记者，进而对拆迁人员进行要挟，获得了六万块钱的拆楼费用。

人人都有自己的一本账，《拆楼记》使读者看到，拆迁事件中的每个人都各怀心事、各有立场。他们为什么要多盖房，为什么坚持不拆楼？六万块钱，这是一个农民多少年的劳动所得？拆迁办为什么愿意大量支出宣传费？《拆楼记》中每个坚持到最后的村民都是最能算计、锱铢必较的人，是希望自己利益不被侵害的人，也是试图使个人利益最大化的人。算账在文字中也许是无趣的，但算账恰恰也最有说服力，那明明白白的算账正是明明白白的利益。

《拆楼记》中有各种各样的"钉子户"，或有作战到底、以死相拼的决心，或是因亲戚中有人可以依靠。他们用尽各种办法抵抗，也面临各种各样的命运。《拆楼记》中更有那些从未在阳光中出现过的早期被拆迁者：低保户因害怕失去低保而顺从，无权无势者胆小怕事，希望早一点息事宁人。小换想赶快拆走，因为"上头还说了，要是不拆，俺家的低保也会停，俺们是一类标准，一月一百六……唉，能吃上个公家饭老不容易，是不是？"

拆迁中有人会算账，有人不会，有人总算错账。对"公家饭"的珍惜使小换毫不贪恋抵得过无数年低保费之和的赔偿金，她在意的是安全感和归属感，这种算账方式让人目瞪口呆。与小换类似，某个钉子户谈的最后一个条件是："我拆下的旧窗，你们得给我买走！"如此的"不会算账"让如临大敌的拆迁者们深觉可笑，这甚至成为拆迁办工作组中流传的"段子"。或许，在他们的理解中，这些人因为穷会在乎钱，为钱会不要命。可是，还有另一种事实："他们害怕失去安稳，害怕没有归属感，也害怕被针对，害怕被收拾，害怕被整治，甚至害怕被尊重遗忘，哪怕这尊重只是最表层的最敷衍的尊重……'光脚的不怕穿鞋的'，这是强悍的光脚人。一般的光脚人，哪有那么强悍呢？更多的光脚人是弱的，他们看见穿鞋的人，怎么敢伸出自己的脚？"在无数"光脚"的人的价值观里，在这个时代，只有吃亏、只有妥协、只有怯懦才会保平安，所以，他们只能对另一种账目视而不见。

《拆楼记》让我们看到了各种各样的拆迁户：会算账的、不会算账的，以及聚光灯下的"钉子户"和那些因恐惧而"早搬迁"的人。正如李敬泽对此书的评价："看到灯光之下和灯光之外，看到前台和后台，看到白天和夜晚，看到那些拆迁和被拆迁的人们，他们真实的、赤裸裸的动机、利益和情感，不是对着记者、对着麦克风所说的，而是他们正在做的。《拆楼记》由此成为庞大社会戏剧的一个脚注，一种边缘的思想和争辩。"因为眷顾那些不会算账者的所思所想，《拆楼记》写出了这个时代最隐秘的、被我们习焉不察的精神气质。

不得不提到《拆楼记》中的作家形象，这里的"我"比乔叶以往任何小说中的叙述人都更为本真、不矫饰，"我"与姐姐共同合谋，斤斤计较，出谋划策，既参与其中又出于其外，用尽各种关系使姐姐多拿到六万块钱。因为放弃了"我"作为作家形象的塑造，拆迁世界变得更为暧昧、矛盾、机关重重，也许眼前这些事实并不是读者想要看到的那个"拆迁"事件，但它无疑更接近现实的真相。

乔叶在非虚构写作中将"我"放进去的尝试令人赞赏，但也会使人诟病。这个在《读者》杂志拥有诸多大众读者的作家有可能因《拆楼记》而冒犯她的许多"粉丝",但她的写作也会因这种冒犯而发生重要的、具有转折意义的蜕变。

《文艺报》,2012年7月16日第2版

一个乡村叛逃者视角下的乡村档案

——读乔叶《拆楼记》

潘 磊

2010年,《人民文学》启动了一项"行动者"的"非虚构写作计划",呼吁作家摆脱书斋,离开二手经验,走向生活现场和民间世界,以行动介入生活,以写作见证时代。《人民文学》为此专门开设了"非虚构"专栏,《中国在梁庄》《中国少了一味药》等在新世纪文坛有相当影响力的非虚构作品就刊发于此。乔叶的《拆楼记》亦在其中,相较其他非虚构作品,它的独特之处在于对当下城市化进程中乡村的征地、拆迁、赔偿等尖锐现实问题的直面书写。

所谓"非虚构"写作,是一种不再迷恋于"宏大叙事",回到真实的生活现场、捕捉瞬息万变的底层生活细节的写作。在这个意义上,《拆楼记》中的"我"——一个曾经属于乡村但又离开乡村的知识分子,回到乡村的生活现场,亲历了为了获得政府赔偿而扩建房屋至最后被迫拆掉房屋的整个过程，呈现出当下现代化、城市化进程中农民在维护土地家园过程中的种种努力与人性的试炼，给我们这个时代留下了一份生动的乡村档案。

一

《拆楼记》围绕着土地与拆迁展开叙述，颇具时代特征。20世纪90年代以来，由于城市建设的快速发展及城市新区的不断扩张，农村的土地问题日益凸显，"由于土地是农民的生存保障，而且土地问题往往涉及巨额经济利益，因此，也就决定土地争议更具有对抗性和持久性"①。急速发展中的山阳市和面临拆迁的乔庄是整个中国的城市和乡村的缩影。山阳市建设高新区需要大量土地，市区的一些政府机构如市防疫站和个别企业如同仁医院已率先在高新区获得了地块，房地产商也逐利而来开发了价格不菲的商品房住宅小区。处于这一链条最末端的以"我姐姐"为代表的几户农民也想在这场利益的博弈中谋取自己的最大利益。这利益较之那些政府机构、医院、房地产商是微不足道的——只不过是加盖各自的房屋，从而在拆迁时得到

---

① 于建嵘：《底层立场》，上海三联书店 2011 年版，第 48 页。

最大的赔偿。为此，深谙乡村基层政治的他们将自己的利益与村支书的弟弟的利益捆绑在一起，甚至不惜代价，几户人家凑钱给王强让他带头先盖房子，王强也坦然接受，乔叶在平静的叙述中将乡村权力的运作规则与隐形价值揭示得纤毫毕现。同时，围绕着土地与拆迁，作品以丰富的细节、在场的经验生动地呈现了当下城市化建设中滋生的灰色地带：有钱的农户出资给无力盖房的农户盖房，以图在未来的赔偿中共享利益；有的村庄在市里创建全国卫生城市时，被划到城区，到了赔款时又将之划到农村，按农村的标准赔偿；为了完成拆迁工作，竟通过给在职的亲属停职停薪施加压力、发动警方动用武力，甚至让拆迁者以自残的方式逼迫农户拆迁。作品所写的发生在张庄和乔庄的两次由土地引发的群体冲突既反映了农民守护家园的意志和决心，也折射出了发展中的中国所产生的诸多问题，这些问题的解决急需相关的制度建设和法制建设。正是在这一意义上，回到生活现场、呈现原生态生活细节的《拆楼记》体现了"非虚构"文体的独特价值与意义，如李敬泽所说："它使人从令人激愤，某种程度上也令人安心的戏剧场景中回到灰色的、模糊的人生……揭开正在博弈、心照不宣的各种'真理'，这些'真理'相互冲突和对抗，但是也正在妥协和商量，秉持着各自'真理'的人们在紧张关系中达成了某种生态，这是谁也不满意的生态、谁也不认为正确的生态，但它成了'自然'。"①

回到生活现场的作家依照现实逻辑如实记录了农民在维护家园的过程中公民意识的生成，而不是以暴制暴，以恶抗恶。为了维护自身权益，他们在乡村知识分子赵老师的带领下，通过《城乡规划法》《城市房屋拆迁管理条例》等法律规定及律师观点来为自己的行为寻找法律依据——"拆除违章建筑不予补偿，但是这只能说明违章建筑人不能获得拆迁补偿款，拆迁人仍要依法向违章建筑人支付拆迁补助费"②。并以《土地所有权使用证》《土地承包合同》《林权证》维护自己的土地权益——最后发挥作用的也是《林权证》，房屋可以保持在五米以内。最后几户人家去省信访局、国家信访局以寻求帮助，亦是在法律规定的范围内，而且从中获得成长："这是他第一次去北京吧？口气里并没有多少远途告状的惶恐和委屈，反而充满了旅行般的新鲜喜悦。""还能想到上访，还是决定去上访，而且还敢去上访，这让我感到了某种欣慰。"③不仅如此，在作品中，乔叶放弃了戏剧化的虚构，大胆揭露了信访制度中存在的

---

① 李敬泽：《拆楼记·序》，乔叶：《拆楼记》，河南文艺出版社 2012 年版，第 1—6 页。

② 乔叶：《拆楼记》，河南文艺出版社 2012 年版，第 128 页。

③ 乔叶：《拆楼记》，河南文艺出版社 2012 年版，第 174 页。

乱象，"那些乡下人都是上访的，那些马扎人都是地方政府派来劝访的——官方叫劝访的，国家信访局和上访的都叫他们拦访的。于是，在那条街上，便可以看到一组有趣的三角关系：拦访的想方设法阻拦上访的，上访的想方设法逃避拦访的；为了保证上访者能够顺利上访，国家信访局则专门派人每隔半个小时就去驱赶那些拦访的……""北京还兴起了一些上访中介机构呢。吃完访民吃地方政府，这边给访民递材料，那边给地方政府抽材料。"①信访制度的建立本来是为了化解社会矛盾，促进社会和谐，但现实中信访与政绩的挂钩使得地方政府不是去解决上访群众所面临的种种问题，而是通过拘留、截访、罚款等手段压制上访人员，既产生了大量的经济成本，也破坏了农民对政府的信任。因此，《拆楼记》对时代弊病的揭露，正是鲁迅所开创的五四新文学"揭出病苦，引起疗救者的注意"②传统的继续，其最终指向也是相关制度的完善——"如果不能用现代法制的思路替代信访人治，要想杜绝高成本而低收益甚至是负收益的截访行为是不可能的。"③

---

① 乔叶：《拆楼记》，河南文艺出版社 2012 年版，第 175 页。

② 鲁迅：《我怎么做起小说来》，《鲁迅全集》第 4 卷，人民文学出版社 2005 年版，第 526 页。

③ 于建嵘：《底层立场》，上海三联书店 2011 年版，第 182 页。

二

《拆楼记》尽管重在讲述一个从盖楼到拆楼的故事，但从整体上来说，它亦属于上述新世纪乡土文学的范畴，体现了新世纪乡土文学的普遍特征。21世纪以来，随着中国城市化进程的加速，乡村生活、生产方式及其文化伦理越来越被抛掷于城市化、现代化进程之外，乡村从物质文化到精神文化都呈现出空心化、荒漠化的样态。新世纪的不少乡土文学作品如《秦腔》《中国在梁庄》都以生动丰富的书写呈现了当下乡村的现实，而"乡土中国文学的美学基调，已经不复是悲凉感伤，更不是喜剧欢悦可以涵括，而是一曲对传统伦理、文化正加速度消逝并且无可阻挡的悲恸挽歌"①。

与梁鸿、贾平凹一样，乔叶也给我们展示了一个正在沦陷、变质的故乡——乔庄。故乡的灵泉河将被建成绿化带，"再也没有灵泉河了，甚至连它的遗址也将永久消逝"。"我默默地看着自己生活过二十多年的乔庄，没错，就是这里。村里

---

① 张丽军：《新世纪乡土中国现代性蜕变的痛苦灵魂——论梁鸿的〈中国在梁庄〉和〈出梁庄记〉》，《文学评论》2016年第3期。

的街上几乎没有人走动，空空落落，再没有了牛，也没有了马。……而在未来路的南侧，与这些人家隔路相望的地方，原本该是春绿秋黄的庄稼地，现在已经成了正在火热施工的楼盘。两家，一家是'忆江南'，还有一家是'曼哈顿国际花园'。"①它的"颓败"与"繁荣"拼贴在一起，颇为醒目："我还看见一些老房子。很少，没有几座。整个村子转下来，也不过四五座。有两座被拆得衣衫褴褛，破烂不堪，一些家具无精打采地堆在里面，带着被抛弃的落魄神情。"②乔庄小学原本宽阔的大门成了一条窄窄的胡同，大门和教学楼之间的一小块空地，是学校残存的唯一一块空地。最为荒诞的是，寄托着农民古老生命情感的"土地庙"挪到了学校的四楼，"土地庙"离开土地，被架空，这仿佛也喻示着当下乡土精神文化的失落。

变质的故乡，不仅是自然环境的变化，更是乡土文化精神和生命肌理的破坏。乔庄在城市化的进程中，土地不再是农民的生命之根和情感寄托，而成为谋取更大利益的工具。"在我们广袤的豫北平原上，一块块旱涝保收的肥沃土地就如同一只只饱满的乳房，农民就如同辛勤的挤奶人，随着四季的更迭，他

---

① 乔叶：《拆楼记》，河南文艺出版社2012年版，第11页。
② 乔叶：《拆楼记》，河南文艺出版社2012年版，第35页。

们源源不断地挤出了丰沛甘甜的乳汁，给城市喝也给他们自己喝——现在，即将成为未来路绿化带的这一长绺土地，这一只小小的乳房，如同已经消逝的灵泉河一样，很快就会干瘪，枯竭，不复往日之能。"[1]为了土地带来的巨大利润，人们竞相追逐权力，乡村基层政治的混乱也被乔叶轻描淡写地从容道来，"参选的双方在选举前的几个晚上都派人在村里的每个街口轮流彻夜值班，怕对方去跑票"[2]。村子被划入高新区，私人宅基地的买卖成风，村里人的房破旧了，没有钱重盖，市里人就来买他们的地皮，或者他们分给市里人一半地皮，盖房的钱让市里人出。有的村干部将集体土地盖成厂房，对外出租，集体土地成为牟取个人私利的工具。村支书的弟弟也坦然接受着权力带给他的隐形的价值，从盖房者和拆迁者那里都获取自己的利益。正是在土地带来的巨大利润面前，村子也开始严重地两极分化。如"小换"这个农妇生活艰难，丈夫车祸瘫痪，她担起养家的重任，时至新世纪的当下仍然靠卖鸡蛋供儿子读书。《拆楼记》对于土地的叙述反映出乡土文学在新世纪的嬗变与新质，从中可以见出以农耕为主的生产方式和以宗法为主要纽带的乡

---

[1] 乔叶：《拆楼记》，河南文艺出版社 2012 年版，第 55 页。

[2] 乔叶：《拆楼记》，河南文艺出版社 2012 年版，第 24 页。

土文化叙事的逐渐消解。

与梁鸿类似，乔叶也是以故乡的女儿的身份重新进入乔庄，这注定了叙述者"我"与乔庄之间割不断的情感联系——"我是一个农民的女儿，我是一个农妇的妹妹。"乔庄承载着作家刻骨铭心的生命印记，寄予着她对童年、对青春的美好情愫。因此，《拆楼记》中作家不断通过现实和回忆对比的方式来推进叙事，使得作品在叙述拆迁故事的同时以充满个人情感的笔触，给我们呈现出乡村过往的历史。往昔的乔庄风景秀丽，"河里清流汩汩，明澈见底，水草丰茂，鱼蟹繁多，我摘金银花，掐薄荷叶，挖甜甜根，盘小泥鳅……那是我的小小的童年天堂啊。17岁那年，我师范毕业被分配回乡，从教生涯的处子秀是在张庄小学，张庄小学也紧挨着灵泉河。我经常带着孩子们从河里打水清洁教室地面，被河水清洁过的地面自有一种水草的清鲜"①。象征着农民古老土地信仰的土地庙"红柱白墙，琉璃碧瓦，古色古香"，庙门边的对联——"土发黄金宝，地生白玉珍"，庙的前面还有一座石碑，上书"土地阔不可尽祭，故封土为社……"正因为乔庄刻下了"我"曾经的最美好的生命印记，甚至可以说是"我"的生命之根、情感之魂，所以在

---

① 乔叶：《拆楼记》，河南文艺出版社 2012 年版，第 7 页。

年轻的时候，"我"写了《土地的心跳》一文。文章以优美的语言抒发在土地上播种、浇田、施肥、收获的诗情，"我们将玉米秆子一根根地砍倒，将棒子掰下来，放到箩筐里。运到家后，再将它们编织成一串串金色的大辫子，挂在屋檐下，整个农家小院都在这一瞬间熠熠生辉。紧接着，黄豆、棉花，一样一样地都回了家。农人们一身尘土，却从不在此刻换洗衣服，仿佛这尘土是土地赐予他们的最吉祥的徽章和最宝贵的标记"①。文章对于土地、劳动的赞美，有着典型的80年代文化的印记，与《平凡的世界》中孙少平对"劳动"的信仰颇为相似。

当然，作家的本意并非回到童年的故乡，而是对美好的乡土生态环境的消逝以及古朴的乡土文化伦理失落的感怀。如梁鸿在"梁庄"中所言，"村庄的溃败使乡村人成为没有故乡的人，没有根，没有回忆，没有精神的指引和归宿地。它意味着，孩童失去了最初的文化启蒙，失去被言传身教的机会和体会温暖健康人生的机会。它也意味着，那些已经成为民族性格的独特个性与独特品质正在消失，因为它们失去了最基本的存在地"②。如何使乡村既保持优美的生态环境，又能摆脱贫穷，分

---

① 乔叶：《拆楼记》，河南文艺出版社2012年版，第111页。

② 梁鸿：《中国在梁庄》，江苏人民出版社2010年版，第221页。

享当代社会改革发展的成果，是亟待解决的问题。如有学者所说："中国农村的未来发展道路只要根据各地的实际情况和客观条件，在各地自有的资源优势上，探索一条既有利于当代人的生活幸福，又不以破坏环境和资源、牺牲后代利益为代价的可持续发展道路。"①

三

在《拆楼记》中，乔叶自述是乡村的"叛逃者"，"自从当了乡村的叛逃者之后——'叛逃者'这个词是我最亲爱的闺密记者对我们这些乡村底子、城市身份的人的统称——我对乡村想要了解的欲望就越来越淡。"②作为乡村的叛逃者，已成为都市中产阶级的"我"是因亲情的勾连、利益的诱惑回到乡村参与到盖楼的过程中。出资帮助姐姐建房固然是一种追求高收益的投资行为，但在某种程度上也是对姐姐艰苦生活的一种弥补，多少偿还了"我"良心上的亏欠。正是由于此，《拆楼记》在呈现当下乡村现实的同时，还生动地展现了"我"的情感与

---

① 于建嵘：《底层立场》，上海三联书店 2011 年版，第 102 页。

② 乔叶：《拆楼记》，河南文艺出版社 2012 年版，第 4 页。

欲望、"我"的精明与算计、"我"的内疚与自责，揭示出人性的复杂与微妙。

《拆楼记》中交织着两个不同的"我"，一个是作为乡村的女儿面对乡村窘迫的现实产生了同情愧疚心理的"我"，一个是心安理得逃离乡村享受自己的城市中产阶级生活的"我"。"我"起初对加盖房子并无兴趣，甚至对姨妈的行为还有些反感，但后来听姐姐的一番讲述后开始动心，将之视为一种投资行为，"倒真是划算的买卖。六七万的成本，二十四五万的纯利润"。之后"我"充当姐姐、赵老师等一群盖房者的高级智囊，与书记的弟弟王强谈判，让他先盖，以从中谋取最大利益。最后，在别的人家都拆到五米以内时，"我"和姐姐的女儿苗苗联合，诱导前来拆房的郎队长说出过分的话，以此为把柄，动用自己的记者朋友"要挟"当地的主要领导，最终成功地拿到六万元补偿款。这些都符合"我"作为城市中产阶级的身份，在条件允许的情况下将自己的利益最大化。即使用了"不道德"的手段，也几乎见不到"我"微弱的良心谴责——只是在最后"我"才想起了生活艰难的小换，也只是一闪念之间。当"我"在省信访局大门外被当作上访者时，"我"内心还生出了"屈辱感"，由此可见在"我"的内心中，也是对他们有着歧视，耻于与他们为伍。小学同学得了癌症去世，"我知道也该让自己的泪落下来。可是，没有。我没有泪"。当然，这不仅仅是"我"的生活观念，而是代表了绝大部分中产阶级的道德冷漠，这种冷漠有着强烈的社会文化的根源，"从什么时候起，我们开始有了作为城市人的精神优越感和对乡村、农民的厌恶与遗弃？事实上，这不仅有来自乡土中国传统文化深处的问题，更有着来自20世纪50年代以来所建构的城乡二元对立机制，以及由此逐渐派生出来的城市人的'生存优越感'和城市中国的话语霸权"①。

"我"的典型的城市中产阶级的心态在作品中的诸多政府工作人员身上也得到体现。作品中的"他们"一节是别有深意的，"他们"与乡村中的农户是完全不同的一个群体。"他们"彼此结成牢固的社会关系网，利益共享，"他们几个曾经是市政府办的老同事，先后从政府办出来，分到了各个局委，都担任了重要的副职，又因工作关系经常在一起协调办公，因此十分亲热熟络"。小说通过对"他们"的所思所想的真实展现，揭示了"他们"在工作中的道德冷漠与道德困境。为了完成拆迁任务，"他们"用尽各种办法，首先"以情动人"，"先听他们

---

① 张丽军：《新世纪乡土中国现代性蜕变的痛苦灵魂——论梁鸿的〈中国在梁庄〉和〈出梁庄记〉》，《文学评论》2016 年第 3 期。

诉苦，让他们说他们的不容易。既可以拉近感情赢得信任，还能起到为他们心理按摩的作用，让他们把情绪中的毒性发作出来，最重要的一点儿，你可以根据他们的难处和困境对症下药"。"其次，以利诱人，你没地方住？我给你租房。你想做生意？我叫工商税务给你减免照顾。你孩子是老光棍？我叫民政局的婚姻介绍所给你填份资料，马上就能相亲。"[1]最后，"只有以权压人了，要是一强制拆迁，你可就什么都没有了。去告状，去上访？你要是有精神就去吧。……使这些招时最好还配以适当的示弱，也对他们诉苦，说自己多么不容易，让他们也同情你。中国的老百姓啊，还是单纯者多，良善者多，贪小利者多，这么几招下来，他们怎么会不乖乖拆房呢？"[2]这些不无自嘲的话可以见出"他们"只是将之作为一项工作，其中甚至有技术性的细节，但在感情上不乏冷漠。"在一个官僚体系中，公务员的道德关怀从集中于行动对象的命运之上被拉了回来。它们被强制地转向另外一个方向——即将开展的工作和出色地完成这些工作。"[3]而"他们"的工作对象所要获得也只不过是一

---

[1] 乔叶：《拆楼记》，河南文艺出版社 2012 年版，第 205 页。

[2] 乔叶：《拆楼记》，河南文艺出版社 2012 年版，第 207 页。

[3] ［英］齐格蒙·鲍曼：《现代性与大屠杀》，杨渝东、史建华译，译林出版社 2011 年版，第 209 页。

168

点微薄的利益，作品中写到一个寡妇，同意拆迁后只是希望她拆下的窗子能被买走，颇有点黑色幽默的色彩。

当然，"他们"自身也背负着沉重的工作压力和道德负罪感，自嘲："拆迁办的领导流动得快。为啥？一是哄老百姓哄得厉害，不流动就没办法待了；二是压制老百姓太厉害，不走就得被告死。不告死也得被老百姓恨死！"①对于"他们"来说，活下来就意味着得对其他人的贫穷和痛苦闭上双眼。英国社会学家鲍曼谈及社会道德时提到，所谓道德，回到最初意义上，就是"与他人相处的"状态，因此"道德与其说是一种责任，毋宁说是一种限制；与其说是一种激励，毋宁说是一种约束"，因为有了"他我"——一个像我自己一样的主体，"我不能尽成我欲所成；我不能尽做我欲所做。我的自由失去了。在场时——即在这个世界中——我的自为的存在也必不可免是为他的存在。当行动的时候，我不得不顾及他我的在场，因此也不得不顾及它要求的那些定义、观点和视角"②。鲍曼的观点让我们认识到每个人对他人的责任——每个人对于他所属的社会都负有责任，那个社会的弊病他也有一份，促使我们反思漠视

① 乔叶：《拆楼记》，河南文艺出版社2012年版，第207页。
② ［英］齐格蒙·鲍曼：《现代性与大屠杀》，杨渝东、史建华译，译林出版社2011年版，第236页。

他人痛苦的"我""他们"的心态。

　　新世纪非虚构文学的经典之作"梁庄系列"将口述实录和田野调查融合在一起，梁鸿作为学者的开阔的学术视野、理性分析的哲学思辨与那些鲜活的生活真实结合在一起。其中"我"的自剖自白和"自省性文字"的存在使文本变得丰厚起来，具有了相当的反思意义。正如有学者所说："梁鸿总是忠实地记录了'身在其中'而引发的对'知识者自我'的否定和反思，不仅反思知识者面对民众困苦时的软弱与退缩、虚荣与麻木，也反思知识者的使命与启蒙理想，以及理想与现实发生巨大冲突时内心的紧张与绝望。"① 与"梁庄系列"相比，《拆楼记》中的"我"是一个城市中产阶级的心态标本，尽管乔叶"撕开了我们精神上的羞处"②，但其自省、反思是极为微弱的，也因此限制了文本所能达到的深度。

　　　　　　　　　　　　　　　　《写作》，2019年第4期

---

① 房伟：《梁庄与中国：无法终结的记忆——评梁鸿的长篇非虚构文学〈出梁庄记〉》，《文艺评论》2013年第7期。

② 李敬泽：《拆楼记·序》，乔叶：《拆楼记》，河南文艺出版社2012年版，第6页。

对冷漠的反省和摒弃

——《认罪书》简评

何向阳

20世纪70年代出生的作家曾被称为"70后"，这一称谓虽只是一个时间划段，但叫响的时候仍有对年轻作家的期待在里面。时间一晃，当年的"70后"作家大多已入不惑，无论生活还是思想，都较初入文坛有了更多收获。这"代"作家曾经被生活经验裹挟着走，到了今天，当他们也有个人经历的积累时，便自然从现实的近处跳出来，开始思索生活背后更深远的东西。一个文学证明是，"70后"作家近年均开始涉猎长篇，他们多少要在文字中找到一种有长度对应的"历史"参照。乔叶的《认罪书》，无疑是这种文学浪潮中的一个突出代表。

《认罪书》写了三"代"女性，金金、梅梅、梅好。小说从作者"我"意外收到患病将不久于人世的金金所写的一部书稿开始，先展开金金的故事：来自乡村，到城市打拼，单枪匹马举目无亲的情形下遇到梁知，两人产生恋情，而这恋情中却暗含危机，危机之一是恋爱在金金那里有委身成分，而在梁知那里却藏着金金外貌酷似他初恋情人的秘密。这样的感情一开始就注定着结局不善，两人终于分手了。但金金并不罢手，为了印证梁知的"替身"之爱是否属实，她竟与梁知的弟弟梁新结为夫妇，从而接近梁知，使感情再陷危机。往下看，你渐渐发现金金的故事不过是一个引子，它的后面梅梅的故事慢慢变得清晰。梅梅曾与梁知恋爱，而因高考落榜，两人拉开距离，一个上了大学终获得可以自我实现的人生，另一个却被送到别人家当保姆，最终与她向往的人生愈走愈远，以致失恋失爱自尽于异乡。在对梅梅故事的发掘中，我们嗅到某种神秘悬疑而惊悚的味道，梅梅是自尽还是他杀已不重要，重要的是梁家兄弟在对待梅梅一事上的吞吐古怪的态度，当"良知""良心"都沉睡之时，金金存在的价值已不在于寻回只属于她个体的爱情，而是站在女性角度，探究一个女性为何会与自己的愿望一再相失。

梅梅的故事，写了一个男人最终对于爱的放弃而带来的他人命运的逆转。但是如果只是揭示这样一个原因，作者仍会陷入一个爱恨悖论的怪圈中去。这样的故事在乔叶本人的笔下已经很多。小说笔锋一转，梅梅的故事仍是一个引子，这个故事的存在，在于引出她的母亲——梅好。同时也引出了另一个人梁文道。梁文道与梅好的交集是在"文革"中间，于是我们看到了经由许多文学作品表现过的伤害与受害的一幕，当年的伤害者或者说是参与伤害事件的旁观者，在这部小说中只是隐隐的一个背影式的巨大存在，它简直无所不在地渗透于梅好的生活与命运中，并还持续影响着梅梅的命运，并通过梅梅影响到金金的命运。三"代"女人各有不幸，但究其源头，都或多或少地与历史发生着关联，虽然金金的时代已远远跳出当事人的年代，但伤痛仍然存在。

我想，真正的"罪"不在于年少时曾参与到某种集体疯狂中去而成为伤害他人的人，而在于眼见"美好"被撕碎被玷污被毁灭却袖手旁观，不自觉地成为这伤害事件中的一员——他们的"罪"在于此。也许刑法的法庭无法判其有罪，但在道德与良知的法庭上，却是一个罪人。而更深的罪在于，这部书中的多个当事者都是冷漠的，他们并不珍惜赎罪的机会，对梅好的女儿梅梅并没有承担保护任务，而是使她受到更深的伤害。由此，《认罪书》呈现的不单纯是一个男女之间的爱的故事，而是提出了特定年代里一个民族的爱的能力普遍缺失的问题。在这个故事里，我们看到了一连串的失爱与自私，而自私、自我保全，正是爱他人的最大的敌人。这敌人仍在我们中间，在金金与梁知的纠缠之中，我们看到了梁新的受害；在梁知因为自身前途而规劝梅梅放弃时，我们看到了梅梅的受害；而这一切的"加害于人"，并不在于刀刃枪炮，却只是用"冷漠之心"，便可以置人死地。乔叶之书，虽不加掩饰地写野心、欲望、妒忌、复仇，叙事结构也不免通俗，但是，她发现了人性中最有杀伤力的一种罪——冷漠。

冷漠，是"文革"的精神后遗症。"文革"伤害的不仅是人的肌体，更损害了人的精神。肌体之痛可以短时期内平复，但精神之疾却不易痊愈。人心的养得不仅需要时间，更需要的是敢于忏悔的勇气。冷漠症，是人心败坏的一种表现。冷漠，是对爱的不信，是对爱的背离；冷漠，是对恶的容忍，是对恶的纵容；冷漠，是不顾他人，自私自利；冷漠，是一种病，是一种恨。但冷漠却常常被我们用来作为自保的武器，而这武器却一再地伤害我们的亲人、我们的爱人、我们的邻人，以致最终伤害的是我们自身。

不能不说，这个发现，于小说故事中慢慢浮现。所以作者写金金在与梁知苟合而致梁新狂奔离去时，金金没有去追她的"爱人"，反而想，若是梁新死了，"我和梁知可自由得多"。梁新果然车祸而亡。当然，作者并不致力写意念杀人种种奇观，而是点出冷漠也是最残忍的罪行之一种，并将此种沉痛放在历史的长河之中，"那天，我没有去追梁新。但是，我的目光一直跟随着他。就像几十年前的那天晚上，梁文道目睹着梅好走进了群英河一样，就像张小英目睹着梁文道目睹梅好走进了群英河一样，就像那个一直寄白信封的人目睹着张小英目睹着梁文道目睹着梅好走进了群英河一样。"

目睹，使这些人成为旁观者，旁观，使这些人见死不救。而在他人面临生死危亡之时，这些目睹者没有伸出援手。梅好（美好），与其说是死于伤害与疯癫，不如说是死于冷漠与无援。这种对于人性的反省，在近百年前鲁迅先生的作品《药》中我们看到过。如今，正是对这种冠之以"罪名"的冷漠的反省，让我们看到了一个作家的转型，或许正印证了鲁迅曾在文章中提到的那句话——绝望之为虚妄，正与希望相同。

而真爱的获得，必然基于我们对于冷漠的摒弃。

接续一个伟大的文学传统

——评乔叶的《认罪书》

孟繁华

忏悔、救赎，是西方思想和文学的一个重要主题。他们的忏悔是一种宗教行为，指向的是天国。古代中国也有忏悔意识，但它不是一种宗教行为，而是一种道德行为。它指向的是人，特别是士大夫阶层与社会的关系。在居与处、进与退，修齐治平与独善其身之间的犹疑、矛盾和检讨。西风东渐之后，特别是五四新文化运动之后，中国先进的知识分子主动接受了西方的思想观念，特别是对人的完善有了全新的认识。他们的思想不仅仅停留在人与社会的关系上，而是进一步地从人的角度去检讨人与人、个人与社会的关系，特别是对自我的思想和行为进行解剖和批判，从而形成了现代中国知识分子的忏悔意识。鲁迅、巴金、郁达夫等作家，在这方面都有重要的作品。

但是，进入共和国之后，特别是十七年的作家和作品，忏悔意识逐渐淡出，而检讨之风日盛。但是检讨不是忏悔。新时期以后，我们读到了巴金的《真话集》，这是一部被认为是"情透纸背，力透纸背，说真话的大书"，是中国式的"忏悔录"。巴金对个人行为与心性的忏悔，至今读来仍感人至深。在这个意义上说，乔叶的《认罪书》，接续了一个尽管屠弱却伟大的文学传统。

灵与肉，是文学处理的基本内容。但是中国当代文学基本是在"灵"的领域展开，而且这个"灵"基本是意识形态和价值观的教育。新时期以后，特别是张贤亮的《绿化树》《男人的一半是女人》，王安忆的"三恋"，开启了与人相关的灵与肉的书写和拷问。应该说，张贤亮、王安忆在这方面尽管鼓足了勇气，但仍可感觉到他们的谨慎。特别是关于性爱描写方面，几乎是引而不发点到为止。他们突破了禁区又色而不淫。但是随着商品化的推进和通俗文学的兴起，对世风日下的现实生活，尤其是男女关系的书写，已经到了不是没有禁区，而是没有禁忌的地步。这不是文学的问题，生活永远比文学更丰富。从打破禁欲到欲望无边，是三十多年来中国社会生活一个方面的写照。禁欲是错误的，欲望无边同样是错误的。《认罪书》就是对欲望特别是对人性"恶"的忏悔、检讨和救赎。

小说写了金金、梅梅短暂的一生。金金与梁知和梁新；梅梅与梁知和钟源；梁文道与梅好、张小英；钟源与梅好、梅梅等的爱恨情仇；以及金金与哥哥、母亲、哑巴父亲等的复杂情感。小说通过金金的回望与自述，呈现出了一个剪不断理还乱的复杂故事和此起彼伏的惊人秘密。现实与历史、仇怨与报复，将人性深处的黑洞表达得一览无余。最后梅好坠河而死，梅梅跳楼自杀，金金和梁知的孩子安安因白血病而死，梁新死于车祸，梁知割腕自杀，梁知父亲在"文革"中跳河自杀，梅校长在女儿死后上吊自杀，梁文道因心脏病而死，金金母亲病逝，哑巴父亲病逝。真所谓"白茫茫一片大地真干净"。

莫言在一次谈到《蛙》这部作品时说过这样一段话：从80年代开始，尤其到了90年代以后，"忏悔"，实际上变成了我们知识分子口边特别热的、特别俗的，最后要滥到泛滥成灾的那么一个词儿。每个人都在要求别人忏悔，甚至逼着别人忏悔，很少人要对自我进行忏悔。我觉得从这些方面来讲，我们现在已经到了不要去指责别人，不要逼着别人忏悔的时期，到了应该往里看，进行自我忏悔的时期。我这本书给台湾版写了个序，最后一句话就是"他人有罪，我也有罪"。要从这个意义上来讲，你就会对别人宽容。我们对恶魔也会持一种同情的态度，感觉到他们也是不幸的，他们是害人者，他们实际上也是受害者。这个我觉得是这么多年来的一种反思吧。《认罪书》

的悲剧性是在罪与罚、忏悔与救赎的主题下展开的。作品对每一个人进行了严酷的道德拷问。特别是梁知、梁新对梅梅的绝情，梁文道和张小英眼睁睁看着梅好走进群英河，金金恶毒地践踏哑巴父亲的爱，钟源在"文革"中参与侮辱梅好等情节，使小说写得惊心动魄一波三折。可以说，《认罪书》是近年来为数不多的好小说之一。一个年轻的作家敢于驾驭这样深重的主题并表达得如此精彩，实在是可圈可点可喜可贺。

《南方文坛》，2014年第4期

残酷历史呈现与深度人性拷问

——评乔叶长篇小说《认罪书》

王春林

　　尽管已经读完有一段时间了，但认真想来，乔叶《认罪书》（载《人民文学》2013年第5期）留给我的阅读震撼却一直未有消减。此种情形就充分说明，乔叶这部无论精神内涵还是表现形式都颇为煞费苦心的长篇小说，不仅是她本人迄今为止最重要的一部作品，而且也还应该被看作新锐作家在长篇小说写作方面的一个重要收获。从小说文体的角度来看，近些年来，主要包括所谓"70后"与"80后"在内的一批新锐作家在中短篇小说领域所取得的突出成就，是有目共睹的。这一点，只要看一看这些年来新锐作家在鲁迅文学奖中短篇小说评选过程中屡有斩获，就不难得到有力的证明。与此同时，我们也应该承认，与中短篇小说写作上所取得的骄人成绩相比较，尽管他们实际上也做出了很多努力，但一个不容否认的事实却是，他们在长篇小说写作方面的具体表现还是显得不尽如人意。虽然制约影响新锐作家长篇小说写作取得更大成功的原因较为复杂，但其中不容忽视的一个重要原因，恐怕是"历史感"的一种普遍匮乏。关于历史感，批评家张艳梅曾经有过很好的解说："历史感到底是什么？写历史，不一定有历史感；写现实，也不一定没有历史感。历史感是看取生活的角度，是思考生活的人文立场，是细碎的生活表象背后的本质探求。"①非常明显，只有在拥有了这种"历史感"之后，这些新锐作家的长篇小说才可能拥有某种特别的厚重感，才可能抵达一种全新的思想艺术境界。

倘若说"历史感"的匮乏的确是制约影响新锐作家长篇小说创作的一大瓶颈，那么，乔叶这部《认罪书》的难能可贵，首先就突出地表现为一种深邃"历史感"的具备。对于这一点，明眼人其实早有清醒的洞悉："曾经有一段时间，新潮书写的标志是断裂'个人'与'历史'的逻辑联系，考掘隐秘，规避共识。这样的趣味，渗透在乔叶这一代作家最初的文学成长背景之中"，"随着视野的扩张和写作的成熟，青年作家定会建构出自己的话语世界。置身其中的生活，何尝不是个人与历史血肉

---

① 参见张艳梅新浪博客博文《陈克海〈都是因为我们穷〉》，2012年11月17日。

相连的旅程。言语、动作、神情、感触……一经沉淀和梳理，'个人'便不再孤立和单薄，更不可能只是奇趣甚至怪癖的承载者。自我的人生、经历和经验，不能不和他人的心思以及繁多的关系交织缠绕，从而再自然不过地参与了对生命、时代、历史的精神整合"。[1]非常明显，杂志编者在这里所反复讨论的，也正是乔叶《认罪书》中"历史感"的具备。在这里，需要引起我们高度关注的，其实是"历史感"在乔叶小说中何以成为可能的问题。

作为一部强烈凸显着乔叶艺术野心的长篇小说，作家的苦心孤诣，突出体现在艺术表现方式的特别设定上。首先是多达三个层面的套盒式叙事层次。最外在一个层面的叙述者"我"名叫管静，具体身份是郑州一家出版社的编辑。一次偶然的机会，她认识了供职于源城市旅游局一位名叫金金的女职员。她们之间本来是要协商出版一本关于源城旅游的宣传用书，没想到，金金却提供给了管静一部特别的书稿。一部在金金自己看来，既非诗歌、散文，也不是小说，只是关于"她自己的一些事"的书稿。只不过，等到管静收到这部书稿的时候，金金已经辞别了这个人世。"书尚未出，作者已逝，这在我的工作经历

---

[1] 施战军：《感触命运，时代文化》，《人民文学·卷首语》2013年第5期。

中还是第一次。把稿子全部看完后，我面对的第一个问题就是应该把它看成散文还是小说。既然金金说写的是她自己的事，那似乎应该是散文。但根据它的故事性来看，也完全可以当成是小说。犹豫了两天，我和几个同事商量了之后，决定还是把它当成小说。"需要特别强调的，一个是小说的标题"认罪书"乃出自管静之手，另一个则是管静对于金金这部书稿的基本评价："总而言之，这个作品超出了我的阅读常规。我只能说：如果这是个自传的话，那就是个很特别的自传；如果这是个小说的话，那就是部很特别的小说。"作为小说中最外一个层面的叙述者，给书稿命名之外，管静还进行了两方面的工作，其一是划分章节，其二是给书稿增加了必要的"编者注"。以上三点之外，管静可以说是一位并没有直接介入故事之中的旁观者。归根到底，她最主要的使命，就是向读者提供金金的"认罪书"书稿。

第二个层面的叙述者"我"，就是金金。与管静的旁观者角色不同，金金既是故事的叙述者，也是故事的有效介入者，是小说中不可或缺的主要人物之一。虽然说小说存在着多达三个层次的叙述者，但从地位的重要性来说，其中承担最主要叙述功能的，只能是金金。除了小说开头处管静关于金金书稿由来的介绍与评价，除了管静所提供的"编者注"，小说中其他的文字部分可以说全部出自金金之手。细细数来，小说中先后登场的主要人物，大约有十人。从某种意义上说，包括梁知、梁新、梅梅、梅好等在内的这些人物之间的故事，才算得上是小说的主体故事所在。与他们的主体故事相比较，金金个人的故事固然也不可或缺，但在重要性方面却难以与前者相提并论。就此而言，金金存在的根本价值，就是要把自身作为撕开既往历史的一个有效切入点。非常明显，假若没有金金这样一个故事叙述者兼介入者的存在，那么，作为小说主体故事的那一段黑暗历史，恐怕就将永远沉没于语言的地平线之下。无法忽略的，反倒是金金得以介入主体故事的那种特定方式，也即她与梅梅相貌外形上的酷肖。她之所以能够引起梁知的注意并成为梁知的情人，之所以能够被梁新以一见钟情的方式迅速接受，皆缘于这一点。然而，需要质疑的地方，恐怕也恰恰在此。尽管乔叶的文本确实做到了能够自圆其说，但仅仅依靠所谓相貌外形上的相似酷肖来维系金金与历史之间的联系，认真推敲起来，其实显得十分脆弱。由此看来，在此种方式之外，能不能有更牢靠的方式切入幽深的历史，依然是需要引起乔叶认真思考的一个问题。

第三个层面的叙述者，就是小说中除了金金之外的那许多人物了。从文本来看，乔叶的《认罪书》明显由现实与历史两个部分构成。现实部分，金金无须借助其他人的帮助，就可以直接进入并感知触摸。但历史部分，因为不在现场，金金单凭自己的力量就无能为力了。她只能够凭借那些历史参与者的回忆才可能反顾接近历史现场。在这个意义上，金金所扮演的，其实又是一位历史探访者的角色。这个时候的金金，非常类似于正在进行采访报道的新闻记者，她的全部努力，就是要通过对于那些历史当事人的探访追问，最终达到有效还原历史现场的叙事意图。就此而言，无论是梁知、梁新，还是婆婆、钟潮，甚或老姑、秦红，都应该被看作被探访的历史知情者。这样，我们自然可以看到，这些被探访的历史知情者，实际上也就成为了第三个层面的叙述者。细读文本，即不难发现，构成了金金书稿一个非常重要部分的，正是这些历史知情者对于历史的反顾与回忆。然而，无论如何都不能回避的，是这些历史记忆的可靠性问题。比如，按照钟潮的回忆，"文革"期间，当他内心中万分迷恋的女神梅好惨遭心灵严重扭曲变态的红卫兵头头王爱国折磨的时候，他自己只是窗户之外实在无能为力的旁观者。但只有到金金千方百计找到钟潮叙述中所提及的"丙"之后，方才从"丙"的口中证实，实际上，钟潮当时并没有能够置身其外，他本人就是迫于王爱国淫威的现场作恶者之一。这就充分说明，出于自保的本能，钟潮在回顾历史时自觉不自觉地对于历史进行着切合自身利益的改写。问题在于，钟潮可以改写历史，其他的那些历史知情者难道就不会改写历史吗？实际的情形是，改写是必然的，不改写是不可能的，尽管在有些时候，这种改写并非是叙述者一种刻意为之的明知故犯行为。既然改写是必然的，那么，作为读者的我们，实际上也就面临着一个辨识叙事话语真伪的问题。辨识叙事话语的真伪之外，更加不容忽视的，恐怕就是这些叙事话语究竟为什么会真、为什么会伪的问题。比如说，当金金的婆婆张小英回忆往事的时候，出于自身荣誉声名的考虑，她必然会对自己曾经的情敌梅好，以及梅好和梁文道的女儿梅梅，有所贬抑和排斥。这样，我们在面对出自张小英的叙事话语的时候，一个必要的工作，就是如何把渗透于其中的情感因素成功剥离掉。只有如此，才能够达至尽可能真实地还原历史现场的叙事目的。

不能不追问的一个问题是，乔叶为什么要在这部《认罪书》中设计多达三层的叙述者呢？又或者，她设计如此复杂的叙事层次究竟意欲何为呢？这个问题的答案，只能够到乔叶试图描摹呈示现实与历史的复杂性的写作意图那里去寻找。前面曾经说过，《认罪书》明显由现实和历史两大部分组成。与这样两个部分相对应，乔叶的写作意图，一方面是要对于当下时代不合理的社会现实进行不失尖锐犀利的批判性表达，另一方面则是要尽可能地呈现既往历史的复杂性。历史景观的呈现部分，重头戏显然是对于一向被称为十年浩劫的"文革"所进行的深入反思。尽管乔叶在现实与历史这两大部分都使足了劲，但相比较而言，从实际达到的艺术效果来看，历史部分却明显地要好于现实部分。之所以如此，恐怕与乔叶处理现实问题时的过于简单直接有关。比如，所谓的瘦肉精事件，乔叶直截了当地就把这一事件和小说中身为卫生局长的梁知的被免职联系在一起。再比如，无论是只有三十一岁的金金自己的身患绝症，抑或是金金女儿安安的罹患白血病，自然与当下时代假冒伪劣产品的盛行有直接的干系。虽然说这样的描写都不错，都有现实生活的依据，但设若从更高的艺术标准来加以衡量，乔叶的这种艺术处理方式，却明显地少了一些艺术作品所本来应该具备的曲折幽婉，而多了一些"急功近利"的色彩。说到底，尖锐的现实批判固然是必要的，但采取怎样的方式才能够使这种现实批判更加艺术化，恐怕就是包括乔叶在内的中国作家必须认真面对的一个重要问题。相比较而言，乔叶关于"文革"那段黑暗历史的处理，就要曲折从容得多。我们所谓的艺术性因素，实际上也正潜藏于这样的一种曲折从容之中。本文的标题中之所以要特别强调"残酷历史呈现"，根本原因其实正在于此。但无论如何，从乔叶基本的艺术构想来看，描摹呈示现实与历史的复杂性却是毫无疑问的事情。而要想达到这样的一种艺术意图，缺少了叙事层次的复杂，显然是不可能的一件事情。

除多达三个层次的叙述者的特别设定之外，乔叶《认罪书》的开头方式也非常引人注目。对于一部现代小说而言，以什么样的方式开头是一件相当重要的事情。一个好的开头，不仅可以为整部小说的艺术成功奠定最初的基础，而且更能够以象征隐喻的方式统领全篇。乔叶《认罪书》的开头，显然就可以做这种理解。那么，乔叶所采用的究竟是怎样的一种开头方式呢？"就从洗屁股开始吧。""听母亲说，我还没有学会洗脸的时候，就已经学会了洗屁股，是在三岁那年。"金金的洗屁股这一生活习惯，自然是母亲教诲的结果。母亲说："你洗要是为了让别人看，那就是假干净。这洗屁股呢，就是不洗也没人知道，没人整天跟在你屁股后头闻味儿，那这种洗呢，就不是为了别人看，就只是为了自己干净。这就是真干净。"一部旨在对历史和现实进行深度反思的长篇小说，其开头处为什么要对洗屁股这个细节大书特书呢？二者之间究竟有什么内在的联系呢？一般意义上，说到屁股，应该是人体上最具有隐私意味的部位所在，可以说是最见不得人的一个部位。这一部位的私密意味，恰如一句广告词所言："难言之隐，一洗了之。"而乔叶的这部小说之所以要命名为"认罪书"，根本原因就在于，作家要通过这种书写清洗人之罪："我当然知道自己罪孽深重。而罪孽深重的我，面对我犯过罪的那些人，居然从来没有道过歉，一次都没有。写这本书，就算一次郑重的道歉吧。是我能够做的最认真的道歉了。""这也是我赎罪的方式。许多人喜欢用抄佛经的方式为自己赎罪，相比之下，我觉得还是自己的选择更有意思。佛经，多少人念的都是一样。我自己的事，在这世上只属于我一个人。佛经，是佛的著作权。我的故事，是我这俗人的著作权。当然，更相形见绌的是，佛经，字字莲花。我的故事，字字污泥——没错，我清楚地知道，我写出来会被人骂。如果有幸的话，可能还会被骂得很长久，中大奖的话，还会遗臭万年。"金金的这番说辞，毫无疑问可以被理解为是作家乔叶的一种夫子自道。金金自感罪孽深重，所以，一直都在强调自己的写作行为本身就是为了清洗自身的罪。既然是罪，那当然就是不可告人的羞耻。非常明显，屁股不可告人的隐私性与罪孽不可告人的私密性，其实有着殊途同归的突出意味。就此而言，乔叶《认罪书》开头处关于"洗屁股"这一细节的反复渲染描写，自然也就拥有了突出的象征隐喻意味。作家用这样一个意味格外深长的细节展示来统领这部旨在实现罪感追问的《认罪书》，所突出体现的，正是乔叶的一种艺术智慧。

　　但在充分肯定乔叶的总体艺术设计用心细密别有寄寓的同时，我们也需看到，其中一些地方，却也似乎有着用力过度的嫌疑。具体来说，以下两个方面可以有所商榷。首先就是关于字谜的设定。具体来说，也就是梁知那个神秘的练字本。小说中，金金曾经旷日持久地对此展开研究，最终揭开谜底。这个练字本，实际上是梁知一本隐性的日记。出现在这个练字本上的所有单个汉字，只有与"心"字旁联系在一起方能得到恰切的解释。比如"上"与"下"，"心字底：上——忐，下——忑，写这两个字的日期是一九七七年六月，这应该是他和梅梅初见的心吧？他的心如鹿撞般忐忑跃蹦"。就这样，梁知那个貌似杂乱无章没有头绪的练字本，便获得了一种准确到位的解读。把这些看起来无关的汉字连缀起来，实际上就是梁知与梅梅之间一部只能够以复杂称之的情感史。字谜细节的设定，初看起来，作家如此煞费苦心所设定出的，确实是一个别具艺术个性的精彩细节，能够取得良好的艺术效果。但倘或细细推敲一下，却不难发现会有问题存在。在让人颇觉有些矫情的同时，可信度也是不容忽略的一个问题。尽管乔叶企图借助于这个练字本达到有力揭示梁知内心世界奥秘的意图本身无可厚非，但梁知一方面希望利用恋人梅梅的献身钟潮达到官场升迁的目的，另一方面已经有所悔恨有所自责甚至于妒恨交加的处理，却很有些自相矛盾的意味。不仅如此，练字本上的汉字，最早出现在1977年，仿佛那个时候的梁知就已经预知到自己的练字本有朝一日会被别人看到，所以才会采取如此严密的设防手段。与此同时，同样不可思议的一点是，你只要看一看那些小说中提到的与心字旁相关的字眼，你就可以发现，在电脑尚未普及的时代，要想凭借自己的记忆，寻找到恰如其分地记载自我心情的汉字，也不是一件轻而易举的事情。如此一种细节设定，细细想来，其实明显违背日常生活情理。唯其不合乎日常情理，所以可信度才大大降低。

这一点，与小说关于梅梅日记设定的自然品质，显然形成了鲜明的对照。对于梅梅那看似"流水账"一般的日记，叙述者金金也有所解读："平白，极简。由此回溯梅梅的人生轨迹，几乎一望尽知。虽然有那么几条有点令我费解，不过稍一琢磨也就能明白：我有罪——是梁文道心脏病发作去世给她带来的罪恶感。Kiss——是和梁知第一次接吻……"关键在于，作品中给出的梅梅日记写作的理由是充足可信的。"梅梅所谓的日记，是从和梁知恋爱开始记的，每次记都是挑日子的。都是对她来说重要的日子。这个沉默温顺的女孩子，永远的女孩子，她为什么要记呢？肯定不是为了忘记，也不是为了怕忘记。想了很久很久之后，我才明白，她之所以记，是因为她在纠结……每当百爪挠心无所适从的时候，她就写下一行字，最简单最简单的一行字。"一个在生活中备受蹂躏伤害的女孩子，以这样一种"平白、直简"的"流水账"方式记录自己的人生历程，对于一贯软弱内敛的梅梅来说，是非常自然的一件事情。具备了此种合理性，乔叶关于梅梅日记设定这一细节的艺术说服力也就大大加强了。

其次，则是人物命名过程中谐音的运用。这一点，在小说中的诸多人物身上都有明显的体现。梁知——良知，梁新——良心，梅梅——美美，梅好——美好，等等，皆是如此。至于少一代中类似于梁远、钟未未、梁安这样一种命名中的美好寄托，也是显而易见的事情。这里，乔叶显然在自觉利用着汉语发音中的谐音技巧以完成自己的某种叙事意图。一方面，在中国文学传统中，确实存在着命名中的谐音传统。《红楼梦》中诸如元春、迎春、探春、惜春这贾家四姐妹命名中所隐含的"原应叹息"意味，就是非常明显的例证。就此而言，乔叶的谐音运用，可以看作对于传统的一种自觉传承。但在另一方面，我们也需看到，随着时间的游移，到了当下时代，在中国现代文学已经存在发展了近百年的历史之后，依然简单地袭用谐音技巧，尽管乔叶的设定动机可谓用心良苦，但从客观的艺术效果来看，却多少显得有点小儿科，有点矫揉造作了。在我看来，假若乔叶放弃这种谐音技巧，艺术意图的传达不仅不会受到任何伤害，反而还会显得特别质朴大气。

通过以上的分析，即不难看出，乔叶在小说总体艺术表现方式的设定方面的确花费了不少心思。作为一位正处于写作上升期的青年作家，能够在一部长篇小说的写作过程中设定使用如此繁复的艺术表现方式，所强烈昭示出的，正是她难能可贵的一种高远艺术追求。对于作家如此一种强烈突出的艺术形式探索精神，我们无论如何都必须给以积极的肯定。与此同时，不能忽略的是，尽管说作家的艺术探求总体上取得了良好的艺术效果，但在诸如梁知的那个特别的练字本与谐音的运用这样一些方面却依然有明显的不尽如人意之感。不是说作家不应该在艺术表现方式上进行必要的艺术探索，关键问题在于，怎样才能够使得这种艺术探索具有更加充分的艺术说服力。常言说得好，大巧若拙，大美不言。从一种更为根本也更为阔大的文学视野来说，我们认为，真正优秀的文学作品应该体现出一种返璞归真的艺术气质来。毫无疑问，年轻的乔叶的确还无法企及这种高远艺术境界。由简到繁难，由繁再到简更难。前一个"简"，是简单的"简"，后一个"简"，则是简朴大气的"简"。在充分肯定乔叶《认罪书》在艺术表现方式探索上所取得突出成绩的同时，我们希望她在今后的写作中能够渐次实现自我超越，能够抵达质朴大气的思想艺术境界。

虽然从更高的艺术标准来要求，乔叶的《认罪书》在艺术表现方式上确实存在着一些不尽如人意处，但就总体而言，乔叶在艺术表现方式上所做出的种种努力还是为深厚思想题旨的表达奠定了相当坚实的基础。也正是在这种前提下，我们才得以充分展开以下关于小说所具深刻历史与人性内涵的探讨。前面曾经强调乔叶《认罪书》是一部贯通游走于现实和历史之间的长篇小说，乔叶对于现实部分的设定，一方面固然是要对当下现实的不合理性进行尖锐批判，另一方面则是为了勾连牵扯出已经逝去久远的沉重历史。通过第二层叙述者金金的出场追问，在现实与历史之间建立内在有机的联系，把现实与历史的罪恶以并置的方式呈现在读者面前。但正如同前面已经指出的，由于乔叶的现实批判过于峻急过于"急功近利"，尽管仍然给读者留下了足够深刻的印象，但从艺术性的角度来衡量，却实在难以令人满意。相比较而言，乔叶对于历史残酷一面的有力揭示与对于深度人性的挖掘表现，却给我们留下了殊难磨灭的阅读记忆。不能忽视的一点是，在实际的艺术处理过程中，乔叶往往把历史与人性纠结缠绕在一起成为一个有机整体。正因为如此，所以，我们的分析过程，也就自然而然地把二者联系在一起而渐次展开。

我们首先要提及的，就是乔叶关于"文革"那段幽暗历史的真切表现。虽然就总体情形来说，很难简单地把这部《认罪书》归结为关于"文革"的长篇小说，但作家对于"文革"所进行的反思性描写，却无论如何都应该被看作小说思想艺术上最成功的一个部分。这一方面，一个令人过目难忘的艺术场景，就是有钟潮现场参与的红卫兵造反派头头王爱国对于梅好进行的那场惨无人道的残酷折磨。在得知父亲梅校长第二天就要被枪毙的消息之后，救父心切的梅好急急忙忙赶来找王爱国，企图替父亲向王爱国求情。没想到，这王爱国居然是一个心理严重畸形的变态者。在钟潮眼里，"我们的头儿叫王爱国，是个女人。可是她根本就不像个女的。要不是肩窄点儿腰细点儿，那就是一个男的。她没有胸。完全是平的，现在人怎么说？飞机场，太平公主。她就是那样的。她能成为头儿，没别的，就是狠。她革起命来比我们这些男的都狠"。王爱国的革命行为，一方面固然是受到时代潮流席卷裹挟的缘故，另一方面却也和她容貌外形的不够光彩密切相关。这样一位缺少女人味道的革命女性，在面对素以漂亮著称的梅好的时候，那样一种妒恨交加的心理状态是可想而知的。尤其是她们之间还存在着身份上的巨大差异。一位是高高在上的掌握着生死予夺大权的造反派头头，另一个则是作为"人为刀俎我为鱼肉"中的

"鱼肉"存在的"反革命分子"的梅校长的女儿。处于此种对比强烈的状况之下，梅好却偏偏还要来为自己的父亲求情。她的遭受巨大凌辱，也就势在必然了。人都说被强奸会对女性形成巨大的精神创伤，而且在老姑她们的叙述中，梅好最后的精神失常，也的确与她被强奸之间存在着一种内在的逻辑链条联系。然而，梅好实际上所遭受的凌辱却比这个要严重得多。文本中，王爱国所设想出的凌辱"绝招"是，既然你梅好口口声声"忠于人民忠于党"，那么，你就应该把你的"忠心"充分地展示出来。怎么样才能够展示自己的"忠心"呢？那就是主动把自己的衣服脱掉袒露出自己的胸部来。王爱国无胸，是"飞机场"，是"太平公主"，而梅好却有着足以骄人的高挺胸部。这样一来，王爱国革命行动背后潜藏着的猥琐动机，自然也就一目了然了。更有甚者，在梅好自己脱掉上衣之后，王爱国不仅唆使部下动手剥掉了梅好的裤子，而且她还用那支"黑幽幽的毛笔"在梅好的身体上写下了一个硕大的"忠"字。"这个时候的梅好，一直静静地躺在那里。闭着眼，不再说话，连低吟和自语都没有了。像死了一样。"很显然，所谓的心如死灰，大约也就是这个样子了。"身体""毛笔""书写"，把这样一个细节与"文革"那段特别的历史联系在一起，其中一种象征隐喻意味的存在，就是一件显而易见的事情。这可端的是，不是强奸胜似强奸了。对于这一点，作家借助钟潮之口，有着尖锐的洞穿："这个女人，这个看起来比谁都革命的女人——不，此刻，她已经不再是个女人，她已经是个男人了。她的眼睛暴露了一切：她对梅好有想法，有那种脏的想法——她当然不能像男人那样把梅好怎么样，她的那种脏，就是想侮辱梅好作践梅好的那种脏，就是把一块想吃却吃不到嘴里的糖扔进粪坑的那种脏。"一方面是堂而皇之的革命行动，另一方面是不可告人的卑劣人性，二者就这样被乔叶巧妙地编织到了一起。在有力揭示历史残酷的同时，王爱国的变态人性也得到了可谓是淋漓尽致的艺术表现。

但更加令人倍感震惊的是，这人性的卑劣与龌龊，实际上却也存在于深爱着梅好的丈夫梁文道身上。需要注意的是，关于梁文道的这段叙述，出自梅好的情敌张小英之口。由于惨遭王爱国的蹂躏，梅好终于精神失常，梅好常常一个人在晚上从家里跑出来。"那天晚上，我一直跟着梅好"，"其实，我不是为了跟她，我是为了跟你爸。我知道我跟着她，就能看到你爸"。让张小英都无法预料的是，她居然看到了一幕难以想象的场景："你猜不到的，谁都猜不到的——眼看着梅好离河越来越近，我以为你爸要上前去抓她，可是，他没有。""他没有。我在后面看得真真儿的，他没有。他就那么悄没声息地站着，看着梅好朝河里走去。""当我清楚你爸的目的之后，有那么一小会儿，我是想喊的——没错，我想让梅好死。我比你爸还想让她死。可我没想到，他真的会让她死。"说实在话，读到这里的时候，我确实产生了一种彻骨寒冷的感觉。难道这就是所谓真切的爱情吗？如此真心相爱的人，怎么能够做出这样匪夷所思的事情呢？我想，无论如何，我们都不能不折服于乔叶笔锋的尖锐犀利了。一个业已精神失常的妻子，从日常生活的角度来看，怎么说都是一个沉甸甸的负担。尽管叙述者在这里并没有详尽展开关于梁文道的心理描写，但我们却不难推想出他心理矛盾的客观存在。经过了一番肯定非常激烈的思想斗争之后，梁文道终于眼睁睁地看着自己的妻子梅好，就那样一点一点地消失在了河水之中。至此，我们方才能够真切地体会认识到，乔叶的难能可贵之处，不仅在于写出了"文革"的残酷，写出了类似于王爱国这样的红卫兵造反派头头的人性卑劣，更写出了如同梁文道这样一种"文革"受难者的人性中所潜藏着的恶。众所周知，面对着"二战"中德国纳粹的暴行，思想家阿伦特曾经借助艾希曼这一个案提出过所谓"平庸的恶"①的重

---

① 徐贲：《现代性与大屠杀》，河西主编：《自由的思想——海外学人访谈录》，生活·读书·新知三联书店 2012 年版，第 100—101 页。

要命题。我不知道，面对着如同梁文道这样的一种情形，阿伦特又会做出什么样的一种深刻论断。从某种意义上说，类似于梁文道这样的一种行为，把它称为"平庸的恶"，恐怕也还是有一定道理的。

然而，同样是恋人之间的强烈伤害，与梁知后来的所作所为相比较，梁文道的作为就显得有点小巫见大巫了。读过《认罪书》之后，不管怎么都得承认，梁知与梅梅之间感情上的恩怨纠葛，乃是小说文本中最不容忽略的一个重要部分。梁知与梅梅，是异父异母的一对兄妹。梁知的生父是一个肛肠科医生。按照张小英的叙述，自己本来对于医生丈夫谈不上什么感情，只因为自己的暗恋对象梁文道与梅好有了婚约，又气又急，很快就和医生丈夫结了婚。梁知就是他们的儿子。"文革"期间的1973年，业已精神失常的梅好丧身于群英河里。这个时候，与张小英的告密有关，她的医生丈夫也已经先于梅好投群英河自尽。于是，张小英就带着梁知嫁给了心仪已久的梁文道。而梅梅，则是梁文道与前妻梅好的女儿。梁文道和张小英的结合，就这样使得梁知和梅梅成为没有任何血缘联系的兄妹关系。实际上，也正因为他们之间没有任何的血缘联系，才导致了两位名义上的兄妹之间爱情的萌生。无论怎么说，虽然他们之间没有血缘联系，但名义上兄妹关系的存在，却使得他们相爱本身，既带有乱伦色彩，也带有一种显而易见的罪恶感。此种罪恶感，一方面存在于他们各自的内心深处，另一方面则给他们的父母造成了巨大的道德压力。张小英之所以总是看梅梅不顺眼，固然与她的后母身份有关，但梁知和梅梅之间的不伦之恋，显然也是不可忽略的一个重要因素。梁文道心脏病突发去世，这件事情显然也是重要的诱因之一。正因为如此，所以梅梅才会在那个时期的日记中反复强调"我有罪"。套用陀思妥耶夫斯基的小说名，梅梅是《认罪书》中一位生性特别善良柔弱的不折不扣的"被侮辱与被损害者"。从罪的角度来说，她一生最大的一个罪过，就是因为自己和梁知的爱情而导致了父亲的不幸死亡。除此之外，梅梅别无罪恶可言。

与善良柔弱的梅梅相比较，梁知就可谓罪莫大焉。因为不伦之恋导致继父死亡且不说，他的罪过，集中体现在与梅梅之间的种种纠葛上。尽管梁知对于梅梅的爱显然是真实的，但较之于梅梅对待爱情的纯粹程度，梁知的爱过多地掺杂了包括功利在内的其他一些因素却是难以否认的一种客观事实。具体来说，梁知之罪，首先体现在利用梅梅达到了自己官职升迁的目的。明明自己深爱着梅梅，明明知道梅梅进入钟潮家等于羊入狼口凶多吉少，但为了自己的官职升迁，梁知却硬是眼睁睁地看着梅梅一步一步地步入深渊。对于梁知当时的矛盾心理，作家借助金金之口做出过尖锐有力的揭示："妈让梅梅去钟潮家，其实你很清楚这是为了你，可你又不想承认自己对这事的默许，所以是'惑'。梅梅到钟家后，你肯定觉得她的处境很危险，所以又'患''忳''忭''忡'……不过，够讽刺的是，当知道梅梅被钟潮欺负后，你最强烈的情绪居然是'忮'，这份嫉妒可真复杂啊……"我们当然不能说梁知内心里不爱梅梅，否则他也不会生出"忮"的感觉了。但在有意无意之间利用梅梅以达到个人升迁的目的，却无论如何都是一件非常可耻的事情。

其实，梁知更严重的罪过，在于和弟弟梁新一起联手逼迫梅梅自杀。梅梅被钟潮欺负之后，带着身孕南下东莞打工。在东莞，梅梅不仅生下了私生子未未，而且还遭遇了她后来的男友赵小军。没想到的是，与赵小军的相遇，反而给她带来了万劫不复的更大灾难：赵小军为了五万元钱，居然与钟潮暗自联手，把梅梅视如自己身家性命的未未送给了盼子心切的钟潮。如此一种行为，对于梅梅而言，自然构成了一种巨大的精神打击。为了讨回未未，梅梅跑回老家，大闹源城。她希望能够以这种方式迫使钟潮把儿子交还自己。梅梅的大闹，实际上对于梁知的官职形成了极大的威胁。这一点，梁知自己说得很清楚："梅梅回来要孩子的时候，我就知道自己帮不了她。我斗不过钟潮，没能力斗，所以压根儿也就没想斗。我能做的就是自保。她在市政府门口那么闹，影响太坏了。那时候我和庄雅已经订了婚，副处的事庄雅的爸爸正在帮我做工作，这是我的一个大坎儿，我输不起，我必须得迈过去，所以我必须让梅梅离开源城，必须把她送回东莞……"然而，关键问题在于，梁知对于梅梅的伤害并没有截止于把她骗回东莞，而是更加变本加厉地把她逼上了自杀的绝路："到了东莞，我又生怕她再回来，让我功亏一篑……没错，是我杀了她，是我杀了她……"这里，也就真的用得上所谓"无毒不丈夫"那句老话了。除了这句老话，你简直不知道对于梁知这样一种十恶不赦的罪过还能够做出怎样的评价。难道这就是爱吗？一个口口声声爱着对方的人，居然可以为了一己私欲的满足而做出这般令人不齿的罪行吗？就这样，梅梅对于梁知毫无保留的爱，与梁知以"爱"的名义对梅梅实际造成的巨大伤害，形成了极其鲜明的反差与对照。梅梅被侮辱被损害得越是无辜，梁知对于梅梅犯下的罪过就越大越难以饶恕。

但梁知的罪过，却并未随着梅梅的弃世而告终止。这就必须提及他那个奇特的练字本，提及他和金金之间的恩怨关系了。按照乔叶的设计理念，那个练字本记载着的，是梁知的一段心路历程。而这段心路历程，某种意义上又可以被理解为梁知的"忏悔录"。以如此一种他人难以辨识的方式进行记录，本身就有着不可告人的私密性质。唯其私密，城府颇深的梁知才能够凭此而完成一种自我袒露式的真实心理书写。一边是发自内心的对于梅梅的爱，一边是极具功利色彩的对于梅梅的利用和伤害，二者之间的缠绕纠结，事实上构成了梁知这一人物形象的人性深度。然后，就是梁知和金金的相遇了。非常明显，梁知之所以对金金产生强烈的兴趣，原因就在于金金与梅梅外形容貌上的酷肖。唯其如此，梁知才会通过对金金的示好获得一种自我心理补偿赎罪的感觉。在这里，一种心理转换机制的存在，显然不容忽略。关键问题在于，一旦感觉到这种自我救赎的方式有可能给自己带来麻烦，梁知就会迅速退缩："是，你是想在我身上赎罪。因为我勾起了你的旧念想，你想让自己的心更踏实一些。可当你发现事情不好收拾之后，就害怕了，就惮了，就惧了，就懦了，就怯了……你的赎罪，有多少诚意？在你看似完美的一切现状都不受影响的情况下，或许你愿意通过这肤浅的赎罪来让自己的心得到那么一些安慰。但是，当你发现这赎罪有可能会影响到你看似完美的一切现状时，你就退缩了，后悔了，终止了，甚至你宁可罪上加罪了。"实际的情形恰如金金所言，从根本上说，梁知是一个过分爱惜自己羽毛的自私自利者。一旦他的所谓"自我救赎"逾越自我利益的底线，他就会如同缩头乌龟一般迅速退回到自我保护的躯壳当中。金金用"叶公好龙"来评价他的这样一种赎罪行为，非常恰如其分。正因为如此，他的赎罪才往往会演变成一种新的犯罪。他之所以要对金金示好，本意是要自我救赎。没想到，金金不仅彻底地迷恋上了他，而且竟然还怀了他的孩子。正因为梁知在此种情形之下必然要退缩，所以金金才会不管不顾地穷追猛打，才成为了梁知弟弟梁新的妻子。身为梁新的妻子，肚里怀着的却是梁知的孩子。就这样，梁知在伤害金金的同时，也严重地伤害了自己的弟弟梁新。梁新可以接受安安的非婚生这样一种事实，但却无论如何都无法接受安安实际上的父亲居然是自己的大哥这样一种残酷真相。从这个意义上说，导致他车祸身亡的真正罪魁祸首，不是别人，正是梁知。梁新之死，毫无疑问对于梁知构成了无法承受的打击。本来，梁知和金金还希望能够再生一个孩子以挽救安安的生命，但梁新之死却使得梁知完全丧失了做爱的能力。尤其是在得知自己身患"死精症"之后，梁知彻底陷入了绝望的状态。彻底绝望之后，梁知最后采取的一个主动行为，就是切脉自杀。关于梁知最后的自杀行为，我曾经一度产生过怀疑：这样一位过于爱惜自身羽毛的自私自利者，难道真的有勇气去自杀吗？但细细想来，却发现乔叶的这种艺术处理，其实有着相当的合理性。梁知的自杀，固然与其绝望有关，但他的这种貌似决绝的行为，所映射出的，实质上却依然是其内心的孱弱与怯懦。你根本就无法指望这样一位极端自私者能够有勇气与金金一起来面对生活的苦难。从这个角度来说，乔叶关于梁知自杀的这一笔就透出了某种特别的狠。正是借助这特别狠的一笔，乔叶最终完成了对于梁知这一人物人性深度的艺术揭示。

从以上的分析中，不难看出，作家在刻画塑造上述人物形象时，都是围绕着"罪"这样一个关键词而进行的。实际上，也并不只是以上这些分析到的人物形象，作品中的其他一些人物形象，诸如张小英、钟潮、梁新、梁文道、秦红，甚至于包括"文革"中曾经助纣为虐的甲、乙、丙、丁几位，也都与"罪"密切相关。众所周知，中国是一个宗教意识严重匮乏的国度。与之相对应，罪感意识的普遍缺失，也是显而易见的一种状况，对于这一点，李泽厚有过深入的论述："作为论语首章，并不必具有深意。但由于首章突出的'悦''乐'二字，似可借此简略谈论《今读》的一个基本看法：即与西方'罪感文化'、日本'耻感文化'（从 RuthBene-dict 及某些日本学者说）相比较，以儒学为骨干的中国文化的精神是'乐感文化'。'乐感文化'的关键在于它的'一个世界'（即此世间）的设定，即不谈论、不构想超越此世间的形上世界（哲学）或天堂地狱

（宗教）。它具体呈现为'实用理性'（思维方式或理论习惯）和'情感本体'（以此为生活真谛或人生归宿，或曰天地境界，即道德之上的准宗教体验）。'乐感文化''实用理性'乃华夏传统的精神核心。"①一种严格的宗教禁忌意识的缺乏，所导致的一个直接后果，就是中国人罪感意识的普遍缺失。很可能是受制于这样一种本土文化制约影响的缘故，所以，无论古今，中国的文学作品中便很少能够看到对于罪感心理与忏悔意识的深度表现。在这样一种文化背景下，乔叶这部以"罪"为关键词的《认罪书》的出现，自然有其不容轻视的思想艺术价值。说到"罪"，就应该注意到小说的题记："是时候了。我要在这里认知，认证，认定，认领，认罚这些罪。"非常明显，作家在这里给出的，正是关于小说题名"认罪书"命名由来。"罪"之外，作家所特别强调的是"认"中所包含的"认知，认证，认定，认领，认罚"意味。从"知"到"证""定""领"，一直到"罚"，我们明显可以感觉到其中有一种渐次深入的排列。乔叶借助于"题记"所道出的，实质上也正是她自己写作这部长篇小说的根本动机。

说到《认罪书》中对于一种罪感意识的挖掘与表达，除了

---

① 李泽厚：《论语今读》，生活·读书·新知三联书店2004年版。

以上各位人物之外，无法被忽略的，还有同时身兼叙述者功能的金金自己。虽然很难说金金就是一位自传性的人物形象，但在这一人物身上多少有着乔叶自己的一点影子，恐怕也还是无可置疑的一种事实。能够在挖掘表现其他人物身上所具罪过的同时，也把批判的矛头对准叙述者自身，对叙述者金金自己的罪过做一种真切的艺术追问，是《认罪书》人性表现不可或缺的一个方面。具而言之，金金之罪，主要体现在以下两点。其一，是她的出现和强势介入，才使得梁知这个家庭的全部罪恶被揭示了出来。尽管从根本上说，如果没有金金的出现，就不会有"认罪书"这个小说文本的成型，金金对于既往历史不依不饶的追问，正是这一小说得以存在的一个必然前提，但在另一个方面，金金揭开历史谜底的过程，对于梁知他们这个家庭而言，却也构成了一种无法避免的严重伤害。设若梁知没有遇到金金，设若金金不是想方设法进入了梁知的家庭，那么，一切历史真相都将仍然处于沉睡状态。然而，不能不指出的一点是，乔叶如此一种情节的设计过程中，确实充满了巧合的戏剧性因素。都说无巧不成书，但过多巧合性因素的存在，显然也在某种程度上损害着小说本应具有的自然品格。其二，金金自己的身世也有突出的罪恶感存在。金金兄妹几人之间，都属于同母异父的关系。同一个母亲，父亲却各不相同。这样的一种身世来历，本身就给金金带来了强烈的耻辱感。更何况，属于自己的那个父亲，居然还是一个不会说话的哑巴。揆度于常情常理，任谁都会为这样的一种身世来历痛感羞耻。因此，金金对于哑巴的厌憎就是可想而知的："当然，我更怨恨哑巴。因为不能痛痛快快怨恨母亲的缘故，我便更怨恨他。为了撇清和他的关系，为了让包括母亲在内的别人看清楚这种撇清，我比任何人都表现得更鄙视他，更欺负他。""不，这些都还不够。我想要他死。"一个女儿，不仅不知道感恩自己的生身之父，反而寻找机会不断欺侮他，甚至于还盼着他能够早一天离开这个世界。这样的行为，自然只能够被视为一种忤逆的罪过了。

但是请注意，金金到最后终于意识到了自己所犯的罪过，并且以实实在在的行为实现着一种难能可贵的自我救赎。无论是她以女儿金金的名义为哑巴父亲立碑纪念，抑或是这本题名为"认罪书"的书稿的书写行为，都毫无疑问可以被看作金金自我救赎精神的一种外化体现。一个不容回避的问题是，曾经对这个世界充满仇恨的金金，究竟凭借着什么方才得以实现了这样一种艰难的精神蜕变？根据我自己的阅读体会，金金精神蜕变的实现，很大程度上与她在自己短暂的人生历程中目睹了过多的死亡场景有关。金金未能谋面的梅好、梅梅母女且不说，单只是母亲、哑巴、梁知、梁新、婆婆张小英、安安，就

208

是一长串名字。不管怎么说，这些不断出现的死亡场景，对于金金来说，都不啻于是一场接一场的精神洗礼。当她自己也身患绝症，只能无奈地静候死亡来临的时候，金金终于意识到了自己短暂一生中其实犯下了许多罪恶。她之所以执意在生前完成"认罪书"这样一部书稿的写作，正是希望凭此而实现某种自我精神救赎。应该注意到，尽管乔叶在小说中设定了多达三个层次的众多叙述者，但其中最主要的叙述者，却是金金。从这个意义上说，金金的存在以及她的强烈倾诉欲望，乃是《认罪书》这部长篇小说得以现身的一个必要逻辑前提。归根到底，有了金金的存在及其精神的自我超越，才在叙事学的层面上保证了《认罪书》问世的可能，乔叶那样一种在呈现残酷历史景象的同时诘问人性奥秘的艺术追求也才得以变成文字的现实。

"后文革"时代的忏悔与生活

——读《认罪书》

梁　鸿

　　如何处理"文革"题材，这已经成为"70后"作家非常重要的课题。作为"文革"后一代，经验、亲历已经不适用，与此同时，这段历史在公共生活中又以空白和禁忌的方式存在。放眼望去，一切风清月白，繁花似锦。但是，如果历史只是过去，而与现在无关，人类就无所谓"历史"而言。恰恰因为人类精神的连续性和因袭性，历史才成为一条绵延不断的河流，携带着前行的力量和顽强的破坏力，泥沙俱下，奔流不止。从这个意义上讲，如果不对"文革"，或者如"文革"这样的全民运动进行反思的话，那么，它会逐渐成为一种基因，一个不断闪回的记忆，出其不意而又必然地出现在某一时刻、某一空间和某一场景之中。乔叶的《认罪书》可以说是一部"后文革"时代的追寻之书。

从表层来看，《认罪书》给我们讲了一个世俗的当代故事。一个年轻漂亮的姑娘，傍了一个略有点知识见地的官员，经历了"爱—不爱—报复—死亡"的漫长过程，最后，女主人公也因病死亡，留下了一本忏悔日记，作为自我赎罪。如果把作品中的枝蔓抽取出来，故事、情节和人物都极为通俗，但正是在这样一个通俗的故事中，我们看到了历史的血盆大口如何影响乃至于吞噬人的灵魂。阴影并没有过去，它正以碎片式的但却又不易觉察的方式深刻地嵌入当代精神的结构之中。

时间从当下开始，呈现在我们面前的是烂熟了的中国生活景象。破败了的乡村，一个四分五裂的家庭，一个拼上身体和青春也要逃离乡村的姑娘，无边无际的楼房，城中村，四面八方的打工者，"这城中村就比城市还像城市——除了楼就是街，没有院子，没有绿地，没有楼间距。鉴于房子的密集度之高和住户的享受度之低，房租也只有如此之廉：一个一居室月租才一百五十块，算下来才五块钱一天。……美的是吃，尤其是夜市。德庄白天看来是这城市的一块癞头疤，到了夜晚却是一朵非常奇丽的玫瑰花：每栋楼都闪烁着色彩斑斓的霓虹灯，路面上同样也是彩光闪耀：饭馆和旅馆的灯自不必说，仅是那些夜市小摊的灯就汇成了一条光的河。这些小摊还自觉地凑成了一个河南地方小吃大全：周口的粉浆面条，开封的炒凉粉，南阳的砂锅，许昌逍遥镇的胡辣汤……"

这就是我们的生活，现世、猥琐，又热烈、蓬勃，灰尘满面，但也好像崭新无比。久远又充满流动性，随着时间的流逝永远消失，不留痕迹。这古老而又崭新的生活，它来自何处？这一生活的式样、精神的式样究竟何时形成？乔叶从一个日常化的、普遍的生活开始，以一个侦探家的热情和冒险精神，带着我们，追根溯源，去寻找生活的和人类精神的真相。

主人公金金一头牵着乡村，另一头又伸向城市。在乡村，母亲为了生存，而生下几个不同父亲的儿女，这给幼小的金金带来巨大的伦理困惑。哑巴的关怀像一个污点提醒着金金不洁的身世，她从童年起就奋起反抗，反抗别人的眼光，反抗母亲的暗示，反抗哑巴父亲对她的谄媚，但是，这是她身上的原罪。她没有办法改变自己的出生，这黑暗和阴影是她的基因和血缘，是历史在她身上刻下的印记。她唯一能做的就是冷酷地拒绝和逃离。作者没有正面书写大的历史场景，合作社，"大跃进"，三年自然灾害，"文革"，等等，而是通过母亲临死前对金金的"交代"作一简单的回顾，"后来就是那三年鬼年景，没啥吃的，快饿死了，俩孩儿都快翻白眼儿了，就是想叫他们啃我，身上都没肉。我去找司务长讨粮食，讨一回给他一回。他叫我跪那儿，我就跪那儿，脸前老是有一堆大铁锅……就叫铁生。文生，是'文革'里，我是破鞋，我这样的人咋会不是破鞋？破鞋要斗，要挨打，有人拦着，叫我少受罪，我就给他了。是你的本家伯，死了三年了。……你，就是哑巴的"。

完全的白描。在这里，乔叶舍弃了她最为擅长的抒情，没有任何渲染和过多的描述，没有撕心裂肺的哭喊，只是陈述一个事实，干巴巴的，连筋带骨，打击着人的心。这短短几句话，融合了一个乡村女性苦难的一生，她的耻辱、强韧和无奈。历史并非只是一个抽象的概念，不是某种激情、口号和理想，而是一天天地渗透于个体的生活中。死了丈夫的母亲，为了养活第一个孩子，而生了第二个孩子，为了养活前两个孩子，不得不生第三、四、五个孩子，每一个孩子都来路不明，都是和别人通奸的证据。作者没有写母亲如何活在别人的眼光里，也没有写那些能够给她一点粮食的人如何凌辱母亲时，母亲是什么样的感情，她只写，"他叫我跪那儿，我就跪那儿，脸前老是有一堆大铁锅……就叫铁生"，就这么简单几十个字，朴素、真实，它是一种无声的控诉。"如果已经活不下去了，那么，死了也好。她活着就是耻辱的证明，她死了，耻辱就死了。从此以后，我和那所谓的四个哥哥再也不用因为母亲的存在而别别扭扭地纠扯在一起，再也不用被迫想起各自的父亲，尤其是我，更是再也不用被催逼着去看那个仍然苟延残喘的倒霉哑巴。"对于年轻的金金而言，对于小说中那时那刻的金金而言，她能够感受母亲的悲苦，却无从探明那历史的深渊有多深，她不愿意也无法承担这一悲苦所带来的长久阴影。这不是无情，而是绝望，是对于这阴影的本能害怕和拒绝。但同时，乡村、母亲和她暧昧的身世是她向历史探源的动力，是一粒种子，一旦有机会，就会萌芽。

携带着耻辱记号的金金逃离乡村，来到城市（乡村从来都是一定要逃离的，只不过，逃离的原因和途径各不相同），却陷入了另外一场早已被预谋的历史陷阱。因为与某一位已逝的女性相似，她被强拉进一个家庭的爱恨情仇中（金金半推半就，这与她早年为离开乡村而献身的思维是一致的）。与金金的义无反顾相比，梁知的爱则混杂着过去、忏悔、赎罪和自我麻醉。作为官员的梁知，把金金作为逝去的梅梅的化身，给以无限的宠爱。作者借金金进入梁知的家庭，并由此进入更为宽阔的历史空间。

在此，乔叶显示出她的凶狠。人性的黑暗没有尽头，我们小心翼翼地伪饰着自己，以防被人看到，但这逃不过作家犀利的眼睛。梁知对金金的爱是因为对梅梅的怀念，他把没有对梅梅的好和爱给予金金，以获得心灵的弥补。但是，作家没有让梁知止于深情和一般意义的忏悔，她不无颤抖地写出了梁知兄弟的深圳之旅。正是这趟歧义重重的旅程和见面，梅梅跳楼自杀。在那场劝说中，梅梅看到了梁知内心最深最深的地方，她看到，他希望她死，以使自己升迁顺利，以使自己合法合理地走向一直向往的生活。梅梅用身体换来梁知的升迁，此时，必须把这沉重的身体拿开，梁知才能清白而轻盈。而梁知，在自我欺骗中把梅梅推向死亡，或者不如说，在梁知内心深处，是希望梅梅死的。如果不是金金，如层层剥笋般把每个人的内心一层层剥开，把最细微的心理拿出来晾晒，恐怕连当事人也意识不到这些。或者，我们小心翼翼地伪饰自己，以使自己也遗忘掉不利于自己的证据。

历史经不起考察，或者不如说，即使是世人都相信的爱，也经不起考察。作为一位深谙也擅长书写人类情感的作家，乔叶的细腻并不表现在对爱、对真善美的叙述和理解上，而是表现在她对潜伏在情感深处的自私、冷酷和无情的准确把握上。梅梅的父亲梁文道，眼看着妻子走向冰冷的湖水而不相助，表面上看来是让梅好有所解脱，实则是因为他自己想解脱这份责任；梁知的母亲，一个 B 角对 A 角的恨导致她对梅好的无情和对梅梅的冷漠；甚至是金金，作者也不放过，她对哑巴父亲的无情，对梁知既爱又利用的心理，对梁新冷酷的伤害，都让我们意识到人类精神内部的复杂性和混沌之处。

《认罪书》的结构和文体具有一定的实验性。小说开头以金金的死亡书稿为引子把故事带出来，接收书稿的"我"看起来好像是书中无关紧要的人物，但却因为旁观者的视线而使得故事多了一重空间和维度，同时，也把故事的可容度扩张到一个更为年轻的人那里。这个年轻的"我"几乎没有听说过"文革"，更不知道"文革"中一条条鲜活生命遭遇了怎样的事情。这部书稿到了她的手上，从那一天起，她也与"文革"发生了联系，就像我们每个阅读这部书的人一样。在这个意义上，这部书具有结构的开放性。还有书中的"碎片"，小说几乎每一节后面都有"碎片"。它在文中起的作用是多向的：有对行文中关键词、事件的一种解释，譬如对"合作社""大跃进"的解释，是客观的补充，在正文中没有合适的地方呈现，但又对没有此一背景知识的读者来说很重要，作为"碎片"呈现非常恰当；还有一种起解构作用，和正文之间构成反讽效果，很有张力，充满幽默和思考性；有的则是一种呓语式的喃喃自语，它仿佛是一种溢出，情感和心灵的感受满溢到无法承载的地步。这些"碎片"犹如多棱镜折射出各种光，和小说主题形成互相映照，增加了小说的路径和维度。

特别值得一提的是，《认罪书》借用了类型小说的写法，以侦探小说为壳，草蛇灰线，用推理、揭秘、多线并进的方式层层推进故事，读起来引人入胜，充满趣味。这一叙述方式非常冒险，它很容易被带入通俗剧的巧合、戏剧化和过于故事化中，譬如梁新、梁知和梁安的死，都略有些仓促和戏剧化。作者在此走了一个钢丝，她能够在戏剧化的边缘拉回读者，让读者重回到思考状态。有一点不容忽略，这一叙述方式的内部逻辑非常符合作者所要追寻的历史形态。我们的生活本身就充满戏剧化，"文革"中个体人生突然的反转，形同儿戏的大规模的批斗、丧失身份和死亡；在当代生活中，这一具体的政治形态消失了，取而代之的是日常生活的戏剧性，正如作者在"碎片"中所写到的，我们吃的食物、走的道路、装修的房子随时都置人于死地。"文革"的思维、逻辑和精神方式离我们并不远，仍嵌入在我们生活的阴影和褶皱处。作者从自我到他人，再到自我，反复追踪、追问，不只寻找别人灵魂深处的"罪"，最后也发现自己的"罪"，这一回环往复的过程蕴含着一种不断深入的对话关系。宏大的历史场景被浓缩在一个家庭的隐秘心灵中。切入点很小，却不断挖掘、拓展，如剥洋葱般，一层层递进，一层层接近真相，最后，我们看到了人性深处的战栗。这正如"人民文学奖"颁奖辞所写，"《认罪书》一如既往地发挥了作者特别丰富和细腻的女性感觉，去叩问人的耻感和罪感，并体现出作者在思想认知上的深化。在她浓郁的伦理情怀里渗入了深沉的济世情怀，在揭示人性善与恶的复杂纠葛的同时，抵达了忏悔与救赎的精神高度，在文体探索上显现出难得的自信和成熟"。

小说最后，作者把疑问的笔触伸向了更为普遍的"人群"。他们既没有发动"文革"，也没有干特别伤天害理的事情，甚至自己也是受害者。《认罪书》中一个最惊心动魄的情节是"文革"中梅好的被凌辱。在那一场景中，除了反派头目王爱国，还有甲、乙、丙、丁，有钟源，他们或帮助王爱国，或做默默的旁观者。可以相信，他们当时也很害怕王爱国，当时的形势也确实不容许他们有更多的反抗。但是，他们是否就是无辜者？在这一场狂热的运动中，如果以此类推，每个人都可能是无辜者，所有的责任都可以推卸。但是，是否就只是这样？历史的逻辑如果只是如此简单，那人类社会恐怕就没有这么多灾难和混沌之处。我们必须追问的是："普通人"在"文革"这样一场集体性的运动中究竟扮演了什么样的角色？

乔叶以富于想象力的设置，以奇特、残酷而又细致漫长的书写还原了"梅好之死"中每一个人的表情、心理和情感。我们看到了"美"被损害和被摧毁的过程，看到了窗户外的旁观者私欲的不断膨胀。没人能从法律追究他们的责任，但是，道德的审判却必然来临。与此同时，作者又重返现实，通过金金如侦探般的顽强追踪，去寻找、探查仍然活着的甲、乙、丙、丁、王爱国的精神倾向和表现形态。"历史"和"当下"在这里得到了连接，我们从现在的"冷漠"中看到了当时的"害怕"背后遮蔽的更深远的东西。是的，不只是"害怕"，不只是专制、强权，而是"冷漠""与我无关""一己之私"，它们到今天为止依然影响并决定着我们这一生存群体的精神和面目。汉娜·阿伦特在《耶路撒冷的艾希曼》中提出了"平庸的'恶'"这一概念。艾希曼是一个非常普通的、一心想着能够在职位上有所进步的人，他所做的就是要听从命令。阿伦特认为，艾希曼用权威的命令来代替个人的道德判断，放弃思考，拒绝正视自己行为所产生的后果，也无法意识到自己行为的本质和意义，这正是"平庸的'恶'"的表现。这种"恶"对人类社会是一种更广大也更本质的伤害。"'恶'绝不是根本的东西，只是一种单纯的极端的东西，并不具有恶魔那种很深的维度。'恶'正犹如覆盖在毒菇表面霉菌那样繁衍，常会使整个世界毁灭。'恶是不曾思考过的东西。'思考要达到某一深度，逼近其根源。何况，涉及恶的瞬间，因为那里什么也没有，带来思考的挫折。这就是'恶'的平庸。"[1]"平庸的'恶'"犹如霉菌

---

① [德]杰尔肖姆·肖莱姆、[美]汉娜·阿伦特：《关于〈耶路撒冷的艾希曼〉的往来书信》，汉娜·阿伦特：《〈耶路撒冷的艾希曼〉：伦理的现代困境》，孙传钊编，吉林人民出版社 2011 年版，第 158 页。

蔓生在人性的角角落落，腐蚀着人类精神并一次次使灾难成功着陆。

通过对梅好之死的追问，作者从当下生活回溯到"文革"，从对集体政治的控诉回到对个体责任的反思。认罪容易，知罪难。道歉需要勇气，但为了什么而道歉，我们的错究竟在哪里？我们的"罪"到底是哪一种意义上的"罪"和"责"？这更需要思考。作者让我们意识到，今天时代精神中的"冷漠"其实并不只是因为商品经济，更不是因为金钱、消费、大众，而是来自我们的历史深处，它是我们的基因和思维的一部分，不能只把原因归结于时代、制度的变化上，这容易使我们找到原谅自己的理由，而忽略了真正的问题。

应该说，乔叶试图通过《认罪书》，通过金金的故事，去发现历史的结构方式，这需要高超的想象力和对历史的把握能力。她让我们看到，在当代生活中，历史仍在延续，它的运行逻辑里面仍然包含着过去的逻辑。"在洪水中，每一滴水珠都是有罪的／在雪崩中，每一颗雪末都是有罪的／在沙尘暴中，每一粒沙子都是有罪的／灾难里的一切，都是有罪的。"面对恶行，即使旁观也是罪。

如果不对"文革"进行来自个体的真正的反思，我想，我们就始终处于"后文革"时代。要想走出"后文革"时代，必须把"自我"也纳入忏悔、赎罪的结构之中。并不只是为了确定谁对谁错，也不仅仅为了赎罪，而是为了找出我们这个民族内部的病症。历史思维并不会自动消除，如果忏悔不包含着彻底的"自我"清理，不包含着面对公众、法律和道德维度的审判，那么，即使"忏悔"，也只是自我欺骗式的良心安慰。赎罪并没有完成。如果只止于此，"文革"终将还会以另外一种面目重新出现在中国生活中，因为它从来就没有消失过。

在此意义上，《认罪书》显示了"70后"作家的野心，亲历和经验只是写作的一部分，还有其他进入大历史的方式。从更个人的"我"，从更当下的生活入手，去发现并叙述历史与个体、历史与我的关系，或者，这会带来新的对历史观念的思考，也会使当代文学产生新的形态和新的精神。

《南方文坛》，2014年第4期

《认罪书》：人性恶的探寻之旅

沈杏培

　　《认罪书》①是一部意在探究中国普通人的恶和历史罪源的小说，出自"70后"女作家乔叶之手。小说以反省普通个体身上的"平庸之恶"与罪责的担荷作为叙事中心，在叩问当代历史和直击现实症结的叙事向度上建构出有关普通大众的"罪与罚"的行为史和心态史。这篇"文体上有探索，叙事上有耐心"②的小说在2013年甫一刊出，便得到了媒体和学界的持续关注，入选中国小说学会2013年度中国小说排行榜，并成为"2013年度人民文学奖"唯一上榜的长篇小说，这个奖项的颁奖辞准确归纳了《认罪书》的特征与亮点："乔叶的《认罪书》一如既往地发挥了作者特别丰富和细腻的女性感觉，去叩问人

---

① 《认罪书》初刊于《人民文学》2013年第5期，后于2013年11月由北京十月文艺出版社出版同名单行本。

② 施战军：《感触命运，时代文化》，《人民文学·卷首语》2013年第5期。

的耻感和罪感，并体现出作者在思想认知上的深化。在她浓郁的伦理情怀里渗入了深沉的济世情怀，在揭示人性善与恶的复杂纠葛的同时，抵达了忏悔与救赎的精神高度。"

《认罪书》借助婚外情外壳、复仇叙事模式，书写了恶行与救赎、罪与复仇、泛罪与蔽恶等内容。在这其中，"罪"几乎是一种笼罩性的力量，无论是个体还是群体都遍布"罪性"。小说以细腻的笔触，勾勒出了从"文革"到改革年代历时近五十年的历史中的诸多病象，细致打捞处于历史夹缝和日常生活中的群体与个体的诸多恶行，探索恶的源头、质询施恶主体、拆穿蔽恶行径，通过形形色色的艺术形象和诸多人生悲剧，建构出关于恶与罪的不同认知图式和救赎机制，为人们走出历史雾霭和人性废墟提供了镜鉴和参照。

一　群体的虐杀、"美好"的毁灭与恶的救赎

在《认罪书》中，恶与罪是小说的叙事中心，这些累累恶行所组合而成的罪以及个体面对罪的心理状态和认知方式（包括救赎行为）构成小说叙述的核心内容与情节铺衍的内在动力。《认罪书》以梅好、梅梅两代女性的悲剧命运作为叙事主线，着力呈现了两代女性如何在群体之恶的围攻下走向毁灭的

过程。梅好与梅梅的悲剧发生时间分别是"文革"时期和改革时期,"水疯子"梅好与"棉疯子"(包括梅好的父亲梅校长)典型代表了"文革"时期备受摧残、承受巨大历史劫难的个体,疯癫形象和失常人格是这些人物共有的特征,隐喻着时代加诸个体身上的精神创伤。而梅梅、金金的命运则发生在改革时代,她们的悲剧是由多种力量共同造成的。围绕这两个人物谱系,乔叶试图呈现个体和群体如何在时代的裹挟与个体私利、人性恶的共同作用下对他人施恶以及如何蔽恶的过程。

梅好生活于"文革"时代,如同她名字的谐音一样,她有着令人艳羡的诸多"美好",但这种种"美好"随着"文革"的到来戛然而止。父亲梅校长被批斗继而要被"枪杀"是梅好命运的转折点,由于救父心切,梅好不惜以身体受辱作为换取造反派豁免父亲死刑的条件,而结果证明,她只是做了一种无谓的牺牲:"枪杀"梅校长不过是阴谋家们玩弄的政治手腕和政治闹剧,梅好的哀求和妥协换来的是造反派对她身体的糟蹋和淫欲的满足。在梅好的这种遭遇以及随后的疯癫和投河自尽的悲剧中,读者很容易将之归罪于"文革"这一历史黑手。实际上,乔叶在《认罪书》中试图呈现的是恶的人性景观,以及善被诸多力量合力扼杀的残酷。小说中,造反派头头王爱国和甲、乙、丙等人是加害和逼疯梅好的直接刽子手,但施恶的主体不仅仅是他们，还有几个隐形的幕后推手：梅好的丈夫梁文道、梅好的继任张小英以及后来荣升副市长的钟潮。梁文道本是梅好的人生伴侣和靠山，在她疯癫之后，眼见着梅好走向群英河却没有采取任何行动阻止她。除了梁文道，充当梅好死亡看客的还有张小英和后来写匿名信的人。张小英一直觊觎梁文道和梅好的幸福生活、忌恨梅好，当梅好绝望地投河时，作为见证者的她报以冷漠甚至暗自庆幸。她借时代之手悄悄实现了自己取代梅好的"恶"的个体欲念，以人性之"恶"终结了与情敌的多年情感博弈。如果说王爱国等人是梅好悲剧的直接制造者，那么，由绝情的家人、深怀心机的情敌和神秘而冷漠的看客组成的巨大群体，则是一个更为可怕的悲剧助推者，他们人性中的残忍、冷漠、嫉妒等恶德所聚合而成的恶，是比现实暴力更为可怕的力量。乔叶的可贵之处在于，不对人物悲剧进行一般性的描述，而是注重在悲剧之外呈现芜杂的人性景观，从光怪陆离的恶行中揭示出人性深处隐而不彰的恶念和恶德。如同隐匿真名不见形迹的匿名人一样，这些造恶的群体在事过境迁之后，从造恶的舞台上逃之夭夭、矢口否认当年的恶行，比如乙、丙等人，有的甚至踏着"梅好们"的尸体平步青云而毫无忏悔之念，比如钟潮。

如果说梅好的悲剧体现了特殊年代里冷酷的政治伦理和失

225

范的人性，那么，梅梅的悲剧则体现了改革年代经由一个更为
庞大的恶的群体共同虐杀美的过程。梅梅继承了母亲端正姣好
的外貌，具有和母亲类似的善良和隐忍。梅梅的人生轨迹和悲
剧历程可以简单标示如下：高考落第，被继母送到钟副市长家
做保姆，被辱怀孕并隐忍南下打工，失子讨还无果后积郁跳楼
而死。梅梅的悲剧既是自身软弱、顺从的性格悲剧，也是她身
边"恶"的群体合力催生的社会悲剧。审视梅梅的悲剧，我们
一方面会哀叹梅梅身上的善良和软弱，尤其是近乎迂腐的顺从
和体恤——为了心爱男人的职位升迁而献身于握有权柄的钟副
市长；另一方面，我们更震惊于一步步将梅梅推向死亡的幕后
元凶——钟潮、梁知、梁新、张小英、赵小军，他们都有意无
意参与或制造了梅梅的死亡。在这个人物清单中，梁新和赵小
军尽管伤害了梅梅，但这些个体毕竟没有太多恶意，属于尚可
原谅之列。其他几个人的施恶可谓精心而自觉。梁知可以说是
罪魁祸首。母亲张小英排挤和变相赶走梅梅是出于继母对继女
的难以相容，以及梅梅长得极像梅好成为张的"心病"。缘于
这些人性的痼疾，张小英以为继女找工作为由而将梅梅送入了
虎口——给钟副市长做保姆。梁知默认了母亲的这种精心安
排。细细梳理梁知的心理动机，便会发现，梁知并非不知梅梅
的境遇所面临的危险。但在对梅梅所谓的爱和自己的前途（职

位升迁）两端，梁知看重的显然是后者，这一点从后来梅梅向钟潮讨要孩子时梁知的表现可以看出——为了保住自己的职位和不损害自身利益，他并没有给予无助的梅梅一点帮助，相反，他设计将梅梅遣送回南方。在小说的前半部分，读者并不觉得梁知有多恶毒和可恨，他的沉默、不失正直、对金金的关怀和呵护甚至让我们误以为这是一个"好男人"形象。其实，在乔叶这儿，梁知是一个复杂的人物，他身上有罪有恶，但也有温情。怀着对初恋女友依然不泯的怀恋，他走近和关心金金，但一旦金金希望与他长期生活在一起时，他便以金钱来试图撇清这种关系，而当自己的救赎回天无力时即切脉自杀。梁知的人生交织着罪与悔、利益与良知、自救与绝望等多重内容。《认罪书》以梅好、梅梅、金金的女性悲剧汇聚了梁知、张小英等作恶的人物形象，在呈现这些恶如何造成"美的毁灭"的同时，更细致勾勒出"恶"在人物内心的形成肌理和变异轨迹。

值得注意的是，面对这些恶，小说设置了部分醒悟的个体和试图探寻恶、接近恶、认领恶的形象。这类形象的代表是金金、申明。比如金金，来自不幸的农村家庭，从小受尽别人的讥诮，后与梁知相好继而被抛弃，这是一个令人同情的女性形象。小说中的金金是一个复仇者，更是一个对恶行穷追猛打的

"女战士"。金金怀着梁知的孩子故意嫁给其弟梁新，用尽心机随时意欲报复梁知，并最终造成了梁家兄弟二人的相继死亡。这些都是不义之举——小说结尾处，临死之前的金金意识到自己"罪孽深重"，选择回到哑巴父亲墓前认祖归宗，并以"写作"这一行为进行"郑重的道歉"①。金金看似是一个言行偏离正轨的"坏女人"形象，但小说并无意在这一向度书写这个人物。《认罪书》中的几个典型女性，如梅好、梅梅，由于善良、温顺，成为家族威权和男性权力的牺牲品。因而，作为中心人物的金金，如果因袭梅好那种贤淑温良的品性，她就无法穿透"文革"时代和改革时代由众多恶形成的障壁，无法与老谋深算的钟潮、颇有心机的梁知、内心狰狞的张小英等群体之恶进行有效的抗争。所以，为了突破这种叙事上的瓶颈和思想表达上的障碍，乔叶赋予了金金适度的痞性和某些恶行。梁氏家族的罪孽在金金到来之前被人们小心翼翼地回避或掩盖，金金到来后毫不留情地揭开了"遮羞布"，呈示出令人心惊的罪恶。当那些林林总总的"恶"，通过金金坚持不懈的打探和追问，终于昭示出来，我们在哀叹历史暴力的阴冷和残酷之余，更感喟个体和群体恶的酷虐。

---

① 乔叶：《认罪书》，北京十月文艺出版社 2013 年版，第 460 页。

另一方面，申明、金金们在执着地探索恶、接近恶，但张小英、钟潮等人的认罪姿态和脱罪机制理应引起我们的警惕。罪与罚、忏悔与救赎是中外文学的一个常见主题与母题。有研究者指出，"中国太多乐感文学，却少有罪感文学，具有深度的罪感文学，不是对法律责任的体认，而是对良知责任的体认，即对无罪之罪与共同犯罪的体认"①。他们在解读托尔斯泰的《复活》、乔伊斯的《一个青年艺术家的画像》时，认为这两部小说体现了"承担人间罪责的全部良知内容与道德深度"，"（主人公的）每一次忏悔都充满诗意，这是至情至性的自我拷问所产生的良知诗意，而每次诗意的忏悔都使他的灵魂升华一步"②。可见，罪性主体"至情至性的自我拷问"、"诗性的忏悔"和"灵魂的升华"，这是拥有宗教传统的西方经典文学在叙述罪与悔主题上所达到的向度和高度。而在这几点上，中国文学传统显然是有欠缺的。这篇小说再现了中国特定历史时期当中种种个体之恶和群体之恶，试图让个体首先"知罪与知恶"，再去"认知，认证，认定，认领，认罚"（小说扉页）这些罪与恶，这一主题是颇有识见的，切中了民族历史反思和罪责承

---

① 刘再复、林岗：《罪与文学》，导言，中信出版社 2011 年版，第 61 页。

② 刘再复、林岗：《罪与文学》，导言，中信出版社 2011 年版，第 66 页。

担问题中的某些盲区。比如张小英，她是两代女性悲剧的制造者和参与者。面对自己的诸多罪孽她并不自知，小说具有明显救赎意图的场景出现在第十七章，张小英躺在病床上濒临死亡，基督教徒老太太再次出现在病榻前，与张小英齐唱赞美诗并极力游说她入教。但张拒绝了——尽管后来答应了入教，但那是人濒死时对来生虚妄的寄托，与认罪无关——同时很"泰然"地表达自己的无愧心态："方才那糊涂人说叫我赎罪，我有啥罪？可以说，我这一辈子都没做过啥亏心事，你出去问问，谁不说我心太好，太软善。"[1]葬送继女的幸福，"文革"中告发丈夫，眼看着梅好投河而不施救，执意破坏儿女们的幸福，这些在张小英看来都不是什么"罪过"。张小英对"罪"的这份不自知、习焉不察甚至习以为常，令我们触目惊心。除此之外，"文革"中的造反派王爱国、铁卫红、钟潮、乙、丙等人，对于"文革"中的暴行都采取了遗忘、淡化或否认的认知方式。

由此看来，《认罪书》呈现了特殊年代人们的种种恶行，但面对这些形形色色的罪，罪性的个体并没有与这些罪决裂的勇气和彻底清算罪性、救赎自我的行动。尽管梁知似乎试图通过

---

[1] 乔叶：《认罪书》，北京十月文艺出版社2013年版，第347页。

厚待金金来弥补对初恋情人梅梅的伤害，张小英悉心照料金金母女，单姓老者因在"文革"中参与迫害李培元老师而终生在忏悔，让我们看到人性的温暖。但总体上包括金金、张小英、梁知、钟潮、秦红在内，都缺乏深沉的罪感。美国学者本尼迪克特在《菊与刀》中论及罪感文化和耻感文化两种文化形态时，指出罪感文化依靠道德和良知的力量促使自己忏悔和行善，而耻感文化则依靠外力促使个体向善。[①]尽管《认罪书》展示了人的恶行以及中国式的救赎，但从罪感、精神向度来看，小说人物内心应有的自我诘问、自我忏悔以及由之所会引起的灵魂激荡、善恶论辩是较为缺失的。

二 复仇与《认罪书》叙事逻辑的转换

《认罪书》中的人物不愿意忏悔和认罪，与他们缺乏罪感、欠缺罪与悔的意识有关。如果说揭示恶行与让有罪之人认罪是这部小说的主题，那么，复仇则是小说情节推动的内在力量和叙事模式。读完小说，我甚至觉得将小说换名为《复仇》或《一

① ［美］本尼迪克特等：《日本四书：洞察日本民族特性的四个文本》，彭凡译，线装书局 2006 年版，第 94 页。

个弃妇的爱恨情仇》也能成立。德国现象学家舍勒在研究道德价值判断起源时对"怨恨"给予了充分的关注，他指出，怨恨是一种有明确的前因后果的心灵自我毒害；还指出，这些负面的情绪包括报复感和报复冲动、仇恨、恶意、羡慕、妒忌与阴恶，并且常发生于仆人、被统治者、尊严被冒犯而无力自卫的人。[①]《认罪书》的情感起点和故事起源来自金金失爱和被抛弃而产生的"怨恨"，"被冒犯而无力自卫"的金金，面对梁知决绝离去的身影和体内孕育的生命，不愿意被梁知将她由一块"香毛巾"变成一块"旧抹布"，怨恨自然就生成了。当金金获知梁知之所以接近她只是因她像梁知的初恋女友梅梅时，这种作为影子和替代品的被欺骗感更加加剧了金金的怨恨，坚定了她的复仇信念。

值得注意的是，金金的复仇始于梁知的始乱终弃，这种现代社会常见的弃妇与薄情郎间的仇恨属于个体私仇。然而，在金金进入梁家，与梁新结为夫妇成为梁家一员并展开对梁家家族史的勘察时，金金与梁知间的个体私仇，演变为金金与梁氏家族之间甚至是"文革"中被害者与施害者之间的"公仇"博

---

① [德]马克斯·舍勒:《价值的颠覆》，罗悌伦等译，生活·读书·新知三联书店1997年版，第7、10页。

弃。金金的复仇被赋予了某种正义色彩：既是在为冤死的梅好、梅梅这对弱势母女洗冤和伸张正义，也是在声讨梁氏家族恶行及其代表的官场权贵之恶。个体的情感仇怨和男女恩怨悄然转化为个体对一个家族的审视和对诸多罪行的冷峻彰显。这是《认罪书》叙事逻辑的一次重要转折。这种转折巧妙转换了小说的题材疆域与文本类型，如果小说的后半部分按照前半部分的逻辑继续叙写金金与梁知间的情感，那它会被写成一个都市言情小说或太过陈旧的始乱终弃的现代爱情故事。不过，当乔叶让金金怀着复仇动机隐忍蛰居梁家时，金金即成为梁家罪恶的"探测器"和发现者——从叙事学的角度看，金金是一个叙事焦点，梁家的罪恶史以及梅好、梅梅所置身的那个恶而混乱的时代，经由她的"聚焦"一下子复活了。这样，金金作为弃妇的个体故事便获得了更为广阔的社会空间和时代指向。对于写作中的这种略显隐秘的逻辑转换，乔叶自己有着自觉的体认，她说：

> 当时考虑的是一个家庭伦理题材，但慢慢地又不断接触到"文革"，我又看到阿伦特的"平庸人的恶"，对这个也蛮感兴趣的。当时差不多已经写了十万字，后来我就想，光是女性书写偏"轻"。那么就历史书写来说，我又

没有合适的载体，于是这两个就结合到一块了。①

可见，小说最初的叙事重点在于女性的情感仇怨，作家写作过程中的思路陡转，将原本的男女个体的情感纠葛转向一个更大的目标：家族罪恶与历史之恶，个体仇怨随之转向复仇主体向家族和历史深处寻恶问罪。客观地说，小说在题材上将"家庭伦理"与"历史书写"融为一体，将男女情感叙事转向呈现人性的"平庸之恶"，极大增加了小说的看点，拓展了文本内涵与叙事空间，也使得小说具有了某种厚重之感和思想气质。

问题是，《认罪书》以复仇的叙事框架表达认罪和救赎的主题，这本身内含了一种叙事的危险。"对于复仇主体来说，复仇本质上又是一种自我实现。其复仇大业的意义价值并不只在于其具体目的本身，背后还有一种自我人格价值实现的超越性动机。"②也就是说，在中外文化语境里，复仇具有某种与生俱来的正义性。就金金来说，通过复仇，个体抚平了自我的创伤，

---

① 乔叶：《家庭伦理与历史书写的交叉》，http：//jiangsuwang.net/tech/sdyd/2014-03-03。

② 乔叶：《家庭伦理与历史书写的交叉》，http：//jiangsuwang.net/tech/sdyd/2014-03-03。

昭示了被遮蔽的罪恶真相，从更大意义上匡正了社会正义。但是，从叙事的角度看，这种具有正义价值的复仇叙事部分地削弱了复仇主体本来具有的罪性，罪性稀释后，其认罪的必要性便被降低。这似乎是《认罪书》中的一个悖论情境。纵观金金的一生，她的大部分时间都在精心实施着自己的复仇计划，嫁给梁新是在现实社会关系当中靠近梁知的途径，腹中胎儿是复仇的筹码，与婆婆、庄雅、钟潮等人周旋是为了收集、掌握梁家的罪恶。但是，偶尔的良心发现并不足以让金金在复仇的深渊中停止脚步，因为在金金的认知逻辑中，她是在为正义而战，是在为死去的梅好母女，为自己被骗的感情争取一份"迟到的正义"。因而，在金金向着"正义"进发的过程中，小说无暇让她反省个体的罪性和非正义性。阅读小说的过程中，很多读者都会有不失为惊心动魄的阅读体验，这种惊心动魄并非小说在灵魂维度和自我救赎上产生的震撼，而是复仇中的悬疑、用计的缜密、释谜的精巧以及人物悲剧命运带给我们的唏嘘或惊奇。有研究者指出，东西方复仇文学有着显见的差异，"西方较为偏重复仇行使时主体灵魂世界的冲突，偏重复仇实施尤其是精神摧残的过程描绘；中国则较为关注复仇的结局。包括关注复仇者自身在成功复仇后的命运"，"西方复仇之作常引发人对个体与命运抗争的悲壮感，中国复仇之作更多地激发善必胜恶的愉悦感"①。《认罪书》的复仇叙事体现了中国古代复仇文学的某些特征，注重对金金作为复仇主体在复仇中的心机与策略的精细描写，凸显以梁知为代表的被复仇对象步步走向败局的狼狈和因果报应的善恶伦理。

因而，小说以金金为主线进行的叙事，偏重的是对复仇行为、复仇过程和复仇结局的展现，而行为主体因复仇所形成的罪，以及由此可能产生的灵魂的激荡和道德的焦虑并未得到丰沛的呈现。也就是说，《认罪书》以金金的复仇为主线的复仇叙事与乔叶预期的认罪、审罪的叙事目标有着某种偏离，尽管复仇可以产生甚至加重金金的罪行，但由于文本的主体篇幅和叙事重心放在了复仇行为上，当金金的复仇目标达成后，小说也以善必胜恶和因果报应的逻辑匆匆结尾，小说中的人物面对罪行而进行的自省、挣扎以及由此形成的叙述空间、长度和深度被大大挤压。乔叶也许意识到了写作的这种内在症结，故而在谜底即将全部揭穿前，在第十九章宕开一笔，引出单姓书法老者对金金讲述自己的"文革"往事：他在"文革"中参与批斗自己的老师，事后一直追悔，并落下右手疼痛的后遗症，直到多年后的一次相遇，老者才当面向自己的老师道歉从而完成了

---

① 王立：《中国古代复仇文学主题》，东北师范大学出版社1998年版，第492页。

自我救赎。"右手疼痛"是老者参与"文革"暴行的一种"身体记忆"，也是由这种罪行引发的良知不安和道德焦虑的隐喻。比起小说中铁卫红、王爱国等造反派头目和乙、丙等人对个体罪的那种否认和抵赖，老者真诚面对和主动忏悔自己罪行的行为是乔叶所赞许的伦理向度。但从小说的叙述逻辑来看，这一章与前后部分内容脱节，似是叙述上的强行揳入，犹如华丽衣袍上一个醒目的"补丁"。对于写作经验老到、注重并擅长谋篇布局的乔叶来说，这似是她写作生涯中并不多见的"技术性失误"。在我看来，这种"技术性失误"来自乔叶急于想表达罪的主题，急于让她笔下的人物去知罪并领罪。

通过上述分析，可以看出，金金的复仇的确带有某种正义性：追查出冤死者的死因和暴力主体，意图惩恶除暴伸张正义，当然，这种叙事也稀释了复仇主体的罪性。更值得追问的是，这种看似"正义"的复仇是否更多地带有非理性特征？甚至带来一些负面价值？比如，金金在自己的小历史中步步为营，为复仇"大业"和打探梁家秘史、梅好母女死亡真相而煞费苦心。她在复仇过程中被反复渲染的阴谋和心机，以及蓄意报复、决不宽恕的伦理立场，是否充满了偏执、非理性？这种非理性化的复仇是否僭越了法律的边界、有无走向培根所说的"违法复仇"？再如，金金通过复仇伸张正义的同时带给无辜者——如梁新、未未的伤害，以及小说所体现出的善恶因果报应的简单价值诉求以及缺少善、爱、宽宥的道德伦理向度，是否应该引起我们的警惕？总之，《认罪书》中的复仇叙事是与罪叙事相互交织、相互生成并相互挤压的重要向度，对小说的叙事格局和内在价值维度都有重要的影响，值得细细辨析。

三　人性浮世绘：泛罪与蔽恶

《认罪书》以罪和恶作为叙事重心，深入社会历史和改革时代的腹地，勾勒出历史与现实、文化与人性、个体与大众等多对范畴中广泛存在的罪性和恶行，尤其通过金金、梁知、张小英、钟潮、秦红等罪性个体的行为史和心态史构成的人格标本，呈现了一部人性浮沉史和精神浮世绘。《认罪书》从当下回溯至"文革"时代，时间跨度近半个世纪之久，呈现了近半个世纪不同历史阶段的政治生态、文化语境和时代症候，但小说并不意在为大时代画像和立传，而在于打捞不同时代夹缝之中所隐藏、被人遗忘或者忽视的历史真相和人性真相。具体来说，小说以中心人物金金的复仇为起因，并以深入梁家探寻梅好与梅梅两代女性悲剧的真相作为主线，在这一复仇之路和探秘之途上，揭示出令人心悸的广泛的罪性、蔽恶行径与各种各样的人性症候。

乔叶在《认罪书》中以罪与恶为中心，赋予每个个体以罪性，呈现赖罪、蔽恶以及知恶、认罪的众生相，试图将这些罪性的个体引向对自我行为的自觉反思和救赎，并希望通过小说的力量去唤醒大众良知（某种程度上，主人公梁知和梁新良心未泯可以看成是良知和良心尚存的隐喻），同时，对普通个体身上的"平庸的恶"给予理性反省。《认罪书》中的"罪"是笼罩性的，几乎无人幸免，而且，这种集体性的罪与恶遍布"文革"时代和改革时代。面对种种恶行，小说中的梁新、梁知以及单姓老人、金金都有某种精神上的悔悟与实际的救赎行为，但更不乏抵赖、推脱和否认的"犬儒者"，这类人物以文化名人盛春风为代表。作为当下"全国最出风头的收藏家"，面对当年造反派把人推进粪坑、抄家、剃阴阳头的事实，他百般抵赖，轻描淡写地认为"如果做了错事，那也该是时代负主要责任"[1]。盛春风狡辩的逻辑支点有两个，一是"理想非罪"，二是"历史代罪，个体无罪"，这是"文革"结束后很多不愿正视和反思历史的人都具有的认知逻辑——小说中的造恶者乙、

---

[1] 乔叶：《认罪书》，北京十月文艺出版社2013年版，第76页。

丙以及带头批斗老师的铁卫红，莫不如此。他们通过这种认知方式，拒绝个体对历史责任的承担，将个体的恶行轻松转嫁给时代和历史，从而将施恶者打扮成免责的无辜者或受害者。乔叶深知"盛春风们"的这种行径及其历史态度的巨大危害性，因而，申明成为与这类人进行博弈的力量。申明，谐音"深明（大义）"，是一种人格化的理性力量。申明做历史课题、开讲座、开辟历史专栏、与有意回避并遗忘历史的盛春风打笔仗，都意在提醒人们正视历史真相，正视个体所应肩负的自省和责任。

这种普遍性、广泛性的恶与罪延伸至改革时代，表现为当代中国社会的诸多病象。小说在正文以及"编者注""碎片"①中呈现了大量社会病象。比如"瘦肉精"与食品安全、"小欣欣事件"与社会的道德冷漠、官员腐败和权力寻租、环境污染和疾患横生等。在小说中密集地呈现当代中国的社会症结和病象，很容易使人想到余华《第七天》、贾平凹《带灯》的写作

---

① "碎片"和"编者注"是与小说的"虚构性"相对应的非虚构内容，是对小说涉及的知识与背景的详细注解，包括风俗民情、专业术语、特定历史背景与典故介绍、丰富的时代信息等。这些非虚构的文献史料和知识信息一方面构成了小说情节之外的生动丰富的"知识地理"，另一方面也消除了丰沛的地方性知识和特定历史时代有可能给阅读者带来的理解障碍。

240

路数——这种写作体现了"当下长篇小说新闻性元素增强"的写作趋势①，其利弊存在着争议，暂且不论。在我看来，《认罪书》对当下中国社会现实的主动介入姿态以及严肃正视现实症结的精神立场，是值得肯定的。如果因为乔叶勾勒出这种恶与罪弥漫的病象中国，而将之视为社会批判小说或历史反思小说，恐怕是对这篇小说的误读。历史环境以及诸多社会现实症结并非乔叶最为关切的问题，这种"泛罪化"的社会土壤只是乔叶笔下人物的生存空间，群体和个体如何面对人性深处的恶和人性的畸变，如何直面恶加诸他人的罪行与后果，这是乔叶真正关注的地方。正如乔叶自己所说："政治性的追问，社会的考察，这不是我的兴趣"，"我的重点就是大运动中个人应该承担什么责任"②。也就是说，乔叶在《认罪书》中念兹在兹的是个体在历史困厄与时代夹缝中的表现与所为。通过金金这一中心人物和叙事窗口，小说呈现的这些个体以及这些个体形成的群体无不笼罩着恶与罪。在小说中，以梅好和梅梅、金金两代女性的生存悲剧为中心，众多当事人作为刽子手或施害者直接

---

① 雷达：《对现实发言的努力及其问题：2013年长篇小说观察》，《人民日报》2014年1月21日。

② 乔叶：《家庭伦理与历史书写的交叉》，http：//jiangsuwang.net/tech/sdyd/2014-03-03。

或间接地制造（参与制造）了她们的悲剧。比如梅好，这个单纯善良得有点迂腐的女子的死，彰显了众人身上那令人惊悸的恶：王爱国、钟潮等造反派成员，直接充当了迫害梅好的刽子手；梁文道、张小英眼见着这个受尽凌辱的女人走向群英河而不施救，成为冷漠的看客。在这其中，每个人内心的黑暗和阴恶不尽相同：王爱国极度嫉妒梅好的美貌，钟潮作为男性有着觊觎梅好女色的病态窥私欲，梁文道在妻子受尽侮辱后将她视为自己的累赘，张小英拒绝伸出援手的原因是出于情敌间的嫉妒并且意图取代梅好。同样，在梅梅的悲剧命运中，梁知、张小英、钟潮以及秦红、梁新，都以各自的恶参与制造着梅梅的悲剧，甚至连慈爱的老姑、忠厚善良的赵小军也有意无意促成了梅梅的悲剧——正是老姑腐朽的贤淑温良的教育养成了梅梅顺从的性格，赵小军的狭隘和擅自送走未未，直接导致了梅梅与钟潮的争子大战，并导致梅梅随后的心理垮塌。在探讨个体的恶和罪时，乔叶又以思想界的重要命题"平庸的恶"作为文学叙事的思想根基。"平庸的恶"是美国女性思想家汉娜·阿伦特在《耶路撒冷的艾希曼：一篇关于平庸的恶的报告》中提出的一个命题。事情起因是耶路撒冷法庭审判一个叫艾希曼的纳粹党员，判处其绞刑。阿伦特将艾希曼与"平庸的恶"联系在一起，她认为"他并不愚蠢，却完全没有思想——这绝不等于愚蠢，却又是他成为那个时代最大犯罪者之一因素。这就是平庸"，"这种脱离现实与无思想性恐怕能发挥潜伏在人类中所有的恶的本能"①。《认罪书》中的张小英、秦红、造反派成员乙和丙，甚至钟潮、梁文道等平凡个体所体现的恰恰是这种"无思想的平庸"，也正是这种"不思"和平庸的立场催生了暴力和恶的生成。"乔叶借助一个女子的复仇而追历史之原罪，其视野从情场复仇进入历史之思，从追罪到认罪，从犯罪到忏悔，指认历史之罪源于人之罪。人之罪不仅是'极端之恶'之所致，更与'平庸的恶'的普遍存在密切相关。"②对于"平庸的恶"，小说除了通过塑造典型的"文革"式人物形象来透视，还通过理性的分析来深化这一命题。比如第十七章结尾处的申明的访谈内容，不仅从文化、道德、传统的角度追问"文革"的生成，还对社会群体的道德冷漠所体现的"平庸的恶"进行认真反思，对这种恶的社会和文化土壤进行了追问。

可以说，《认罪书》塑造了一群有"罪"的众生，但面对恶行，小说中的人物却小心翼翼回避着、遮掩着、辩护着，甚至

---

① ［美］汉娜·阿伦特：《〈耶路撒冷的艾希曼〉：伦理的现代困境》，孙传钊编，吉林人民出版社 2003 年版，第 55—56 页。

② 王达敏：《被"平庸的恶"绑定的小说——乔叶长篇小说〈认罪书〉批评》，《文艺研究》2015 年第 2 期。

以遗忘、篡改、否认的姿态对待。除了金金、梁知体现出的有限度的忏悔和自省之外，小说中造恶的当事人都在处心积虑地蔽恶。这种"蔽恶"姿态典型体现在众人对梅好母女遭遇的叙述上。在金金执着而逐步深入的调查中，梅好母女的真相渐渐浮出水面。而这一真相是经由梁知、秦红、张小英、钟潮、老姑、梁新、赵小军的叙述聚合而成，也即围绕梅好母女的历史和悲剧所展开的不同信息、不同评价形成了多声部的复调声音。但几乎相同的是，每个叙述者在讲述梅好母女与自己的交集时，都会有意或无意地屏蔽掉自己加诸她们身上的恶行与罪孽。比如在梅好和梅梅的悲剧中，张小英是个作恶多多而又频频蔽恶的角色。尤其对于梅梅的悲剧，她几乎是策划者和助推者。张小英是梁文道死后梁家母代夫权的典型，对待继女梅梅，天然怀着排挤和打击的欲念，将梅梅作为软礼"献祭"给当权人物钟潮副市长，以换回自己儿子的职位升迁。可她在向金金叙述时隐去了这些内容，通过钟潮的叙述才将张小英隐去的恶行彰显出来。再如，钟潮当年参与充当造反派王爱国的爪牙时压着梅好的腿任由别人将毛笔插入她的体内。但在他向金金的忏悔和自白中，却将自己从现场挪移至窗外，将自己由"造恶者"打扮成"旁观者"，试图淡化自己的罪愆。而真相的揭示是通过红卫兵丙的叙述达到的。由此可见，作为小说主线之一的梅好与梅梅的身世之谜，是通过散点叙事来完成的，不同的叙述人掌握着关于这两个女性的拼图板块，在这些碎片汇聚成完整拼图的过程中，每块拼图都试图"自我洁化"，隐蔽恶行。不过，通过后一个（或另一个）讲述者的补充、修正或颠覆性解释，事实的真相得到了还原。这种蔽恶与祛恶叙事，使《认罪书》的情节更迂回曲折，具有了显见的复调叙事诗学特征。

总体上，《认罪书》是一部较为厚重、具有思想气质的小说。一方面，它的忏悔与救赎的主题内容，接续了中国现代文学的传统，尤其是认罪、领罪的价值向度以及探寻人性之恶、勾勒泛罪大众的写作向度，对于中国当代文学的创作具有重要的启示意义。另一方面，《认罪书》也存在一些值得商榷的问题。比如，由于乔叶非亲历者的现实限制，她和小说的中心人物"80后"女孩金金没法完成对"文革"历史的直接"讲述"，因而，《认罪书》中的钟潮、张小英、单姓老人、申明等"文革"亲历者，充当了历史讲述者。小说设置了"讲述与聆听"这一叙述机制，"文革"的复杂历史和内部肌理，是经由这些亲历者的"讲述"而成。可以说《认罪书》中的"文革"图景是经由不同视角拼贴和聚合的产物，显示了"70后"作家在"文革"叙述方面的某种困境和无奈。也就是说，对于乔叶和她的同代作家而言，当他们由自己所熟悉和习惯的都市空间、个体小我转向他们并不熟悉的历史经验和文化记忆时，面临着这样的命题：如何处理文学虚构与真实历史的关系，如何将历史的共识性经验和个体的记忆有效衔接。有研究者在分析"70后"作家的经典化难成气候的原因时指出，"恐怕就是因为个人经验书写与共同经验与集体记忆的接洽问题"，"如果不自觉地将个体记忆与一个时代的整体历史氛围与逻辑达到内在的呼应与'神合'，恐怕是很难得到广泛的认可的"①。客观地说，《认罪书》有介入历史的巨大热情，有重构宏大历史并对历史进行深度反思的宏愿，也别出心裁地以"罪"作为切入历史内部肌理的通道，但"文革"叙事上的不自信和拼贴痕迹，以及大量并无新意的"文革"桥段的堆积并由之带来的审美疲劳，都指涉着乔叶"文革"叙事的某种危机。因而，个人记忆与集体记忆的妥帖"接洽"、个体情感与历史逻辑的内在"神合"，这是包括乔叶在内的"70后"作家当前应该认真思考和有待解决的写作问题。再如，面对"罪"和"恶"，乔叶在这篇小说中试图唤醒和表达这样一种态度——知罪、认罪、领罪。尽管每

---

① 孟繁华、张清华：《"70后"的身份之谜与文学处境》，《文艺报》2014年6月20日。

个人几乎都不同程度地浸染着"恶"与"罪"，但愿意承认和领受这种"恶"与"罪"的人在小说中并不多，甚至他们的救赎之道也显得颇为虚妄：张小英临终前的善言和生前尽心照料金金与安安是种良心的发现，并非真的罪感意识和忏悔意识的复苏；梁知隐忍和痛苦至生命最后也未真正在内心和自己的罪孽达成和解，切脉自杀是他向罪孽屈膝臣服所采取的一种虚幻赎罪的行为方式。再如金金，这个兼有复仇女神和女巫身份的女子，一生陷在复仇的"正义"事业中，鲜有闲暇俭省自我的偏执、心机和人性弱点。于是，她在生命尽头完成的领受罪孽和自我赎罪的华丽转身就不免显得仓促而草率。在罪孽、恶行与忏悔、救赎的两极，《认罪书》呈现的"罪"和"恶"太过强大，在乔叶沉浸于泛罪的文化土壤和人格症候中还未来得及构想救赎之路时，小说叙述已行至尾声，本应继续衍展的叙事向度——众多有罪之人如何清理自我、真诚忏悔和认领罪行——几乎是戛然而止，小说也被潦草收篇。人物要么被强行实现自我转化，要么以另一种方式"死"来抵消罪孽。《认罪书》中的"死"是大面积的，除了较早的梅好跳河自尽、梁知父亲商医生跳河自杀、梁文道因心脏病突然死亡、梅梅跳楼自杀，还包括小说临近末尾的张小英罹患绒毛癌、梁新横死于车祸、梁知切脉自杀、安安罹患白血病死亡、小说中心人物金金肺癌疼痛之际吞安眠药自尽等死亡。面对无边的恶行，难道人之救赎的方式只能是死亡吗？面对曾经的深重罪过，死亡能抵消这一切罪过吗？从这个意义层面而言，面对救赎之路阙如，这种大面积的死亡或许是乔叶不得已而为之的解决之道，也令其在文学书写方面常常呈现出一种仓促收束与草草结尾的叙事格局。

《文学评论》，2015年第5期

从乔叶小说论《藏珠记》

韩传喜

穿越千年历史沧桑仍保有处子之身的女子，与保存自己的爱恨天性、家有传承的小厨师，在喧嚣熙攘的现世红尘相遇相知，演绎出一段别样的爱情故事……《藏珠记》作为乔叶沉潜四年之后的又一长篇力作，甫一问世便引发了多方关注。熟悉乔叶及其小说的读者，会产生一种新鲜而奇异的阅读感受。与乔叶以往的任何作品相比，无论是主题内容还是叙事手法，《藏珠记》都显示出别样的风貌，其所关联的意义空间和话语空间，亦显出别样的格局与构架。对这部长篇及其所关联的文学现象进行系统梳理和深入阐释，无论是对于观照乔叶的小说创作，还是观察当下的文坛状况，都有着深远的意义。

一 小说的轻与重

对于《藏珠记》的创作，乔叶自陈："如果说《认罪书》的取向偏重，这个长篇，我想让它偏轻。"作家试图为读者呈现的，是一个有关"爱情和美食，千年处女和帅哥厨师"的故事，我们在阅读时，当然也的确感受到了乔叶所言及的那种轻松感。因为此部小说创作的灵感，据说来自她曾经看过的一部韩国电视剧——《来自星星的你》。正如多数中国观众所熟知的那样，韩国电视剧更注重的是青春偶像、浪漫爱情、美食休闲等时尚元素，主题相对沉重的剧目较少。

但通读下来，即便如作者乔叶自己所言，《藏珠记》的创作灵感源于韩剧，但我们仍难以据此认为，这是一部"轻松"的小说。因为所谓小说的"轻"与"重"，是关涉小说的艺术含量和审美品格的重要问题。"轻"与"重"并非单纯指阅读感受中的轻松与沉重，也不是指题材内容的轻与重，而更多的是指小说对生活探寻的深入程度、对人性挖掘的深浅程度，以及据此所呈现出来的精神元素的丰厚程度。因而即便是那些看起来比较轻松愉悦的小说，若是能够在轻松愉悦的阅读体验之后，带给读者心灵以巨大的震撼与启迪，引发他们深刻的反思与悠长的回味，这样的小说仍可归入具有厚重品质的文学作品之列。

把《藏珠记》与乔叶之前的小说做一横向对比，更能清晰地体认到此点。乔叶的小说创作综合而言，大体上可以分为以下几类：第一类写女性的现实遭际与情感经历，比如《我是真的热爱你》《他一定很爱你》《芹菜雨》《妊娠纹》《失语症》《打火机》等；第二类是"非虚构小说"，主要为《拆楼记》和《盖楼记》；第三类是历史题材作品，主要是《认罪书》；第四类作品则是讲述"中国故事"，主要为《在土耳其合唱》和《塔拉，塔拉》。而新作《藏珠记》，则呈现出与前四类作品均不同的艺术品质。就题材内容来看，前四类作品相对比较严肃，多取材于社会现实与历史纪实，而《藏珠记》讲述的，却是一个带有虚幻色彩的传奇故事——女主人公唐珠，因为善心帮助一个病重的波斯商人而得到了一颗宝珠，服下后得到永世不死之身，历经千年历史变迁，而今依然以少女之身，演绎了一段现代的爱恨情愁故事。这就给读者造成了一个假象，仿佛《藏珠记》和前四类小说相比，题材不够严肃，甚至倾向于戏谑和幻想，流于通俗小说的套路，甚至取时下网络流行作品的"穿越"模式，但细读下来，却发现其实并非如此。

乔叶前期的大部分小说，为第一类作品。她侧重关注现实社会与婚姻家庭中，女性生存的情感困境和心灵挣扎，从写作本身来看，除了《最慢的是活着》等代表性作品，着力于社会历史中的女性意识外，此类小说往往更关注女性细腻的情感体验与内心纠结。第二类"非虚构小说"，正如"人民文学奖"颁奖辞所言，乔叶"以毫不妥协的有力笔触，描绘出利益之下人与人、人与世界之间真实甚至是残酷的角力"。第三类作品如《认罪书》，是乔叶第一次驾驭宏大的历史叙事，小说讲述了一个透视与反思历史的沉重主题，这是对既往的"文革"叙事的一次有益补充。第四类作品，作家采用游客的视角，从外国人的视角看中国人，从边疆人的视角看内地人，虽然讲述了两个比较轻松的旅游故事，但是通过地域的差异，透视文化的深层内蕴，呈现出不同以往的浪漫色彩。但综而观之，此前的小说，均为一个有独特见地的女性作家，对于现实生活独具慧眼的细腻观察、复杂体味与艺术传达。

与前四类作品相比，《藏珠记》却采用了一个独特的"穿越"视角，用奇妙的想象将一位生于唐代的女性，带入当下的现实社会。这既赋予了小说更加开阔的表现视域，同时也为其哲理思考预留了充分的表达空间。而且整部小说，虽然表面借用了时下流行的"穿越"形式，但情节展开处，仍是无比真实的现实环境，是作者生长于兹的故园乡土，"穿越"只不过变为作者讲述故事的一个凭借和视角而已。更重要的是，她写作的着力点，始终置于鲜活生动的现时代，对当下的社会状况进行了全方位的探视和呈现，将历史与现在、世相与人心、现实与理想有机交融，呈现出深入掘进现实的努力，并蕴含着文化思考的力量。小说中对于故乡河南的历史文化、发展现状乃至风俗饮食，特别是生活于其间的各色人等及其所表现出来的时代特点与现实症候，都进行了真实而生动的表现。小说中的主要人物身份各异，"我"是普通的在社会底层打工的"服务员"，男主人公是叛逆而又心怀正义的小厨师，周围有一心往上爬、最后因贪腐问题而自杀的官员，有攀附在官员身上、由司机而富裕的市侩小人，有身怀绝技、德艺双馨的老一代厨师……他们以无比真实的角色经历与见闻，演绎了这个社会的各阶层生活图景，展现了现实生活的全景式画面。这也充分说明，小说的轻与重，要看具体的文本内容及其艺术效果，任何一种题材，均有可能写出厚重的文学作品，如何使之具有意义生长的可能性，关键要看作者驾驭题材的能力。于此意义而言，《藏珠记》显示出了作为艺术创作，作家赋予作品内容的厚度与重量。

二 断裂与延续

任何一个作家的创作都有一种内在的延续性，这与作家的阅读积累、知识结构、审美习惯，对世界、人生、人性的认识与把握有着密切联系。这种延续性，暗合了创作能力和创作经验的累积性和渐进性。正因如此，作家在写作时，更容易选择自己最为熟悉的题材，来表达自己最能够自如把握的主题。当然，那些偶然性的生活事件和突发而来的灵感，也会被非常敏感的作家及时地灌注到写作中。即便如此，这种偶然性和突发性的创作，背后也有着与既往经验相通的一面。因此，有些表面上看来是断裂性的写作，事实上也会与既往的文本有着千丝万缕的联系。

从这个角度来看，乔叶的《藏珠记》，就为这种写作的断裂与延续做了一个很好的注解。首先看断裂之处。其一，小说的题材由沉重而变为轻松。其二，小说的悲剧意味转换为喜剧色彩。其三，小说的语言，由凝重而变为活泼。表面上看来，《藏珠记》和乔叶以往小说在审美形态上完全不同，读来令人耳目一新，但事实并非如此。这种断裂不是一种完全的断绝和割裂，它只是表达形式上的求新。我们细读文本便会发现，乔叶最为擅长的写作题材以及内蕴的价值向度，在《藏珠记》中仍然延续着。

一是对女性命运的思考。乔叶是写散文出身的，她的散文更多关注的是女性。转到写小说之后，包括早期的几部重要的作品，仍然延续了她散文中对女性题材的偏重。直至到了小说创作比较成熟的阶段，包括获得鲁迅文学奖的小说《最慢的是活着》，着力塑造的仍然是女性形象。通过女性视角，乔叶试图将人性的复杂性、历史的荒谬性、现实的沉重性表达出来。这一方面归因于作者本身的女性身份，对女性的心理情感有着切身的生命体验。另一方面缘于她对女性作为一种特殊社会人群长期的观察和思考。再则，在之前长期对女性的书写中，她的思想逐渐形成了系统性，在小说中，这种系统性的思想，互文性地存在着。女性是乔叶写得比较成熟，写起来更为得心应手的文学形象，所以在《藏珠记》中，她仍然习惯性地选择了女性作为主人公，即主要表现对象。

二是对女性隐秘心理的探究。乔叶的小说有一个突出特点，就是外在的故事推进和内在的心理揭秘往往是双管齐下的。小说创作中，有的作家注重用情节，有的作家注重用氛围，而有些作家则注重用心理。乔叶则在自己的作品中，做了很好的调节，重心理和情节的齐头并进。甚至可以说，乔叶的小说外在的情节更多是靠内在心理来推动，而这种心理揭秘才是乔叶作品最闪光的地方。比如之前的女性题材小说，写到爱情和婚姻，往往体现出现代女性的实利性选择、屏蔽式沟通、算计式付出，这些都是某些女性面对无奈的现实所深藏的幽微复杂心理，却能被乔叶准确生动地表现出来。如《黄金时间》的女主人公，在长期貌合神离的婚姻折磨中，对于平庸麻木的丈夫的心理"憎恶"，达到了某种极致，而其强烈的内在情绪贯注在生活的细节描写之中，如暗流涌动，产生了震撼人心的艺术效果。

到了《藏珠记》中，既有总体结构中的穿越视角，也有具体叙述中的交叉变换视角。小说在情节展开中，不断地变换着叙述视角，小说每一节都有叙述人，有男人、女人、老人、孩子、当事人、旁观者，可以说小说中所有的重要人物都参与了叙述，呈现出叙事的复调式结构。但是整体来看，女主人公唐珠则是第一叙述人，其他人的叙述多是对其叙述的辅助。所以我们据此可以看出，《藏珠记》这部小说仍然是一部女性视角的小说。从历史长河中穿越而来的女主角唐珠，仍然是乔叶比较擅长的女性人物形象。虽然作品讲述了一个带有传奇性的女性故事，小说的着重点还是放在人物内在心理，尤其是女性心理的呈现上。是一个看似传奇实则普通的女性，即使历经千年、饱经沧桑，仍然难以破解性与爱的迷思。小说主人公对于情爱的向往和拒绝、挣扎和接受、痛苦和享受，呈现的仍然是各种丰富强烈、复杂矛盾的隐秘的女性心理体验，而且与以往小说中的表现同样真切细腻。如主人公唐珠，在面对"眼角眉梢都是爱情"的金泽时，在面对"我梦寐以求的爱情"时，终是纠结矛盾着，这份纠结中，既有对于"失身即失去生命"的忧虑，但更多的是对于爱情的怀疑与对于爱人的不信任。即使在"最欢乐、最沉醉"的时刻，仍在怀疑这份爱情不是"钻石"而是"朝露"，不会久远而是易逝。"我不信任他！我不信任他的爱情值得我用生命去交接。我不信任他的爱情如此贵重！"对于感情的态度，在情人面前的疑虑、恐惧、逃避……与以往小说中的女主人公，纠结害怕的事物，虽则表面看来不同，实则本质并无差异，其根本上还是女性对于爱情的向往渴望及其患得患失的深层心理的普遍观照与艺术传达。这是小说题旨表达的一个非常重要的方面，也表现出乔叶小说一贯的特点。

三是与现实的纠缠与和解。这点表面看来是矛盾的。乔叶早期主要作品，表现更多的是人性隐秘幽微的一面。特别是在表面平静正常实则压抑扭曲的婚姻家庭生活中，女性的矛盾痛苦甚至阴暗冷酷的一面，如背叛、出轨、无爱的冷漠、无谓的疏离乃至仇恨。读乔叶以往的婚恋小说作品，常有很沉郁的压抑感，其来源便是对作品传达出的人性深隐扭曲的感悟。这从一个侧面，也间接引发了读者对正常的人生情感更加强烈的向往和追求。而事实上，这些作品当中的多数女性，大多在小说中不断地进行着一种自我反思，试图完成精神的自我救赎，为这些矛盾纠结中的幽暗心灵，打开一扇透进光明的窗户。因而说乔叶一直以一种特殊的方式，注重人性中的真与善的开掘，表达对本真情感的向往。而到了《藏珠记》的创作，这种向往更为明显地显现于字里行间。唐珠面对一份美好的爱情，依然有怀疑、不信任、纠结乃至抗拒，有与生死相较的利害衡量与取舍，这似乎都是乔叶作品以往主人公内在情感体验的延续，但此部作品的独特之处，在于作者通过女主人公，把惯常表现的表面上能够轻易窥见的阴暗面积，压缩到最小，从而更多地凸显了人性的美好与爱情的强大力量，特别是男女主人公对爱情的单纯向往与执着追求，似乎成为一种改变的原动力，让作者终于在漫长而痛苦的探究之后，与现实达成了某些方面的和解。乔叶既延续了她之前对女性的情感体认，同时拓展了其情怀与视域，从而赋予了《藏珠记》一种独特的理想和浪漫色彩。

四是对于故园的全方位置入。乔叶前期的很多作品，都与其故乡——河南有着内在的关联。这片故土家园是乔叶成长的地方，因而也成为其创作的取材厚土与展开背景。故园独特的历史文化、风土人情、乡音乡情……都自然地渗透在作品之中。《藏珠记》也不例外。故事发生地，便是在作者长期生活的故乡城市——郑州。小说的描写中，既有充满浓郁生活气息的市井街道，也有朴素自在的乡野田园，以及现代化进程中格外拥挤杂乱的独特的城乡接合部——加之作者写作任务的要求，融入了大量的河南乡土民俗，特别是用大量篇幅，详细描述了中原地区独特的饮食文化，因而更加承续了其小说的故园风情。

三　创造新形式的先锋

说乔叶是一个先锋作家，可能很多人并不赞同。因为"先锋"这个词曾经用于一个独特的写作群体，包括马原、余华、苏童、洪峰、残雪、潘军、北村、叶兆言等，再说其他作家是先锋作家，会挑战人们的常规经验。但说乔叶是一个创作新形式的先锋，也有其可以接受的足够理由。

"先锋"一词，是一个流动的概念。任何时代的文坛都有自己的先锋。先锋还是个地域性的概念，任何地域也有自己的先锋。先锋同时还是一个领域性的概念，任何领域也有自己的先锋。先锋既可能是形式，也可能是内容，但更多的还是一种精神和姿态。如此而言，就涉及另一个问题，即任何不同于既往的作家作品，都可能被视为先锋。如此一来，先锋就可能无处不在，无所不能，当然也就被泛化了，也就是说所有新的探索和实践，都可被归入先锋之列。而对于作家来说，每一次创作，既然能够称得上是创作，都不可能和任何其他人的创作一样，也不可能和自己以往的创作一样，那么这个作家的任何一种新的创作，都可能是一种先锋。因此我们必须把先锋做一个更小范围的指认，即先锋要有一个明显的突破和变化。但"明显"本身也是一个暧昧的表达，什么才是"明显"，很难用简单的词句定义和概括，而更多地要依靠文学理解的惯例来意会与解读。

《藏珠记》的先锋性，大体上表现为这样几个方面：一是"复合式"叙事。《藏珠记》的叙事不同于乔叶以往的任何作品。综观乔叶的小说创作，可以见出她不断创造新形式的努力。早期写女性艰难生存的作品，采用了单一的女性视角，非虚构作品《拆楼记》采用了城市人的视角，《认罪书》则采用了日记体，再加上碎片、注解等镶嵌式的文本，形成一种"套盒式"的结构。《在土耳其合唱》和《塔拉，塔拉》又采取了异乡人的视角。《藏珠记》与它们均不相同，它所采用的是女性视角、多人称交替视角、穿越式的视角等进行多维度叙述。这是三种视角复合而成的独特视角。这种有机融合方便乔叶展现繁复的历史和复杂的现实，光鲜的外表与幽微的内心，一见到底的男女情爱与深不可测的人性底里。这种复合视角不仅在乔叶的创作中未曾使用，在其他作家作品中亦尚未见到。这是乔叶有意识的力图求新，而不是一时兴起，作为沉潜四年之后的又一长篇，是作者深思熟虑后的作品。这几种视角贴切地复合在一起，巧妙完成了此部作品的整体叙事，体现出此部小说的先锋性。

第二个表现是"落根式"穿越。写穿越，不是乔叶的独创，之前有若干部穿越剧，也有为数不少的穿越小说，"穿越式"的小说构架，甚至可以追溯到文学史上读者熟知的《聊斋志异》，其中诸多的"人鬼情未了"的故事，也可视为一种穿越。很显然，上述的各种不同艺术形式的穿越，都给乔叶的写作提供了文本参考，也为乔叶的写作提供了广泛的接受基础。但是《藏珠记》中的穿越，却有其独创性——即其稳固而真实的现实基础。小说女主人公唐珠，虽然自唐代始，便保持着其年轻不死之身，但人物成立与塑造的基础，却是坚实的现实背景。虽然看到过诸多的悲欢离合、沧海桑田、朝代更迭，但她没有任何的超能力与奇特之处，相反，却有着一个地道的现代人的情感、思想、行为方式，她像一根引线，也像一面镜子，牵引并映照着现实世界的众生百态。小说的行文中，更是把历史见闻巧妙转化为社会现实的映衬，平实的叙述内容与方式，消解了以往读者在穿越题材艺术作品当中所惯常看见的那种戏谑性和荒诞感，增强了可信度和代入感，让形式和内容，文本效果和创作意图，作家的价值认同和读者的审美接受达到了一种很好的契合。

三是"共通式"快感。乔叶的这篇小说，表面看语言平实流利，但对于内容的传达却又精致入微，轻灵到位，给读者带来一种阅读快感，但这种快感背后却勾连着一种深沉的人生感喟。通俗化的形式中蕴含着历史的反思与人生的探究，让读者得到一种精神上的全方位沉浸式快感。小说的写作和阅读，在某个层面上，均可视为一种快感体验。即便是作家写的那些读起来非常阻塞的作品，作家在潜意识当中，也会把它当作一种快感的宣泄，只不过是以一种自以为是、一厢情愿的方式。作家在创作过程中的叙事快感与读者阅读时候的快感能够顺畅对接，便是一种艺术审美中的最佳境界——契合与共鸣。而真正能达到此种境界，同时在双方内在心灵产生巨大的触动，却非易事。作家和读者经由作品而达成一致的共通式的快感，恰是乔叶《藏珠记》的一个非常重要的审美特征。这种快感非一般的通俗读物所能比，因为内在还必须包蕴着一个深刻的故事。

小说中通过金泽父亲在官场的作为、通过其司机的言行，深刻揭露了当今社会的种种丑恶现象；通过金泽爷爷及其师兄弟的为人，展现了人性中永远传承的美好品质；通过唐珠与小厨师的纯真爱情，宣示了对于美好生活的浪漫向往；通过一个传奇而又普通的女子的体悟，自然地引出对于生命的哲理思考……凡此种种，贴合着当代人的心灵与情感需求，内在深刻而外在轻灵，引领读者浸润其中，体验独特的审美愉悦。

先锋性的探索，是每一个作家都应该努力的方向，既不模仿别人，也不重复自己。每一部新的作品，都能够呈现出新的面貌，无论对作家来说还是对读者来说，都是一件好事。但作家的创新必须基于一定的艺术积累和深思熟虑。否则，一味地求变对于艺术创作而言，亦不见得会有更好的收获。从以上诸方面而言，乔叶的《藏珠记》所做的尝试与努力，是可圈可点的。

乔叶《藏珠记》的艺术突破，读者可以在阅读中进行全方位的感受，但读者对作家常怀有一种更高的期待，而这些是作家必须重视的，也是其文学创作不断进步的重要动力。

作为一个生在唐朝并一直存活到当下的女性，唐珠经历了一千多年的人世变迁，歌舞升平之盛世或战争饥荒之灾年，都曾在她的眼前身边流过，可谓既经历了千载历史，也阅尽了人生百态，也曾与很多个男人有过情感纠葛。这样一个历经千年的唐珠，已积淀历练成为一个从容淡定甚至冷眼观世界的女子，却会在当下社会，轻易为身边的凡俗普通男孩儿格外动情，人物的诸多行为与情感波动，似乎缺乏充分合理的内在逻辑基础。男主人公金泽的单纯执着，对穿越千年、阅尽沧桑的女性而言，固然有其独特的吸引力，也体现出作者要传达的理想主义和浪漫情怀，但所谓超越生死的"爱情"基础，在小说中未免显得过于单薄。小说在写唐珠面对这份情感时，有内心的挣扎和痛苦，但更多的是对自己失去不死之身的忧虑，对于这份爱的不信任，以及对于自己不坏之身的厌倦和想要自我放逐、尝试生命欢爱的渴望，而对其他人物，特别是男主人公的人格的丰富性及其所应具有的魅力与感召力的描写，却是阙如。不能不说，这些在一定程度上，削弱了作品应有的艺术冲击力。这当然也是我们对具有丰富创作经验与成果的作家乔叶的更高要求。

《藏珠记》作为乔叶创作的一个新成果，必然会以其独特性，引发更多的读者和评论家多视角的关注与品评。这是她小说创作的一种全新尝试，亦可视为其艺术探索的一个新起点。

从"寓言"到"传奇"

——致乔叶

郜元宝

乔叶你好：

上海作协作家班要我就你的中篇小说《旦角——献给我的河南》(原载《西部华语文学》2007年第4期)写篇评论，我不假思索就答应了。以前看过你的《打火机》《指甲花开》，也读到关于你的一些评论，自己觉得有些想法，兴许可供你参考，或供别的读者商榷。

但我有个习惯，若不将作家全部作品看过，哪怕对具体某部作品已经有了印象，也觉得没有底气说出。所以我总有点滞后，写不了那种短平快的评论。这是我的迟钝，没有办法。

这回虽然集中看了你2004年以来十几部中短篇小说，但还来不及消化沉淀一番，作协截稿期就到了。这种情况下，无论全面评说你的创作，还是集中谈《旦角》这一篇，我都准备得不够，有些仓促上阵的意思，因此我不打算写严格意义上的评论，只想用通信形式随意而谈。

说随意，是指我不想将散漫的感想煞有介事组织成一篇论文模样，并非说我就可以随便乱说。即使如此，仍要预先求得你的谅解，因为现在正经八百的评论已经流行开来取得独尊地位，"谈话风"式的批评就显得不够正式，也过于陈腐了。但我此刻顾不得这些，只管照直说来吧。

你好像很看重《旦角》这篇，特地给它加了副题："——献给我的河南"。其实你其他的作品，尽管没特意点明，多数也以河南为背景：你一直就在刻意经营着你的文学上的河南。

这种地域的偏重，当然不是针对国内同胞近年来特别关注"河南人"而发。我甚至看不到这方面的一点痕迹。河南是你生活的地方，你的祖籍，你对它最熟悉，最有感情。写河南在你是自然而然的选择，是主动出击，有感而发，没有任何别的用意。诗人济慈说：

If poetry comes not as naturally as the
Leaves to a tree, it had better not
Come at all. (John Keats, 1818)

　　诗的产生，若非自然而然，

　　似落木萧萧，那它最好还是

　　干脆不要产生。

　　这，也是我看了你的作品后想讲点什么的主要理由。

　　说来也怪，在全球化、信息化的今天，中国作家越来越追求一种取径相反、似乎逆世界潮流而动的地方性。稍微重要一点的作家都在经营着自己生活的某个地方，比如王安忆的上海，贾平凹、陈忠实的陕西，张炜的山东，韩少功的"马桥"（湖南），余华的海盐，苏童的枫杨树街，韩东的南京，刁斗的沈阳，史铁生的北京，方方的武汉，铁凝的河北，李锐的山西，刘醒龙的湖北，莫言的高密东北乡……不知你是否同意，在这方面，我认为河南作家或许最为突出，并形成了传统。远的不说，新时期文学以来先后就出现了张一弓、乔典运的河南，张宇的河南，李佩甫的河南，周大新的河南，阎连科的河南。现在又出现了乔叶的河南。

　　乔叶的河南和上述河南作家的河南有何不同呢？

　　这个问题我还真没仔细想过，只是猜想一定很有意思。陈思和老师有个学生姚小雷，现在已是山东大学威海分校的教授了，也是河南人，几年前博士论文就专门探讨河南作家的"河南性"。陈老师另一个河南籍学生李丹梦也写过论述当代河南作家民间叙事的博士论文。他们两位回答这个问题，应该更有权威性。我只看到因为经营既久，你的"河南"已颇具规模。你写了省会郑州（比如《打火机》《最慢的是活着》《像天堂在放小小的焰火》《防盗窗》《良宵》《最后爆米花》《锈锄头》《轮椅》），也写了县城（《紫蔷薇影楼》《旦角》）、小镇（《取暖》）、乡里（《指甲花开》《解决》）和大山深处的村庄（《山楂树》）。你写了"现在时"的河南，也写了它的"过去时"。写了女性，也写了数量可以相等的男性。你写了各种年纪和职业的河南人：老、中、青、少男少女；农民、进城的农民工、工人、干部、军人、编辑、桑拿工、小姐、个体户、画家、豫剧演员、罪犯、闲人。你不仅写了在河南的河南人，也写了在外地的河南人，以及去过外地又回家的河南人。迄今为止你好像有意局限于写河南底层与中层，基本不涉及上流社会（如果有上流社会的话），否则你的河南无论从时间、空间还是年龄、性别、社会阶层上讲，都称得上是一个标准的立体世界了。

也许这就是你写河南的特点？我不敢肯定，只觉得你正力求真实而立体地写出当代河南人的众生百态。你笔下的河南人不仅散布在河南社会各阶层、各地域，而且就像时下真实的河南人一样，他们也是流动的，带着地域背景却并不受地域限制，不再是拘于一隅的被脚下土地牢牢限制的传统河南人。他们身上无疑具有河南人的传统性，但已卷入现代化交通和信息工具维系的流动性世界，具有更大的开放性。

几年前，我在《收获》上读到阎连科的中篇《年月日》，对其中一段关于"世界"的说法印象深刻。大意是说，在"耙楼山脉"农民看来，"世界"总和"外面"联系在一起，"里面"和"外面"长期隔绝，农民熟悉自己凝固不变的"里面"的生活，这个生活无所谓"世界"，因为不具有"世界"的那种广延性，只有"外面"才是真正的"世界"。你的中篇小说《最慢的是活着》也发表在《收获》上，也有一段关于"世界"的说法，却让我大吃一惊。那是"奶奶"叫"我"说说"外面的事"时"我"的一段内心独白：

　　转了这么一大圈，又回到这个小村落，我忽然觉得：世界其实不分什么里外。外面的世界就是里面的世界，里面的世界就是外面的世界，二者从来就没有什么不同。

我觉得，这段独白一下子就把你和阎连科区别开来，也把文学上一向封闭的"河南"的"世界"给"解构"了。怪不得你对国内同胞近年来对"河南人"的某种集体想象不屑一顾。

你之所以并不在乎有关河南人的那些"妖魔化叙事",是因为你已经真切地在自己内心拆除了河南的"里面"和"外面"。换句话说,你将笔下的河南人从过去一些河南作家所描画的河南的"里面"带到河南的"外面",让他们摆脱了地域牵制,获得了别处的中国人也正在获得的无分内外的流动性、整体性的"世界"。

说到这里,我突然想起最近读到的抗战时期在中国生活过的英国现代诗人奥登(W. H. Auden),他在一首诗里这样写道:

A poet's hope: to be,

Like some valley cheese,

Local, but prized elsewhere.

我把这一段试译如下:

一个诗人的愿望:活着,

就像某种产自山谷的奶酪,

是当地的,却也在别处被珍爱。

这其实是冲破国族界限的现代世界文学的经典命题,也是现代世界一个经典的文学理想。用周作人的话说：越是地方的，越是世界的。

但地方的如何成为世界的？特殊的如何成为普遍的？具体地说，河南的如何成为中国的、世界的乃至人类的？

不同的作家采取的策略各不相同。

或者不妨说，你不像过去某些河南作家那样，将预先获得的某种关于"中国"的普遍认知纳入周作人所谓"土气息泥滋味"的本色的"河南"，把"外面的世界"纳入"里面"的世界，再把这样做成的与本色的河南已经有些乖离的想象的河南投射出去，成为他们想象的中国的一部分。恰恰相反，我觉得你首先拆除了河南/中国之间的界限，一开始就把河南作为中国当下生活世界的一部分。这样落笔，不仅没有了凝固封闭的河南，也没有了以河南为底色投射出去的那个关于中国的巨大想象，那个杰姆逊所谓的"民族寓言"或夏志清所说的"中国迷思"。

我并不想在你和上两代河南作家之间划出一道鸿沟。也许我上面的观察并不准确，但你们的区别显然是存在的，而这与其说是文学观念的不同，不如照直说，乃是年龄阅历的差异所致。恐怕大家都像尼采所说的那样"忠于地"，套用这个句式，当然也都"忠于国"，问题是上两代河南作家在成长过程中受到土地拘牵更大，同时他们获得的关于中国的意识形态的先入之见又太多，于是他们的文学劳动某种程度上就是要将意识形态上把握的中国和实际经历的河南这二者拼命弥缝起来。

在他们那个时代，这非常自然，实际上也因此形成了河南作家的特色，尽管值得反思的问题也很多。其中最突出的问题，就是太善于也太喜欢用"土气息泥滋味"来遥拟（阐释）中国；哪怕描写某个封闭的山沟，也要和关于中国的意识形态想象挂钩，仿佛盲人把摸到的一条大象腿直接等同于大象。结果，因为太想着报告大象的情况而将象腿扭曲、夸张了，弄成一个个关于中国的大大小小的先知式寓言。

其实也不仅这些河南作家，上几代中国作家集体分享的关于中国的先验想象，也普遍影响到他们对自己所熟悉的"地方"的描写。因为迷信越是地方的越是世界的，就在"越"字上狠下功夫，结果强调地方的特殊性过了头，无法挽回地走向极端性写作。我觉得阎连科近来的一些作品就是一个典型。

我曾经想，对地方特殊性的迷恋，骨子里也还是缘于对中国的特殊性的迷恋。80年代文学不是没有地方色彩，但那时候心态比较开放，普遍承认在地方和中国之外仍有不一样的"世界"存在着。90年代以来，我发现中国作家对这个"世界"的兴趣越来越淡漠。我研究铁凝时发现，她笔下的成功人士，无论男女，刚从"世界"回来，就忙不迭要途经北京，回到某个中原小城。他（她）们认定只有在那里才能获得内心的平和，甚至北京也嫌它太开放了。这种强烈的地方性迷恋，好像是弗洛伊德所谓的人对母亲的子宫的情结，但我总是有点怀疑，当无数颗卫星环绕地球飞行并俯视一切的时候，还有哪个隐秘的单纯空间意义上的所在，像母亲的子宫那样温暖黝黑，可以寄放不安的灵魂？所以我宁可相信，中国文学对地方的迷恋，可能喻示着90年代以来中国作家新起的一种自我认同。可惜这个问题，据我所知至今也还没有引起文学界足够的重视。或者我们的读者也已经习惯于那种从采自深山的一滴水看出全世界的寓言体写作，并习惯于等候寓言体写作特有的那种如期而至的政治刺激与可以无限放大的价值预期了吧。

当然，某些有着萨义德所批评的"东方学"眼光的西方学者和书商恰恰就偏爱中国作家的这种寓言式写作。他们不喜欢在中国人身上看到和他们相同或类似的东西，他们不相信这样的东西也可能反映我们存在的真相，而坚持认为那是我们盲目学习他们的结果。他们更希望在我们身上看到某种只有东方传统或只有革命时代以及后革命时代才有的土特产。

在这个背景下看你的小说，我觉得可以暂时将各式各样先验的"河南"和"中国"搁在一边，直接进入你笔下的家庭、亲情、爱情、友情和个体的记忆与隐秘。即使对群体（比如这几年被炒作得沸沸扬扬的"底层"）的描写，你也不会贸然积聚成一个凌驾于个体之上的庞然大物，类似以往所艳称的抽象的"河南"与"中国"（《防盗窗》在这一点上尤其出色）。

这种处理方式或许会丢失某种标志性的"河南性"（姑且借用姚小雷博士的概念），却较能抵达个体的真实。当"中国"和"河南"（或"中原"）被换算为真实的个体的存在时，反而容易获得来自新一代读者的普遍同情。

凸显个体，必然需要同时凸显细节，凸显具体场景，凸显与个体所置身的生活场景和所发生的生活细节（包括内心细节）相匹配的个性化的语言。所有这些，正是你的小说最有光彩之处。

我很欣赏你对一些大场景或大场面的描写。比如，民间演戏、婚礼、丧礼、宴会……每一涉笔，几乎都可以当"专论"来看：

> 我潜心听着。每个声音的强弱和节奏都不一样，传达出的东西自然也不一样。有的是偶像派，如嫂子。有的是实力派，如月姑。有的则是偶像派加实力派，如四个女儿。这倒是可以原谅的。她们是主力军，哭了这么几天，

如果一直靠实力哭下去，谁都受不了。

这是《解决》(《红豆》2005年第7期）对民间丧仪中哭丧场面的描写。再看《旦角》写"响器班"：

当然这种零零散散的短曲子对响器班来说是显不出本事的。真正的本事就是出殡前的一晚在灵棚前上的这出戏。这叫"白戏"，又因为不抹脸装扮，内行的人也叫这"素戏"。第二天亡人就要入土，辛苦了一辈子，再大的对错恩仇都说不得了，他能参与的最后的尘世的热闹也就是这一台戏了。儿女的孝心，亲戚们的情谊，街坊们的送别也都在这台戏的人场里。这才是响器班最大的用处。天一落黄昏，从八点开始到十二点多，嘴不能停锣鼓不能歇，一分一秒都是功夫。主家的心气和脸面全看这个晚上台上的活儿了。在这片地上，专有不少人喜欢看这台不收钱的戏。夏天摇把蒲扇看，冬天把手袖在棉袄里看，不凉不热的春秋季，嗑着瓜子聊着天看。

更能显示你实力的，或许还是《旦角》中将多个场面、多个人群平行烘托、交叉迭现的写法。尤其是台上演员与台下观众镜头不断切割而又交融，认真读下去，真有点《包法利夫人》描写"农展会"那一节的风味。

场面描写需要结构和气势，但细节的精密观察和准确表达乃是前提，否则就成为空洞的热闹。《旦角》写"胖子班主"用假嗓子演唱达到"近于抒情"的效果以及台下有经验的一班老演员善意的理解与批评，还有那个中年演员上台后一边演出一边抓住时机发泄情感，就很可以看出你平时观察揣摩的功夫。写最不能见出演员心理的"台步"，也颇能传神尽相：

> 唱着唱着，黄羽绒开始走台步。她用手指左转右转地玩弄着莫须有的大辫子，走得很小心，很羞怯，很认真，让人不由不专注地看着她，似乎她下一步就会走错。——其实也谈不上什么错不错，只要不摔跤就都不算错。然而看样子她终究没有走错。

再如《良宵》写前来搓澡的女人的不同类型：

> 肤色肥瘦高矮美丑仅是面儿上的不一样，单凭躺着的神态，就可以看出底气的不一样。有的女人，看似静静地躺着，心里的焦躁却在眉眼里烧着。有的女人的静是从身

到心真的静，那种静，神定气闲地从每个毛孔冒出来。有的女人嘴巴啰唆，那种心里的富足却随着溢出了嘴角。有的女人再怎么喧嚣热闹也赶不走身上扎了根的阴沉。更多的女人是小琐碎，小烦恼，小喜乐，小得意……小心思小心事不遮不掩地挂了一头一脑，随便一晃就满身铃铛响。

心理细节不同于动作、神态的细节，偏于抽象，本身就以语言形态呈现出来，所以对语言表现力的要求更高。《最慢的是活着》写"我"在奶奶临死时与丈夫做爱时的心理：

奶奶，我的亲人，请你原谅我。你要死了，我还是需要挣钱。你要死了，我吃饭还吃得那么香甜。你要死了，我还喜欢看路边盛开的野花。你要死了，我还想和男人做爱。你要死了，我还是要喝汇源果汁、嗑洽洽瓜子，拥有并感受着所有美妙的生之乐趣。

这是我的强韧，也是我的无耻。

请你原谅我。请你，请你一定原谅我。因为，我也必在将来死去。因为，你也曾生活得那么强韧，和无耻。

这种心理细节，或许别人也写过，但如此到位，尚属鲜见。

许多人都说到你的语言。你的语言确实太突出了，不容人不关注。在你的语言面前，我感到充沛、胜任、丰满、流畅、机智乃至急智。许多地方触类旁通，联翩而下，以至用墨如泼，淋漓酣畅。类似的语言气象，男作家里有我熟悉而有些读者早已抱怨吃不消的王蒙的"博士卖驴文体"。女作家里，好像在盛可以的某些作品中也可以见到。但你的小说，几乎篇篇都有那种奔涌不息的语言的激流和倾泻而出的语言的瀑布。

语言的丰富和准确本来是作家的基本功，现在已经成了可以让我们惊喜的珍稀品种了。但我不想在这里过多夸奖你的语言，我倒想说说你的语言可能的不足，尤其是有些时候的失度。

比如《良宵》写桑拿女工回忆自己姓花的前夫的初恋：

要死要活地跟了姓花的，心甘情愿地被他花了，没承想他最终还是应了他的姓，花了心，花花肠子连带着花腔花调，给她弄出了一场又一场的花花事儿。真个是花红柳绿，花拳绣腿，花团锦簇，花枝招展，把她的心裂成了五花八门。

这当然颇能见出语言游戏的智慧，词汇的丰富，但也过于借题发挥了，你把语言的能指玩弄到超出所指内容之外，成为多余的赘疣。个别语词仔细推敲起来，细节上也不免失掉了准头。

另外，你很能调查、收集目前流行的各种聪明的说法，甚至参与这些新时代"精致的调皮"的创造，再把这些生猛"语料"一视同仁分配给你的人物和叙述者。尤其在人物斗嘴之时，打情骂俏之间，或叙述者大面积地交代情况之际。我觉得语言丰富和熟极而流乃是信息时代必然会有的现象，最大的特点就是那种自我繁衍也自我解构的彼此"引用"的互文性：许多精彩的"段子"固然令人耳目一新，却又往往似曾相识，是语言的炫耀，也是语言所宝贵的精华的耗散；似乎表现了很多，最终却并没有真正成功表现什么。就像《旦角》中镶嵌的十九段豫剧戏文，固然可以和眼前当下情景呼应，但毕竟是现成货色，与古人所谓"直寻"所得、与眼前当下情景共生共存的"自铸伟词"，毕竟有所不同。（我这里只是打个比喻，并非说你这些戏文在小说中用得不好。）

语言确实是作家最应该有所顾忌的地方。从前周作人告诫新派诗人不要一味地追求语言的"豪华"，宁可满足于看似若有不足的"涩味与简单味"，道理也就在这里。尤其是如果给叙述者分配太多时新语言，就容易使叙述主体与隐蔽的人群看齐，成为流行的语言信息的播撒者。这就可惜了，因为读者想看到的，乃是既混迹于人群又因其特出的反省力超出人群的那种叙述主体（也是语言的主体）。

当然，如果你自有一套凌驾其上的超越语言，时时调节宰制，有距离地进行适当的反讽、游戏乃至炫耀，也无可厚非，但我现在所谈的显然还并不是这个。总之，在逸兴遄飞激情挥洒之际，最要注意的是必要的节制。

和这有关的，是各种具有"奇观"效果的"故事"。不错，你的故事许多是个体的，冲破了关于"河南"和"中国"的先验想象，更贴近生活实际，而不是某种寓言的发生地。但这并不等于说，你的故事就没有陷入另一种夸张变形的危险。

我必须承认，你的故事确实"好看"。你的小说一发表，多家选刊争相转载，"好看"应是原因之一。但"好看"的另一个意思就是"奇特"。我觉得你许多地方都仗着"可巧"二字，而"可巧"二字有好有坏，值得分析。

《良宵》（《人民文学》2008年第2期）写搓澡女工发现自己可巧给前夫的现任妻子和女儿搓澡。《最后的爆米花》（《山花》2008年第2期）写一个老年机关干部，为抓捕奸杀女儿的凶犯，苦心孤诣学会爆米花，到处蹲伏，终于如愿（凶犯家里可巧也是做爆米花的，凶犯可巧不认识老人而老人可巧认得凶犯，又可巧在老人一再设圈套让观众来尝试做爆米花时，凶犯就在人群里，并且真的忍不住非要一显身手）。《解决》写"大哥"嫖娼犯事，托乡下亲戚（也是做小姐的）"丽"去通关子。许多人物都集中在两个爷爷的葬礼上，头绪纷繁，关系错综，大哥麻烦的"解决"（丽出主意并答应找事主说情）只是一个小插曲，与此同时许多问题都随着葬礼的举行（情感的通融）而"解决"了。这一篇结构非常精心，但也还是仗着"可巧"二字。《取暖》(《十月》2005年第2期）写刑满释放的强奸犯（被开除的大学生）除夕从家里赌气外出，来到一个小镇，借宿在一个单身妇女家，她的丈夫因妻子被侮辱而打伤别人因此被判刑蹲监狱，这已经是可巧了。妇女之所以愿意和敢于在除夕收留陌生男人，就因为在他问路时可巧看到他的裤子就是丈夫在监狱里穿的那种制服。《像天堂在放小小的焰火》(《收获》2007年第4期）写云平踢坏了同事张威的要害，张威后来在云平的好心帮助下恢复了功能。同一个"解铃还须系铃人"的模式又在《紫蔷薇影楼》里重现了。《山楂树》写嫁到山里的城里媳妇只身去婆家，在火车上巧遇以前也在那趟列车上见过的画家，该画家是从山里考出去的，现在成了杀死前妻及其情人之后在逃的凶手。两个家庭的平行故事就依靠山楂被牵合在一起：城里媳妇喜欢吃山楂，画家前妻因为山楂流产而与画家离婚。这真是巧上加巧了。中篇《最慢的是活着》(《收获》2008年第3期）倒是一直没有巧合，但最后"我"还是可巧遇见了奶奶年轻时的一夜情人！

小说，尤其是中短篇小说，巧合总免不了。许多大师都偏爱巧合。但巧合应该是生活的真实逻辑的凝聚，而不是真实逻辑薄弱之时用来弥补和支撑的东西。如果属于后一种情况，就不容乐观了。比如《最后的爆米花》，开头写老人沉默寡言，很有悬念，"擒凶"的结尾却令人失望，因为那样的开头和那样的结尾太不相称，至少我期待中的老人的真相不应该只有这点。为女儿报仇是天大的事，足以让老人使尽浑身解数，但小说开头铺陈得太好了，似乎允诺我们最后揭秘之时将要展示关于老人自身更多的秘密，而像现在这样写来，老人自己的内容全部被压缩成报仇的坚韧意志了。这样设计精巧的故事，"可巧"二字超过了生活的真实逻辑，使已经写出来的真实也打了折扣。而像《指甲花开》那样不编织奇特的故事只照直铺叙少女心事，或者像《旦角》这样将眼前台下发生的与台上的喜剧关合起来，忘却"可巧"二字，倒更见朴实率真。

关于这个问题，我其实并无多少把握，以上不过略说模糊的感受而已。

好像作协要一篇短文，而我已经拉杂写了不少！但还有一些临时想到的题外话，索性也在这里说一说吧。

老实讲，我越来越觉得自己跟不上你们这一代作家了。我现在宁愿看现代文学，或接近现代作家的当代作家，而有点吃不消80年代末出自年轻作家之手的当代文学。对90年代"断裂"之后突然茁壮成长的新一代，尤其感到难以适应，尽管我们年龄差距并不大。我的朋友黄昌勇教授说现代作家善于写现实，当代作家喜欢怀旧，他这个发现很有意思。如果让我来比较，我觉得现代文学好比毛笔书写的一封家书，费力费心，但情真意切（尽管往往情真而薄意切而浅），某些当代作品则好像E-mail、博客，洋洋洒洒，却"难见真的人"！因为情虽多而不真，意虽新而不切。我不是说当代作家写得不够好，新近登上文坛的许多优秀作家笔致都比现代的许多作家更洒脱、更丰满、更流畅、更婉转，属于钱锺书、张爱玲和早期丁玲式的精灵一族。但另一方面，我觉得他们太见多识广，见怪不怪，感得太多，说得太易。一种生活、一段经历、一个故事，被他们说出来，总像是在消灭自己之后迎合读者，而不是基于自己的主见向读者发出挑战。再者，我也往往苦于抓不住他们的思想。他们的思想"空空如也"，更多是和故事黏合在一起的无形无状飘荡不已的感触。如果他们像前辈作家那样在一个流传有序的思想传统中展开"思想"，我就容易捉住，但他们不喜欢这样地"思想"。他们的长处和兴趣都不是"思想"，而是多、快、好、省地捕捉和报道当代生活信息，在这种捕捉和报道中获得某种前卫性和权威性的自我感觉——像现代作家习惯于通过"追求真理担当道义"获得同样的自我感觉。

现代作家固然不可一概而论，但因为强大的意识形态的诉求，他们足以炫耀于人前的，往往是进步意识而不是率先真切地捕捉到新的生活现象（他们往往因为意识的作用而虚构生活）。他们要么完全脱离生活，成为意识形态的传声筒，要么因为忠实于当下个体的生活，而与意识形态发生龃龉，由此逐渐获得思想的自觉，取得与思想传统包括意识形态的要求展开对话的能力。

现在的年轻作家也不可一概而论，但因为他们自觉终结了意识形态的诉求（虽然意识形态仍然客观存在），他们足以炫耀于人前并彼此竞争的，就不是观念形态的进步意识，也不是那种可以和意识形态以及思想传统展开积极对话的能力，而是感性形态的新的生活现象——简言之，就是黏合着各种瞬息生灭的细小感觉的新奇百出的"故事"。现代作家因为意识形态的关系显得太有形体，但往往缺乏血肉；目前年轻作家则相反，太有新鲜活脱的血肉，而缺乏思想性的形体的有力支撑。

有人说现在中国文学主要是女作家文学，孤零零几个男作家要么没什么成色，纵有几分成色也是接近女作家的那种成色。女作家担纲唱主角，使中国文学必然冲破"民族寓言"预设，但也丧失了对宏大的集体和时代命题的把握能力。一切都委诸个人，衡诸个人，这是个人的确立，也是个人的膨胀：个人承受无法承受的原本需要集体和时代来承受的问题，结果不仅把问题缩小，甚至根本拒绝了问题。与此同时，如此承受着的个人也将自身的真实性扭曲了，他们轻易地就成为解释一切、理解一切、处理一切、承受一切的先知式的虚幻骄傲的个体。在这样的个体面前，人生固然不再按意识形态硬性规范设计，而是照个体一时感触筹划，生活因此不再是寓言，而是真实的细节的河流，但这条河流容易失去堤坝，四处流泻，无所归依。

坚执思想，蔑视生活，你就可以说，"太阳底下无新事"，那样的文学往往沦为观念的演绎和寓言化写作，那样的作家就会躲在自己的思想硬壳里渐渐枯萎。坚执生活之流，蔑视思想和思想必然要遭遇的命中跟定它的问题，你也可以说，"苟日新，日日新"，那样的文学往往就是堆砌细节，是炫耀新奇百怪的故事，是并不指向某个思想目标也不参与某个思想传统的随处流传也随处和随时消散的传奇；那样的作家，很容易随波逐流，最终沉没于自己所拥抱的生活之流。

我想聪明的作家不应该听任这两种倾向背道而驰，而应该努力将尊重传统的思想探索与忠实于当下的生活探索融会起来，像大胆地跳入生活海洋那样大胆地踏入古往今来圣经贤传联络而成的思想传统，让思想和生活相互激励，而不是彼此分离不顾。但这种聪明的作家，就要经受莫大的熬炼了。

现代文学史上曾经把我上面讲的问题表述为"源"（生活）和"流"（思想文化的传统）的关系，并认为文学的依托首先是"源"，"流"只是辅助性次生性的，后来就导致作家的非学者化、"题材（生活）决定论"的偏颇。我觉得今天年轻作家的问题，某种程度上也还是这个历史问题的延续，就是迷信只要抓住当下生活，就抓住了文学的"源头活水"，拼命挖掘当下最新的生活现象，在这上面展开竞争，而把与思想史上一些根本问题展开对话、对文学和文化史上的一些经验与传统进行批判的借鉴，都看成"流"而不屑一顾。这种偏颇是把"源流"分得太清楚了，以至于发生误导。尼采说，没有赤裸裸的现实而只有被这样那样解释过的现实，如果是这样的话，所谓"源流"就裹在一起分拆不开了。我们不应该把眼光心思全部集中于当下新起的生活现象，而罔顾贯穿人类历史的基本的思想文化命题。只讲生活不讲思想的写作，正如只炫耀思想和文学形式而漠视生活的写作，都是片面的，它们或许可以轻易造成潮流，引领时尚，但消失得也快。

扯远了！请不要误会，这些题外话并非针对你而发，但我也确实愿意将此时此刻想到的和盘托出，供你参考，说不定什么时候你也会碰到和我一样的困惑呢。

有的作家看评论，有的作家并不看。评论并不总能也并不总需要冲着创作实际而发，它也可以是朋友之间的聊天，而聊天是很随意的，如果聊天时每句话都针对聊天者，那就太累，也少有益处。你就把这封信当成我们之间任意的聊天吧，若能一笑解颐，于愿足矣。

谨祝
秋安

郜元宝
2008 年 10 月 20 日写
2009 年 5 月 13 日改

《山花》，2009 年第 13 期

乔叶小说创作论

李遇春

一

在新世纪的中国文坛，乔叶是一位逐渐显示出艺术大气象的小说家。乔叶的90年代是属于散文的，初登文坛的她沉醉于写"美文"，这种文体曾让她声名鹊起，但外形上的纤小和骨子里的无力也是毋庸讳言的事实；而乔叶的新世纪显然是属于小说的，她的一系列长篇、中短篇小说佳作，如《我是真的热爱你》《最慢的是活着》《指甲花开》《打火机》《解决》《妊娠纹》等，一反其"美文"的亮色，转而着意开掘人性的心理暗角，在依旧唯美的语言外衣下泄露心底的黑色，这种悖反的风格给乔叶的小说带来了极大的艺术张力，乔叶也因此而成为了当下中国文坛以心理现实主义为其显著特色的女性小说家。

乔叶的小说处女作是发表在《十月》1998年第1期上的短

篇《一个下午的延伸》。如今看来，这个最初的尝试实际上给她后来的小说创作奠定了艺术基调。这篇小说讲述了一个女下属与她的男上司之间近乎无痕的婚外恋情，但作者的笔力几乎全部用来描述两个人的这场悄无声息的心理角逐，心理描写曲折有致，心理细节繁复多姿，把男女主人公各自内心深处那块看不见的"黑暗的陆地"①呈现在读者眼前，由此表现了乔叶在小说创作上的巨大潜能。关于自己为何要从散文转向小说写作，乔叶曾说过这样耐人寻味的话："小说的种子经过了漫长的埋伏，已然到了最合适的时候，它必得破土而出。而孕育这颗种子的肥料也在我心中经过了充分的发酵，再不写的话，我就会病倒。写散文的这些年里，我把一条条的鲜鱼捧上了餐桌，可作为厨师，我怎么会不知道厨房里还有什么呢：破碎的鱼鳞，鲜红的内脏，暧昧黏缠的腥气，以及尖锐狼藉的骨和刺……如果不诉诸小说，这些东西就会成为我心灵里越来越重的麻烦和越来越深的毒。""感谢小说。它接纳了我的这些麻烦和毒。接纳就够了。接纳本身就意味着调理和医治。我把这些麻烦和毒在小说中释放了出来。……小说慷慨地给了我一片最

---

① ［法］米歇丽·蒙特雷：《女性本质研究》，张京媛主编《当代女性主义文学批评》，北京大学出版社 1992 年版，第 422 页。

广袤的空间，任我把心里带罂粟花色调的邪火儿和野性儿开绽出来。——这便是一种最珍贵的精神礼物。"[1]对于乔叶来说："好小说是打进大地心脏的利器，能掘出一个个洞来。功力有多深，就能掘多深。……最好能深到看见百米千米地层下的河流、矿藏和岩浆。——如何毫不留情地逼近我们内心的真实，如何把我们最黑暗的那些东西挖出纸面：那些最深沉的悲伤、最隐匿的秘密、最疯狂的梦想、最浑浊的罪恶，如何把这些运出我们的内心，如同煤从地下乘罐而出，然后投入炉中，投入小说的世界，燃烧出蓝紫色的火焰，这便是小说最牵人魂魄的力量和美。"[2]这就是乔叶的小说观，坚定、鲜明而富于挑战性。小说就是为了挖掘人心的黑暗，就是为了刮骨疗毒，因此小说就是治疗，小说家由此也成了心理医生，无论救死扶伤还是自我疗救，小说都是庄严的精神行动。在这点上，乔叶与深受弗洛伊德精神分析学影响的奥地利著名心理现实主义小说家茨威格在写作观念上无疑是契合的。当然，对于法国著名女性主义小说家西苏的一段话，想必乔叶也会感同身受，西苏说："我不是那种喜欢黑暗的人，我只是身处黑暗之中。通过生存于黑暗，

---

[1] 乔叶：《我和小说》，《我承认我最怕天黑》，山东文艺出版社2007年版，第4页。

[2] 乔叶：《我和小说》，《我承认我最怕天黑》，山东文艺出版社2007年版，第4页。

往返于黑暗，把黑暗付诸文字，我眼前的黑暗似乎澄明起来，或者简单说，它逐渐变得可以接受了。"①正是在对内心黑暗的体验和书写中，乔叶逐步实现着自我心理治疗和精神救赎。

在中国当代文坛，老实说，能形成自己个性化的小说观的作家本不多见，而能锤炼出深刻的小说观并在写作中一以贯之的小说家就更属凤毛麟角了。大多数的小说家盲目地跟风写作，不但不配引领小说潮流，反而在小说时尚中迷失了自己。而半路出家的乔叶，凭借其鲜明的女性心理现实主义写作，在新世纪乃至于整个新时期的中国文坛迅速找到了属于自己的艺术位置。新时期以来，女性小说家绝对占领了小说界的半壁江山，她们的小说异彩纷呈、争奇斗艳，要想在这个年代的女性小说界赢得一席之地，并不容易。但乔叶做到了，这不难从新时期女性写作的精神谱系或者艺术谱系中分辨出来。大体而言，新时期女性小说写作可以划分为这样三种形态：一种是自恋型写作，80年代以张洁为代表，进入90年代又加入了陈染和林白两位女性主义小说家推波助澜，她们的小说都带有强烈的女性自恋色彩，无论是张洁痛苦的女性理想主义，还是陈染和

---

① ［法］埃莱娜·西苏：《从潜意识场景到历史场景》，张京媛主编《当代女性主义文学批评》，北京大学出版社1992年版，第212页。

林白激进而执拗的"姐妹情谊"，在对当代中国女性自恋心理的开掘上都功不可没。与自恋相对立而构成了另一极的是自渎型写作，这在90年代末以来的"70后"和"80后"所谓美女作家的笔下屡见不鲜，尤其是名噪一时而后转入沉寂的卫慧和棉棉，她们的小说中充满了当代城市前卫青年女性的自渎或者自毁书写，而且在身体写作或者欲望写作的幌子下大肆贩卖残酷的青春物语，至于后继者春树的小说，则有过之而无不及。然而，新时期还有一种特别的女性自审型写作，它介于自恋与自渎之间，虽然也处在自恋的对立面，但毕竟不同于极端的自渎，自渎是自我放逐，是颓废写作，而自审是自我审视和自我审判，以期寻找并重建新的自我，这对于当前的中国女性写作具有不可或缺的意义。毫无疑问，铁凝的小说是新时期女性文学中自审型写作的典范，而在新世纪以来涌现出的女作家中，我以为乔叶属于自审型女性写作的后起之秀。

在乔叶迄今发表的大多数小说中，无论是对沦落风尘的城市妓女的变态心理拷问，还是对当代都市白领丽人的畸形婚恋心理透视，抑或是对家族题材中不同代际的女性的历史心理挖掘，都带有强烈的女性自审意味。这从乔叶的心理治疗型小说观中即可见一斑。乔叶的女性小说无意于借所谓身体写作招徕读者，与生理写作相比，她看重的是心理写作，是对女性深度心理或者潜意识心理场景的描摹，而且这种深度心理描摹与自恋无关，更与自渎无涉，它是一种充满了女性自审精神的心理现实主义形态。与陈染和林白那种自恋型女性写作相比，乔叶的女性小说中显然实现了潜意识场景与历史场景描摹的结合，而不是把二者对立或者隔离起来，故而乔叶的小说祛除了自恋型女性写作逃逸出社会历史场景所带来的幽僻孤峭，而呈现出与读者的亲和状态。所以乔叶的自审型写作显得自然朴实，即使是与铁凝的同类小说相比，我们也能够看得出乔叶挣脱前辈影响的一种努力。同样是女性的自审，铁凝的小说中有一种挥之不去的原罪感，而在乔叶的小说中，那种浓郁的带有西方宗教色彩的压抑不见了，取而代之的是平实的日常生活心理状态的描摹，其中的优秀之作庶几乎臻于中国化的境界，要知道这种自审型写作基本上是西方文化和文学影响的产物。

二

在乔叶并不算长的小说创作历程中，她对当代城市中的畸形女性边缘群体——妓女的生活和心理进行过集中的艺术观照，她写得最好的两部长篇小说《我是真的热爱你》和《底片》都是所谓妓女题材。事实上，妓女题材在中外文学史上堪称一大母题，佳作名篇不可胜数。但这些同类题材的作品有两种叙事模式比较受人尊重：一是凸显妓女在重要历史关头所表现出的令正常人汗颜的行动，如孔尚任的《桃花扇》写李香君，还有莫泊桑的《羊脂球》，都写出了妓女不让巾帼不让须眉的民族气节，属于宏大的民族国家叙事范畴；另一种则是通过写妓女的悲苦命运，来折射社会的黑暗和国家的腐朽，如老舍的著名中篇《月牙儿》即是著例，其意在社会批判，而悬置道德或伦理谴责，这一种属于典型的现代启蒙叙事形态。至于站在传统的道德立场上或者以颓废纵欲姿态讲述妓女故事的小说，尽管数量庞杂，但佳作鲜见。

《杜十娘怒沉百宝箱》是中国古代小说史上写妓女人生的名篇，乔叶对这个精彩的古典短篇似乎格外重视，其中一个很重要的原因就在于，这篇妓女题材的小说写出了一个妓女心中真正的爱情，这是一种超凡脱俗的爱情，足以让任何以正人君子自居的女性和男性汗颜。在绝望的时刻杜十娘可以为爱情而死，绝不苟且，坚决不向现实和命运妥协。这可不是一般俗套的殉情模式可比拟的，而且，虽然表面上还未摆脱"始乱终弃"的情爱模式，但骨子里的境界委实有高下之别。乔叶说："读杜十娘的时候，我不得不落泪。这样一个烟花女子，却有着如此清洁纯粹的爱情精神。我相信，面对她的勇敢与决绝，有太多活在当下的口口声声标榜个性和自由的酷男酷女都会汗颜。""也许对于吃喝穿戴，我们都还能够去讲求完美，但对于情感和内心，我们却更像是烟花女子——早已经见惯了苟且，也习惯了苟且。而杜十娘，她拒绝苟且。她死了。她因为拒绝苟且而死。"①不能不佩服乔叶的犀利，她看得很准，烟花女子杜十娘"拒绝苟且"的精神确实是她足以笑傲人间的资本，而我们所谓正常社会中的红男绿女，却早已见惯了也习惯了苟且，我们在苟且中不能自拔，也不思自拔，我们在苟且中忍辱负重，我们在苟且中随遇而安，"苟且"成了我们的精神底片或者心理原型。用乔叶不无刻薄的话来说，这种苟且心理其实就是所谓"小姐意识"②。曾几何时，妓女这个古老的称谓在当代中国被置换成了"小姐"，这显然不是简单的语言或者符号更替，其中隐含了当今国人内心世界中比一般妓女更为苟且的心理，红尘俗世中人已经习惯了在面具下生活，殊不知"小姐"已经无法掩饰妓女的实质，把妓女称作小姐不过是掩耳盗铃的可笑行径罢了。在乔叶看来，比肉体上沦落为妓更可怕的是精

① 乔叶：《一个女人的自杀史》，《薄荷一样美好的事》，江苏文艺出版社2010年版，第73—74页。
② 乔叶：《我是真的热爱你·后记》，《我是真的热爱你》，长江文艺出版社2004年版，第356页。

神上的沦落为妓，当今中国社会最可怕的事莫过于四处泛滥且无形渗透的"小姐意识"或者"小姐心理"。在这个意义上，乔叶写妓女题材的小说已经超越了题材本身，而直抵我们这个时代的中国社会深层心理结构。

这使我想起了胡风，胡风是20世纪中国倡导心理现实主义最有力的文艺理论斗士，他坚决反对"对于生活的卖笑的态度"。他说"文艺家如果在主观精神上失去了方向，在客观现实里面又感受不到人生的迫力"[①]，那就只能堕落为向读者献媚的写作。卖笑也好，媚俗也罢，都属于写作上的妓女心理，即乔叶所谓"小姐意识"。胡风的文艺观要求作家对生活和人生采取绝不妥协、绝不苟且的价值立场，这是现代中国文学史上现实主义创作中最宝贵的精神传统。乔叶的小说无疑继承了这种精神传统，但她并不像胡风及其那一代人那样呈现出激烈峻急的战斗型文风，而是采取更为内敛的客观冷静型叙述，她把自己对现实人生的批判情绪隐含在繁密细腻的客观心理现实的描摹中，尽管还是常常掩盖不住内心挣扎的痛苦。乔叶要致力于反映我们这个时代的心理动态，她就必须要承担这个时代的

[①] 胡风：《文艺工作的发展及其努力的方向》，《胡风全集》第3卷，湖北人民出版社1999年版，第178—180页。

精神痛苦，包括正常人和畸形人（比如妓女）的心理痛苦，更何况这两种人的心理痛苦具有内在的同一性。

作为一个具有现实担当情怀的作家，乔叶并不满足于对外在现实生活的浅层描绘，她感兴趣的是对女性人物心理现实的复杂描摹。选择当代城市妓女作为书写对象，这种题材显然带有一定风险，容易被误解为欲望化写作的标本之类，不仅如此，选择这种题材也面临着突破既有的叙事模式的难题。乔叶当然无意于写那种有关妓女的宏大民族国家叙事，她甚至也不满足于仅仅是借书写妓女的悲苦命运而对现实社会制度进行批判的思考，她的艺术贡献在于，客观地、集中地揭示当今中国妓女群体复杂的精神心理状态，尤其是揭示她们沦落为妓的心理轨迹，包括沦落为妓之前和之后的精神变异和心理变迁，其中有她们麻木后的欢乐和清醒时的痛苦，有她们反抗的绝望和惯性的滑行，甚至还有她们偷偷从良后的隐忧和隐痛。虽然乔叶对杜十娘表达了自己的尊敬，但她并不想塑造杜十娘的翻版形象。与杜十娘拒绝苟且的刚烈形象不同，乔叶笔下的妓女形象大致有两种类型比较吸引人们的注意：一种是安于苟且、惯于苟且的妓女形象；另一种是想拒绝苟且而不得的妓女形象。前一种形象以《我是真的热爱你》中的姐姐冷红为代表，作者不仅真实地反映了冷红沦落为妓的各种现实社会原因，写出了一个清纯的农村姑娘在城市中被迫走上卖淫道路的社会心理逻辑，更重要的是还着力写出了冷红在沦落为妓之后苟且偷生或者谋生的妓女心理，即"小姐意识"。这种惯性心理已经根深蒂固、积重难返，即使是外在客观条件完全允许她改变自己的生存状态的时候，她也不想改变或者脱离既定的生活陷阱了。她就像一只被生活捕获且被彻底驯服的猎物，已经丧失了反抗的能力，更丧失了反抗的思维。总之，乔叶写出了冷红步步陷落的轨迹，深刻地揭示了冷红们由被动到主动、由无奈到迎合，并逐步形成了一套自我心理平衡系统的内在心理机制。与冷红惯于苟且不同，冷紫想拒绝苟且而不可得，她只能清醒地堕落，她想反抗但个人力量太微薄，她想接受初恋同学的拯救但社会成见的力量太强大，她有过正常生活的理想但理想遥不可及，所以等待她的只有死亡的结局。但冷紫的死不同于杜十娘的死，杜十娘的死是刚烈的拒绝苟且的死，而冷紫的死却笼罩着一层荒谬的色彩。她是遭到一个越狱的抢劫犯的报复而死的，而当初她冒着生命危险举报这个抢劫犯却并没有被社会所肯定和接纳，这不能不说是一出荒诞的悲剧。但毕竟冷紫又是为了救自己的姐姐冷红而被抢劫犯枪杀的，透过冷紫心底浓浓的亲情和她对于爱情的无限希冀，乔叶写出了妓女形象的另一面。正如乔叶所说："我相信的是：所有人的阳光笑脸下，都有难以触及和丈量的黑暗。当然，我也相信：所有黑暗的角落里，也都有不能泯灭的阳光。"[1]印象中，只有苏童《红粉》中的两个妓女形象——小萼和秋仪在心理类型上与乔叶笔下的冷红与冷紫异曲同工。但与苏童刻画女性时善于写意的飘逸风格相比，乔叶在摹写妓女心理现实的过程中更为精细入微，也更为沉痛！

长篇小说《底片》中的女主人公刘小丫是一个介于冷红与冷紫之间的妓女形象。这部长篇其实是根据作者的中篇小说《紫蔷薇影楼》改写或扩写而成。这种改写本身就说明了作者对这种题材的迷恋。乔叶感兴趣的是女主人公的心理底片或者精神潜影，她把这种"底片"情结推而广之，以此窥视所谓正常人暗中的心理真相。对于小丫而言，一方面，她在南方城市当妓女的几年里由被动到迎合，逐渐安于苟且和惯于苟且；另一方面，她回到家乡从良嫁人后，想拒绝苟且而不可得，这不光是因为她在故乡重新遭逢了早年的嫖客窦新成，且窦又对她百般勾引；更重要的还是在于她的心魔，因为她内心深处的"底片"时刻都有曝光的可能性，它就像一个病毒，只是暂时地被

---

① 乔叶：《写作的第一道德》，《薄荷一样美好的事》，江苏文艺出版社2010年版，第136页。

抑制和隔离，一旦出现了外在诱因，便迅即被激活，甚至是复制性地传播。不幸小丫就遭遇到了这种心理困境。尽管她理性上拒绝苟且，但她还是身不由己地做了前嫖客的情人。虽然她对丈夫也心存愧疚，但她无法拒绝内心潜匿的"小姐意识"，她欲罢不能，重新走了回头路，由明妓变成了暗娼。她本想回归正常的社会生活秩序，回到光明的世界，但事实证明，一个曾经堕落的人要想获得真正的精神拯救并不容易，黑暗中的阳光原本微弱，而阳光中的黑暗却更加刺目！乔叶的不同凡响在于，她不仅在《我是真的热爱你》中写出了黑暗中的一缕微光，而且在《底片》中又写出了光明背后无边的黑暗。乔叶对当今中国社会中妓女复杂心理现实精细深微的摹写，令人惊叹！

三

早在"美文"写作时期，乔叶就对当今中国城市女性的婚恋情感问题表现出了浓厚的兴趣。转行写小说之后，关注城市女性的婚恋心理困境自然也就成了乔叶小说创作的一大母题。身为女性，乔叶习惯于从女性视角透视当今中国社会日益突出的婚恋病象，她的很多小说都涉及婚外恋题材，婚外恋已然成了我们这个时代的城市文明病。乔叶对婚男和婚女婚外出轨的理由有着独到的认识，她说："婚姻渐渐疲惫，疲惫点却不同。婚男们不满足于熟悉的身体，婚女们不满足于稀释的爱情，因此出轨就有了本质的区别：婚男们最重要的是体验不同于妻子的那个身体，而婚女们则多是为了爱情，最重要的就是爱情，为了重新听到爱情的声音。"[①]显然，乔叶是一个女性主义的爱情理想主义者，她站在女性的立场上批判性地审视男性的身体欲望诉求，她申明自己特别喜欢杜拉斯的名言"女人就是殉道者"，因为爱情就是女人的灵魂，就是女人的道，婚女的出轨大多属于置世俗道德规范于不顾，像飞蛾扑火般为爱情而殉道。但乔叶并没有因此而把自己装扮成为那种自恋型的女性写作者，因为在她的那些婚外恋故事中，乔叶的女性爱情理想只是作为内心深处的终极目标而存在，可望而不可即；相反，她把更多的笔墨用于揭示或者暗示围城中的女性们的深度心理困境。

其实，乔叶关于婚女出轨的小说并不回避女性自身的身体欲望诉求，只不过她不像那些流行小说那样把女性身体书写当作招徕读者的诱饵罢了。与身体出轨相比，乔叶更多地关注的

---

① 乔叶：《婚女出轨的理由》，《薄荷一样美好的事》，江苏文艺出版社2010年版，第191页。

是精神出轨，关注的是女性隐秘的心理突围欲望。换句话说，乔叶关注的是隐性出轨而不是显性出轨。这不仅把她的小说与那种专门兜售女性身体隐私的流行小说区别了开来，而且把她的小说与那种抗拒男性的自恋型女权主义小说区别了开来。就爱情理想主义而言，乔叶也许是传统的，但就女性心理困境而言，乔叶又是绝望的，她的婚女出轨小说在骨子里散发出现代主义气息。她总是不厌其烦地挖掘和描述婚女（亦包括婚男）的深度心理状态，许多微妙而复杂的变态心理和无意识心理状态是乔叶小说中反复表现的话题。作者热衷于对人物进行繁密深刻的心理细节描写，[①]这种心理细节不同于外在的日常生活细节，后者是具象的，可以直接感知到的，而前者是抽象的，如果没有十分锐敏的心理感受力和洞察力，乃至惊人的语言表现力，一个作者是无法把人物的内在心理细节完整而深入地呈现出来的。而乔叶却具备了这种特殊的艺术才华，把女性人物的内在心理状态用精彩的心理细节描写表现出来是她的强项，她笔下的女性心理细节描写如同令人眼花缭乱的语言流甚至语言瀑布，常常令人叹为观止，其中渗透的通感或博喻等修辞手

---

① 郜元宝：《从"寓言"到"传奇"——致乔叶》，上海市作家协会编：《姹紫嫣红开遍——上海首届作家研究生班作品集》（上），上海文艺出版社2009年版，第64页。

302

段，把乔叶的心理细节描写能力展露无遗。正是通过卓越的心理细节描写，乔叶把当今城市女性出轨心理揭示得淋漓尽致，尤其重要的是，围绕婚女的出轨心理或非常态心理的书写，乔叶实现了更高层面上的对当代城市文明病的批判性审视。乔叶对婚女的深度心理分析是与她在小说创作中追求人性深度的精神旨趣分不开的。人性的压抑和扭曲，身体与灵魂的分裂，作为精神底色埋伏在乔叶的女性心理现实主义书写之中，隐含着强烈的女性自审色彩。

中篇小说《打火机》是乔叶写婚女出轨的一篇代表作。作者没有把这篇小说讲述成一个俗套的婚外恋故事，而是把笔墨集中在对女主人公余真的深度心理开掘上。余真的婚姻其实并非常人所看来的那么美满，对她百般体贴的丈夫其实并没有真正读懂妻子的内心，因为在她的内心深处，青春期的一次强暴事件酿成了巨大的心理创伤，使她从一个喜欢玩闹的街头坏女孩陡然间变成了一个沉静斯文的好学生。这种由"坏"到"好"的裂变其实不过是生活的表象而已，骨子里的余真依然渴望做一个无拘无束的"坏孩子"。但她被压抑的"坏毒"只有在脱离正常的生活秩序的时候才能偶露峥嵘，比如在北戴河休闲胜地，她举手投足间的"坏习气"猛然暴露在胡厅长的眼前，难怪胡要说她是一个童年还没有过完的孩子了。于是她半推半就地接受了胡的暧昧调情，因为这个坏男人身上的坏习气与余真身上长期被压抑的破坏冲动有着潜在的默契，余真渴望摆脱日常婚姻平庸状态的内心隐秘在胡的引诱下蓬勃兴起，就像夜晚打火机的微光熠熠生辉。虽然作者说，他们达成的只是"坏与坏的默契情谊"，这种情谊"与爱无关"，①但是谁又能否认，女主人公的内心深处的确是残留着对真正的爱情的渴望呢？像余真身上这样被压抑的爱情婚姻心理状态在乔叶的小说中还有过不同的书写，但乔叶并没有简单地重复自己，而是写出了新的特色。比如中篇小说《他一定很爱你》，讲述了婚女小雅与骗子陈歌之间的一场奇异的婚外爱情故事。小雅并非不爱自己的丈夫，但她只是把丈夫当作父亲或者兄长的替代角色看待，他们之间亲情大于爱情，她总觉得自己的人生好像缺了一堂课，即爱情课，因为她与陈歌之间的爱情刚开始就煞了尾。陈歌八年后再度出现，这时的他其实是一个骗子，他也曾尝试着骗过小雅，小雅也警觉地与他之间保持一种暧昧的距离，但事实证明，这个骗子男人欺骗了其他所有与他结识的女人，唯独没有欺骗小雅，这主要不是因为小雅的精明和警惕，而是因为陈歌

---

① 乔叶：《创作之外，小说之内》，《薄荷一样美好的事》，江苏文艺出版社2010年版，第158页。

内心深处对小雅充满了爱。作者以第三人称限制性视角，从女性的角度来审视男性，把小雅与陈歌之间博弈和较量的心理现实写得微妙而深透。小说的结局，读者看到的是小雅的自省与领悟，在骗子陈歌的身上，小雅看见了自己世俗心灵中的斑点。还有短篇小说《妊娠纹》，同样讲述的是婚外恋故事，但在这场偷情未遂的故事中，未遂的原因与外在无关，而根源于女主人公内心的惶惑与痛苦，不仅仅因为她对自己的身体丧失了信心，更因为她的精明与狡黠使她彻底丧失了爱的能力。就这样，乔叶把世俗的婚外恋故事提升到了女性自审和人性反思的境界。

长篇小说《爱情互助组》敏锐地介入当前中国城市社会中出现的一种新型的婚姻家庭形态。所谓"爱情互助组"，其实是城市青年男女私下选择的一种过渡性的婚姻方案，按照私密契约，男女双方在婚后继续保持各自寻找爱情的自由，一旦双方都寻找到了理想的爱情伴侣，婚姻即自动解除。这种婚姻往往是隐婚，仅限于双方亲友之间知晓，而爱情互助组的临时性质则纯属两人之间的私人密约。这种前卫的婚姻形态的出现，折射了当下中国城市青年男女的精神心理困境。小说中"熟女"宁子冬迫于父母逼婚的压力，与"剩男"耿建组成了家庭，双方亲友都以为他们是因爱情而缔结的婚姻，而实际上两人只是临时组建了一个"爱情互助组"。他们在既定的婚姻家庭内部保持各自的独立性，子冬与老成重逢，但旧情复燃后带给她的是更大的痛苦和欺骗；耿建也与初恋情人安纺邂逅，但他发现两个人之间已失去了真正的信任。他们以友谊的方式构建婚姻，以婚姻的方式寻找爱情，到头来发现所谓的爱情在友谊面前不堪一击，由此他们体会到了人生的虚无与荒谬。与《爱情互助组》表现非常态的婚姻不同，中篇小说《我承认我最怕天黑》(又名《从窗而降》)反映的是离婚女子刘帕的非常态爱情。刘帕不仅拒绝了前夫小罗的多次复婚请求，她还多次拒绝了上司张建宏的暧昧行动，但她却接受了一个民工的性爱，这个破窗而入的民工身上有着张处长所缺乏的野性的激情，他那不计后果的激情与张建宏"浑浊的苛刻与恶劣的投机"之间形成了截然对比。刘帕在民工的身上奇异地体验到了纯粹的爱情感觉，所以她在民工被现场抓获后敢于为他辩护，这让所有正常的人都表示不解，然而，就在这种不解或者误解中，作品的荒诞意识油然而生。乔叶的城市女性婚恋小说的现代派意味由此可见一斑。

在乔叶的城市婚恋题材小说中，除了以写实为主的作品之外，还有一类偏重写意的作品，这类小说带有明显的浪漫情绪，或者笼罩着浓郁的诗意氛围。这样说并不意味着乔叶写实性的前一类小说中没有浪漫情绪，事实上，在《打火机》等小说里暗中涌动着强烈的爱情理想主义暗流，只不过与后一类写意性的小说相比，前者的浪漫情绪更加的内敛和克制，而后者则颇有几分散文化或者诗化小说的神韵了。乔叶本是写散文写美文出身的，写这类散文化或者诗化的小说其实是发挥了她的写作特长，同时也增添了她的小说整体创作风格的多样性。这方面的代表作首推中篇小说《山楂树》。少妇爱如在火车上与男画家邂逅，一个返回山乡的婆家探亲，一个是逃回故乡的杀人犯，但直至小说结束，爱如才知晓画家是逃犯，而此前的他们则度过了短暂的温馨而暧昧的一段时光。他们悉数诉说着各自的情感遭遇，这里面有婆媳之间的纷争，也有夫妻之间的裂痕，但一切都在红山楂的诗意语境中被化解了，如同入口的红山楂酸酸甜甜，回味无穷。乔叶说过写这篇小说的初衷，就是她特喜欢苏联的老歌《山楂树》，但那首老歌抒写的是一个少女在两个男人的爱慕之间犹豫不决的心情，而她的这篇同名小说则写的是一对陌生男女的短暂婚外情谊，虽不免有几分暧昧，但骨子里却渗透出纯美的诗意。用作者的话来说，"其间有理解，理解得有限，也理解得温暖。其间也有意会，意会得隐约，也意会得契合"①。正是这种无法定位的模糊而暧昧的男女情谊，成为了涌动于小说文本字里行间的情感溪流，让读者感慨唏嘘不已。然而，乔叶毕竟是冷峻的，即使是在写意性的诗化小说中，她也没忘记在最后的关头予以致命一击，当得知画家是一名杀死妻子及其情人的逃犯时，爱如在丈夫面前已经无法掩饰自己内心的恍惚，这当然可以理解为诗意的消解，也就是浪漫的破碎。

乔叶写意性的诗化或散文化小说往往都会设置一个中心意象，如同《山楂树》中的红山楂一样，《那是我写的情书》中出现的是芹菜雨的意象。其实，这部中篇又名《芹菜雨》，小说中女主人公麦子站在地上，迎接房顶上的男子韦抛下来的雨一般的芹菜，那个场景的描绘委实诗意盎然，让人心碎。已婚的麦子因为暗恋韦而给他写了一封匿名的情书，由此加剧了韦的婚姻危机，而韦明知是麦子所为，暗中承受着无尽的痛苦。两个婚内男女之间的婚外恋情被乔叶写得隐忍而缠绵，引而不发，具有强大的心理张力。不过，乔叶并没有轻易地赦免笔下的女主人公，作者写到了麦子在韦妻被人劫杀的那一晚没

---

① 乔叶：《创作之外，小说之内》，《薄荷一样美好的事》，江苏文艺出版社2010年版，第159页。

有及时报警的细节，虽是一笔带过，却有随时消解小说诗意的力量。尽管短篇小说《像天堂在放小小的焰火》如同标题一样充满了诗意，但天宇中美丽的流星雨暗喻了小说中男女主人公超性别的友谊神话或者爱情神话必将走向破灭的结局。而短篇《月牙泉》也有一个诗意的名字，但在诗意的外衣下却包裹着一对姐妹的婚外私情。作者无意于对婚外情做简单的道德评价，她关心的是女主人公精神生活中的隐秘渴望。诚如作者在散文《月牙泉外》里所言："它（婚外恋）在婚外，婚姻所有的功能和用处，它都不必考虑。它是最纯粹的那点儿爱，它是最朴素的那点儿爱，它是最简单的那点儿爱，它也是最可怜的那点儿爱。它的存在，除了爱本身以外，不再有任何意味。忽然想起那年我去敦煌看到的月牙泉。月牙泉，它孤零零地汪在那里，如一只无辜的眼睛，让人心疼，仿佛一汪稍纵即逝的奇迹。在我的想象中，真正优质的婚外恋就是这样的奇迹。"[1]有意思的是，作者把这段文字巧妙地镶嵌进了这篇小说中，可惜小说中姐妹们的婚外恋暧昧掩盖了纯真，这就不是奇迹而是尴尬了。

---

[1] 乔叶：《月牙泉外》，《薄荷一样美好的事》，江苏文艺出版社2010年版，第84页。

四

除了另类的妓女题材和常见的婚恋题材之外，乔叶的小说创作中还有一类特殊的"历史"题材，这种题材是相对于前两种题材往往只关注当下中国的社会现实而言的，它把笔触深入现实的背后，延伸到民国时期或者新中国成立后的前三十年间，由此获得了叙述上纵深的历史感。应该说，这类"历史"题材小说的集中出现，预示着乔叶小说创作思想上的深化与日益成熟。尽管在这类小说中她仍然不免要触及自己喜爱的婚恋情感困境问题，但显然，她的视野更开阔了，不仅历史感在增强，而且生命意识更浓烈了。值得注意的是，除却写知青的《锈锄头》和写抗战的《深呼吸》之外，乔叶的这类"历史"小说主要与她的家族历史相关，所以在广义上又可称为"家族历史小说"。当然，这样说并不意味着乔叶的这类小说是她的家族历史的真实再现，这就如同说小说是作家的自叙传并不意味着是作者的生活实录一样。我们只能说，这类"家族历史小说"是乔叶对于自己或者他人的家族历史的一种回忆、连接和想象的聚合体。

乔叶的"家族历史小说"都是从女性视角切入的，她关注的是家族历史中不同代际的女性人物的历史命运，以及她们命运之间的历史关联性，由此书写她们的抑或作者自己的深层生命历史体验。自然，这些小说中也少不了男性人物，有时候这些男性人物在小说中也占据着比较重要的地位，但毋庸讳言，他们更多的是作为弱者的形象，甚至是孱弱者形象而出现的，由此也显示出乔叶的家族历史小说具有鲜明的女性意识。然而在我看来，乔叶的家族历史小说中的女性意识更重要的还是体现在小说中的时间意识上。乔叶曾经说过一段意味深长的话："精神生活，真的就是慢的，低的，软的。慢得像银杏的生长。因这慢，我们得以饱满和从容。低得像广袤的大地。因这低，我们得以丰饶和深沉。软得像清水和阳光。因这软，我们得以柔韧和慈悲。而对于我，一个写作者来说，慢的、低的和软的还可以另有意味和解释：慢是人性的本质，低是心灵的根系，软是情感的样态。"① 从这些阴性的词语群落中不难发现，乔叶坚守着并不同于主流男性写作话语规范的另一种女性文学观，她不屑于接受所谓"更快，更高，更强"的阳性或男性观念，她所理解的精神生活是与现时代快节奏的物化生活样态格

---

① 乔叶：《慢的，低的，软的……》，《薄荷一样美好的事》，江苏文艺出版社 2010 年版，第 4 页。

格不入的，这种精神生活中隐含着一种女性的时间观。按照法国著名女性主义批评家克里斯多娃的说法，男性时间是线性的时间、历史的时间，有计划有目的的理性时间，它内在于任何给定的文明逻辑或者本体价值之中，因此是一种"强迫性时间"；而女性时间与自然节律和生物节律保持一致，是一种非线性、非历史的时间，主观的或心理的非理性时间，这种时间像想象空间一样广阔无边，不可置限，主要表现为循环时间和永恒时间，它们植根于某种神秘的经验。[1]事实上，在乔叶的家族历史小说中，我们看到的正是这种慢节奏的带有神秘色彩的自然循环时间观念，这类小说所折射的精神生活以"慢、低、软"为质地，既是对女性生活或生命史的艺术观照，也是对人类现有物化生活的一种反讽。

中篇小说《最慢的是活着》曾获鲁迅文学奖，这是乔叶的家族历史小说中最有代表性的一部作品。这部中篇的叙述节奏完全符合乔叶"慢、低、软"的文学观和女性时间观，小说中对祖母和"我"的心理细节的内在和外在的刻画都是细腻深入且繁密多姿的，直抵人性最柔软、最饱满、最深沉的地带。这

---

[1] ［法］朱莉亚·克里斯多娃：《妇女的时间》，张京媛主编《当代女性主义文学批评》，北京大学出版社1992年版，第350—351页。

也是乔叶的家族历史小说中最具有自叙传色彩的一部作品，小说中的祖母形象几乎可以看成作者老祖母的艺术翻版，这在乔叶的散文《没有什么会不见了》中交代得很分明，读者可以把散文中对祖母的人生简述与小说中的祖母形象相比照进行考察，甚至还可以发现散文中阐发哲理和人生感慨的句子与小说中如出一辙。[1]这部作品中塑造的老祖母王兰香的形象令人难以忘怀。在她八十多年的生命历程中经历了太多的历史沧桑，更经受了太多的生命困境，中年亡夫，晚年丧子，在"我"的眼中，她就是整个家族的母亲形象，她早逝的丈夫像她的孩子，她那盛年早亡的儿子在她面前一直就像长不大的孩子，连她的儿媳活到晚年也像一个长不大的女儿，她就是所有人的母亲！她活得"坚韧"，也活得"无耻"，她与驻队干部有过私情，她还愚昧、自私和封建，但她赢得了人们的尊敬，最终也赢得了长大后的"我"的尊敬。她是"我"童年的仇敌，却也是"我"成年后唯一依靠的亲人。"我的新貌，在某种意义上，就是她的陈颜。"尽管"我"和她在外在方面一直在做离心运动，但在内在方面却一直在做向心运动。两个人表面上很远，骨子里却

① 乔叶：《没有什么会不见了》，《薄荷一样美好的事》，江苏文艺出版社2010年版，第144—145页。

很近。祖母的一切生命细节都"反刍"在"我"现在的日常生活中，她的生命在"我"的生命中复现。在这个意义上，生命成了精神密码的复制和绵延。小说所内含的时间观是带有循环色彩和永恒底色的女性时间观，线性的生活叙述掩盖不住神秘的生命叙述。不同代际的两位家族女性的生命史由此实现了内在沟通。

无独有偶，这种用"我"的女性视角来审视上一代人的生命史的叙事模式在《解决》、《龙袍》和《轮椅》等小说中也得到了体现。在《解决》中，作者通过"我"的视角审视了祖母与六爷之间的旷古私情，祖父早逝后，祖母把小叔子六爷抚养成人并帮他结婚成家，她和六爷的私生女月姑被独居的三爷收养，直到两位当事人死去，弥留之际的三爷才最终吐露心声，时间成了生命困境最好的"解决"方式。与此同时，在六爷的葬礼上，大哥因嫖妓而导致的麻烦却也获得了一种戏剧化的"解决"，两相对照，构成了有力的反讽。在《龙袍》中，"我"不再是单纯的叙述者，而是变成了主角之一。小说除了写到父母兄嫂的家事之外，还通过"我"的视角重点写到了老支书老忠，"我"童年时被老忠从啤酒池中救起后，赤身裸体躺在他怀抱中的身体记忆，居然在多年后"我"与老女婿老李同床共枕时神秘地重现了。无论是《解决》还是《龙袍》，作者所要传递的生命历史体验都是神秘的时间力量使然，尽管一个是反讽的，一个是温情的，但生命历史中的精神密码却是相通的，或者人生中并不存在简单的断裂，而是时刻埋伏着生命的玄机。还有《轮椅》，女主人公晏琪假装残疾人去体验生活，她所经受的尴尬遭际让她想起了少年时的记忆，那时身患残疾的姑父躺在轮椅里寄居在她家里治病深受厌弃。晏琪终于明白，原来自从少年时看到姑父的残疾身体开始，她就开始厌弃起自己的身体，她成年后四处俘获男人对她的爱情，不过是为了反向补偿她厌弃身体的隐秘心理罢了。显然，《轮椅》中的时间观属于典型的女性时间观，女主人公的生命史拥有非理性的时间体验。

与以上作品偏重写实性不同，《指甲花开》和《旦角》属于乔叶"家族历史小说"中偏重写意性的两部中篇。相对而言，《指甲花开》类似于诗化小说，《旦角》接近散文化小说，前者写得清新灵动，诗境辽远，后者写得华丽丰盈，移步换景，古风弥漫。尽管风格不同，但两部作品的写意性或者寓言性都相当的明显，究其实则还是为了反映不同家族历史中不同代际的女性命运，凸显她们在不同历史时期的心理现实或者潜意识场景，揭示她们在历史命运中的精神关联性。《指甲花开》从女孩小春的儿童视角透视了她的母亲柴枝和姨妈柴禾与姥姥柳月香之间两代女性的畸形命运。红红的指甲花美丽动人，但它也是柴枝和柴禾姊妹俩共同的心结和梦魇，更隐含了她们的养母柳月香早年不堪回首的妓女生涯。因染指甲花，柴禾被柴枝绑缚双手，以致被老蔡强暴，由此带来了她日后巨大的心理创伤和不幸的婚姻。老蔡从房顶坠亡后，寡妇柴禾回到娘家居住，而柴枝的丈夫正是当年柴禾的恋人，由此悄然上演了一出畸情剧。她们的隐秘被老母亲所掌握，也被小春所知晓，最后老母亲的人生隐秘也在卒后浮出历史地表。她们的痛苦、耻辱、善良、隐忍和坚韧，如同精神密码或者命运符咒，隐藏在两代并没有血缘的女性的人生历程中，这在第三代女性小春和小青的眼中，仿佛时空倒错，幻化成了不可思议的女性人生之谜。而在《旦角》中，伴随着各种流光溢彩的豫剧旦角粉墨登场，作者穿插叙述了陈双和母亲两代女性之间神秘的命运之缘。母女两代人颇为暗合的不幸爱情婚姻故事，就如同简陋的舞台上走马灯似的旦角变换，在繁华的舞台装里掩饰不住命运的补丁。

在女性视角的家族历史小说之外，乔叶近年来还创作了一些历史感和社会性比较强的小说，如"后知青小说"《锈锄头》、"抗战小说"《深呼吸》、"犯罪小说"《取暖》、"底层小说"《良宵》、"非虚构小说"《盖楼记》，以及很难简单命名的小说《不可抗力》等。这些作品中不乏优秀之作，但总体上看，与前面重点论及的三类小说相比较而言，乔叶还处在进一步的艺术拓展中，还处于正在形成新的艺术空间和艺术生长点的过程之中。这对一个目前正值小说创作黄金时段的作家来说，既是挑战，更是希望之所在！

《华中师范大学学报（人文社会科学版）》，2012年第3期

乔叶小说批判话语解析

李　勇

　　"70后"作家乔叶的作品直面生活，具有强烈的社会批判意识。她的作品提供了一个基本的理念、一种共识和基础，由它出发，小说家在写作中遇到了全方位的考验：社会的、文化的、伦理的，甚至是人性本身的。乔叶明显感受到了这些实实在在的问题，而这些问题的沉重便成为了她写作的总体背景。

批判与矛盾

　　社会批判构成了乔叶小说批判话语的第一层主题。仅就中短篇而论，体现社会批判主题的作品大致包括《叶小灵病史》《锈锄头》《盖楼记》《拆楼记》等。在这些小说中，乔叶集中关注的是中国社会的现代化转型问题：《叶小灵病史》写的是农民的身份焦虑问题，《锈锄头》反映的是城乡差距和对立问题，《盖楼记》和《拆楼记》则直接将目光锁定了"拆迁"。小说所反映的农村城市化问题是当代中国最沉重的话题之一，这种沉重对作家造成的压迫在《叶小灵病史》中体现得最为明显。乡村女孩叶小灵一心想做城市人而不可得，于是她在家乡不得不以让人讥嘲和不解的方式勉力维持着自己打折的愿望，她对理想的坚贞、她的自爱、勤勉让人尤为心疼。令人诧异的是，小说结尾将这一切都颠覆了：当农村的城市化改造使叶小灵梦想成真后，她丢弃了自己原来那些美好的情操，变成了一个以"看电视、吃饭、睡觉、找人打牌"度日的庸人。这个结尾在小说中显得十分突兀，甚至破坏了人物和故事本有的圆融，但乔叶在此分明是要执意打破这种圆融，把叶小灵身上的"病"——农民身份焦虑导致的盲目和非理性——展示给我们。乔叶似乎想要借此告诉读者：现实比我们的愿望沉痛，而她不愿回避这种沉痛。

社会问题如果要继续追溯，不可避免地会触及文化领域，所以，对文化的批判构成了乔叶小说批判话语的第二层主题。囊括在这一主题下的作品包括《山楂树》《他一定很爱你》《指甲花开》等。在这几个作品中，乔叶集中表达了她对现代文明的批判：在《山楂树》中，代表现代文明的城市伤害过小雅，也更严重地伤害了青年画家；在《他一定很爱你》中，一个纯情的骗子令人心酸且心疼地考验了我们这个社会的世俗和平庸;《指甲花开》则让我们清楚地看到了陈腐的伦理信条是如何深深地嵌入我们的生命,使我们甘愿蒙羞。这些作品的批判矛头共同指向现代文明对人的异化,这些异化有时是习焉不察的,有时是尖锐锋利的。此外,在小说《失语症》《我承认我最怕天黑》《不可抗力》中,乔叶选择在"官场"这一特定空间中,将异化彻底地放大。小说中的女主人公尤优、刘帕、小范,一个个光辉灿烂,而与她们相对的李确、张建宏、王建这些男性则都阴郁灰暗。这些女性如一面面明亮的镜子,映照出我们整个时代的功利、世俗和犬儒。

虽然乔叶小说中文化批判指向的是"现代",但这并没有使她迫切地膜拜"传统",她对"传统"的复杂心知肚明:《山楂树》中山民对青年画家妻子的排斥、山民爱吃的山楂在城市致人流产,都标识出一种显著的文化冲突,而不包含厚此薄彼的价值判断;《指甲花开》中背负羞耻的后辈固然无反省地臣服于俗见,但长辈"二女事一夫"的行为也未尝不包含着愚昧。可见,乔叶对"传统"保持了很高的警惕,她在此表现出一种难得的理智和清醒,但也正是这种理智和清醒使她的文化批判陷入了危机——她知道什么不可取,却不知道什么可取。

乔叶文化批判中所显露出的危机在她面对人性时变得更加

显著。人性话语在乔叶的小说中首先是以建设性而非批判性的面目出现的,它连接着自由、解放,富有启蒙功能:《打火机》中的余真借一次半推半就的偷情复活了自己长久压抑的"坏",通过"坏"铲除了自己早年被强暴而留下的心理阴影,"坏"在此作为人性的本能为自己做出了辩护,它反抗的是世俗伦理和它制造的"羞耻";《紫蔷薇影楼》中权力对女性身体的强占,最后演变成了两情相悦的偷情,得到辩护的同样是人性的本能。我们知道,人性不一定是单纯的,它既会是革命的力量,也会是破坏的力量;既会通向解放,也会带来毁灭。所以,当乔叶试图将她在社会和文化领域发现的问题通过一个更为普世的人性的角度加以审视和思考时,反而更进一步陷入了困境:《那是我写的情书》中的麦子代表了人性自由的力量,但爱的自私性却毁灭了一个家庭和一个生命,同时也使麦子自己陷入了"罪与罚"的永劫。对人性的批判就这样勉为其难地构成了乔叶小说批判话语的第三层主题。人性的复杂已使我们看到,在对待人性的态度问题上,简单的批判或颂扬可能都不恰当,我们所能做的只是一种探寻。

拯救与困境

无论社会批判、文化批判还是人性批判，所显现出来的都是作家写作的一种焦虑，它逼迫作者对"如何解决问题"进行思考，而这也形成了乔叶小说中寻找拯救的主题。

在寻求社会拯救方面，乔叶显然意识到了文学固有的局限。在面对社会问题时，她没有轻易表态，而是选择静静地观察、细细地倾听：在《解决》《龙袍》中，叙事者"我"作为一个返乡者，已经完全消解了传统启蒙叙事中"返乡者"的启蒙批判功能，她只是发现、哀伤着故乡的变化；在《盖楼记》《拆楼记》中，"我"更是直接侧身拆迁的利益纷争中，借由这种置身其中的姿态，乔叶得以让各种阶层和力量——底层的、官方的、知识分子的——公平发言，使他们获得了一个自由表达其意愿和苦衷的平台。促进各种话语、各种立场之间的对话和交锋是解决问题最公平、最有效的途径之一，而乔叶便是力图利用文学的力量来促进社会问题的解决。

文化批判的危机已清楚地表明，乔叶所感受到的文化问题是无法在文化领域自身求得解决的，所以乔叶将拯救的希望更多地寄予在文化之外：她以"人性"为旗帜，发起了对文化的一次次攻击。当然，以理想的人性为基础，文化的危机有可能从其自身寻到解决方法：在《最慢的是活着》中，祖母的文化构成是模糊的，既非"现代"又非"传统"，她代表了"传统"中积极健康的部分；《山楂树》中的晓光生于大山但又无山里人的狭隘保守，代表了一种被反思和清理过的"传统"。不过，祖母和晓光所代表的这种有益的"传统"是作者理想化的产物，对于"拯救"而言是乏力的。对文化的拯救来说，从文化自身入手欠缺一定的说服力，而由人性入手则又受限于人性的复杂。

至于人性的拯救，显然从一开始便被注定了是一种徒劳——如果说社会拯救、文化拯救彰显的是文学的有限，人性拯救则彰显了人的有限：人性自私如何消除？人如何摆脱欲望的钳制？……对这些问题的追问，不得不使人转向对生命终极问题的思考。在《轮椅》中，"死"第一次被严肃地提了出来，小说中的晏琪念念不忘自己的姑父，那个被锯了腿的男人整夜整夜地睁着双眼，使童年的晏琪第一次感受到了"死"。《最慢的是活着》其实也写到了"死"，《轮椅》的"死"是为了凸显"生"，而这里的"死"就是死——一种赤裸裸的尽头的感觉，一种荒凉凉的末世的感觉。如此直面人生的孤独和虚无，在乔叶的小说中其实并不多见，但她已然痛切地触及了这个问题，而对它的触及和思考将发起对人——当然首先是作家本人——的引领，引领的地方当然不是死，而是生。

焦虑的缓冲

对社会、文化和人性问题的思考与探寻体现了乔叶叙事的广度与深度，但也充分暴露了她所面临的困境和焦虑。如果这种焦虑无以解决，便会带来某种精神危机，不过，在她的小说中，一直存在着一种与之相制衡的力量，即对人的体恤和悲悯，这种体恤和悲悯形成了对焦虑的缓冲。

乔叶小说中对人的体恤和悲悯最集中地体现于她对"生存"的关注：在《盖楼记》中，"我"面对农民身上那种"不患寡而患不均"的劣根性并没有表现出传统启蒙叙事者的那种"怒其不争"，而是从农民生存的艰辛和贫困的角度出发，充分表现出"哀其不幸"；在《他一定很爱你》中，尽管小雅痛切地发现了自己的世俗，但她的世俗显然包含了太多的苦衷，她婚前的家庭与成长使她对物质、安全的需要变得无可厚非；在《轮椅》中，晏琪一方面对人性的自私和它导致的虚伪深恶痛绝，另一方面却又不得不承认它的合理："谁喜欢阴影呢？那是彼此的耻辱和黯淡。能避开的为什么不避开？能忘却的为什么不忘却?"生存话语在此与批判话语形成了角力。

对"生存"的关注展现出乔叶身上一种难能可贵的同情力和理解力，它是围绕"人"、指向"人"的，这使她的小说趋向开阔、大气：在《拆楼记》中，小说不仅让底层发声，也让上层发声——它以醒目的篇幅让"地方干部"充分现身，让他们的苦衷和难言之隐得到了充分的表达，由此不仅使我们看到了上层的可体谅之处，也看到了底层的可批判之处，使我们更全面、更深入地了解了眼下的时代现实，小说因而也超越了一般"底层文学"那种肤浅幼稚的道德控诉和怨愤发泄的水平。

如果说批判力能看出作家的感受力和思想力，那么同情力和理解力则显现了其宽厚、温暖的心性。小说《旦角》不似《最慢的是活着》和《山楂树》那般抒情忘我，而是以现实主义的方式表现了作者对"宽容"和"理解"的推崇。小说以陈双、陈双母亲、"红羽绒"三人牵出三段婚外恋故事，小说中的男男女女要么是婚外恋受害者，要么是制造者，要么二者兼是。但小说不是在讽刺，而是在寻找救赎，这种救赎的力量来自"红羽绒"身上的悲悯与宽恕——她对情敌"黑羽绒"不是痛恨而是深切的体谅，这种弱者对弱者的体谅比强者对弱者的悲悯更感人！同时，小说的结构十分精彩，它以有限的时空涵纳了三个婚外恋故事，以一场夜间的丧礼演出为背景，让不同的人物、故事相继登场，让戏与人生、古与今、生与死交相辉映，从而将我们置于一种无边的苍茫荒凉之境。

终结抑或开启

对人的体恤和悲悯既会施之于人，同样也会施之于己，这形成了乔叶小说中一种罕见的坦诚。在《盖楼记》《拆楼记》中，作者不仅标明了小说"非虚构"的性质，还借叙事人"我"之口，坦承了她对"拆迁事件"的参与。在这里，传统乡村叙事的启蒙批判功能被消解了，但正是因为这种消解，小说才打破了传统乡村叙事惯有的模式，从而呈现出传统乡村叙事已无法呈现的一种新的时代现实。作家写作姿态的降低意味着其对自我卑微身份的一种坦承，而这种坦承是基于作家对自我的一种体恤和悲悯的。无论相对于体制、历史还是习俗，"人"总是弱者。

然而，"人"并非是无罪的。在压迫面前，我们每个人都能说自己无辜、可怜，但若压迫和迫害是由我们自己造成或与我们密切相关呢？在乔叶的小说中我们看到，她在社会批判之余尚能泰然展示自己的坦诚，但在她转向面对文化尤其是人性时，我们却看到了她的尴尬和不安：在《打火机》《失语症》《我承认我最怕天黑》《旦角》《最慢的是活着》这些作品中，当面对与文化伦理相冲突的意识和行为（如欲念、偷情、背叛）时，小说频繁出现"无耻"一词。这个词汇在小说中往往指向主人公自己，直言自己的无耻在此虽然展现了人物的坦诚，但坦诚的背后却分明让我们窥见了一种负罪感和一种精神颓萎。同时，"无耻"还包含了一种自贬、自嘲的意味，它对焦虑和不安能起到有效的缓解作用——人面对不易克服的困境时，自我解嘲会使他们松弛神经、缓解紧张，甚至露出笑意。也就是说，自我解嘲其实从某种意味上说也意味着一种精神痛苦的止步。

乔叶的止步是因为她在写作中面对着种种人的终极困境，这些困境显然是属于我们每个人的，选择了文学便意味着选择了直面它——由此出发，便是文学家的担当与痛苦。

《文艺报》，2012年6月11日第2版

乔叶写作的个人标识

李　浩

视角下调获得真实的生活

乔叶有一部旧小说，名为《轮椅》。《安城日报》一个叫晏琪的女记者，在受了点儿小伤之后接受了一个有些奇怪的体验任务："一米高度看安城"。其前提是：所有参加者都必须全程坐轮椅。一米高度：它当然是种降低，或者说下降。然而这种降低所获得的体验也是崭新的，是对自我和世界的一次重新审视——在这里，乔叶给我们再造了一个"真实"，并且让这个晏琪接受着这个"真实"所带来的"必然后果"：路人对她的看和避让，以往总是殷勤的服务员的有意怠慢，旧日同学相逢时的尴尬与虚伪，拥抱和痛哭中的*丝丝缕缕*，直到那个相互有着强烈好感的情人，在晏琪"一米高度"的"现实"逼仄下落荒而逃。当然小说并没有在这里收场，她还要面对出租车和公交车的多次拒绝，她还要面对更多的"抛弃"，而就在她准备撤掉伪装"恢复"成一个所谓的"正常人"之前，几个小混混又乘机抢走了她的包……

乔叶透过晏琪的眼，将自己的视角略做下调，将高度下调：在第一次阅读乔叶这篇小说的时候，我就悄然地和另一位作家进行比较——伊塔洛·卡尔维诺，《树上的男爵》。卡尔维诺所做的是让自己上升，抬高自己的视角，"一生生活在树上，始终热爱着大地"。伊塔洛·卡尔维诺的上升使自己获得超越，而乔叶的下调则让自己获得生活最本初最真切的质感，在生活褶皱里的那些隐藏在她的笔下得以毫发毕现。

是的，这种下调绝不止于这一篇，而在我看来是她的一种普遍。她不让自己站在一个怎样的制高点上，至少从不让自己站在道德的制高点上，对于生活和他者，尤其是在别人看来只有"一米高度"的人，尤其是那些在别人那里只有忽略、漠视和鄙视的人，那些情感——她努力让自己和他们做到情感上的贴，肉体上的贴，努力让自己不局外，努力让自己理解。像《取暖》里的"他"，那个在年夜离家的强奸犯；像《打火机》里的余真，曾遭受强奸，心里依然怀着危险的小兽；像《守口如瓶》中的冷红和冷紫……乔叶让自己置身于她们和他们之中，用她们和他们的心灵说话，用她们和他们的行为说话，包括用她们和他们的"不正确"来说话。及至非虚构,《拆楼记》——在这里,乔叶直接用"我""我姐姐"来说话。这里的"我"完全来自我们世俗,日常,她怀有一颗甚至让我们都小有不适的"平常心"——这里的"我"计较、算计,有着小小的奸猾和恶毒,在和姐姐统一战线的同时又有着对姐姐的不满、轻蔑、怨毒、入骨而精微的审视,"哀其不幸,怒其不争"……她那样现实、世故、精明。她那样像我的亲戚和我们自己。需要承认,在最初阅读《拆楼记》的时候我也有些许不适,我时常会抽身出来和里面的"我"争辩,你不能如此,你不应如此,你这样的行为是不正确的,你怎么可以这样,这样的行为向前一步就可能是……不止一次,我在我的文字中重复米兰·昆德拉的一语判断:"制造一个将道德悬置起来的领域,是小说的一大功绩";不止一次,我以托尔斯泰的《安娜·卡列尼娜》为例,以尤瑟纳尔的《安娜姐姐》为例,为文学中的"不正确"申辩:文学,要致力让我们理解和珍视他人,无论这一类人是多么的少数,多么的让人不习惯,多么的不正确不道德……建立那个"男人和女人、老人和孩子、石头和树木……毒蛇和毛毛虫公平生活的宪法",首先需要以理解为基础。文学能最大程度地避免我们以一种伟大和正确、以所谓的多数而对少数的他者进行粗暴伤害。这是文学存在的首要价值。而面对乔叶的《拆楼记》，面对将位置下调的"我"，面对这一具体的现实事件，我的不适又从何而来？它是否说明，我其实骨子里早已习惯着某种正确，至少是那种"抽身事外"的正确——抽身事外，这可能是本质上的问题。而乔叶，将高度进行了下调的乔叶，她让自己在生活中，在这个好与不好的红尘中，在当下这个具体的环境中，她和生活、时代保持着同步，以及具体的、粘连着血肉和心智的贴：这份贴，更能使我们的问题成为问题，更能让问题的复杂和多向得以呈现。我，自始至终，一直在和《拆楼记》中的那个"我"进行争辩，第二次阅读的时候依旧如此。它，似乎是一面镜子，将我的另一点，忽略、忽视和不愿正视的另一点照见。我设想我即是"我"，面对同样的事件、经历，我会如何做，会不会始终站在我以为"正确"的那个支点上？我承认，不，不会。

适度下调，让乔叶的写作获得了差别。获得了我们对世事对生活的真切体验。如李敬泽说的，乔叶不是知识分子，她是个热爱生活的人。她知道事情就是这么解决，世界就是这样运转——作为一个中国人，我得承认，她是对的，那就是我们的经验和心灵。

洞穿人与事的写作

乔叶的文字里、眼光里，带有某种轻微的毒。即使她在下调了视角之后，即使她给予了充分的理解和体贴之后。这份毒，多少带有张爱玲式的看穿，让那些在人性皮袍的褶皱里隐藏的"小"和"私"、狡黠和世故无可遁藏。和张不同的是，她既有旁观之冷、之准、之狠，也有感同身受的热和温，还有针对于自己的针砭与自嘲。

《解决》《失语症》《他一定很爱你》《锈锄头》《最慢的是活着》《打火机》《我承认我最怕天黑》……我可以一一向你指认乔叶涂在她文字上的淡绿色的毒液。它几乎俯拾皆是。《解决》，初中同学容的出场，相互的比较和容的自嘲，对"我"暗暗的奉承，"我拍拍她的肩，表示一种亲昵的责怪。然而难过中也还是有一种受用"。《不可抗力》中小范与众人的对话。《失语症》，丈夫李确的车祸让官太太尤优在人情冷暖中翻江倒海，在风生水起的叙事里那些幽暗心思得以纤毫毕现……我讶异这篇小说的"精确"，她竟然能如此精准地掌握另一个人刻意隐匿的心思，仿若亲历，仿若是主人公身体中的蛔虫——15节，尤优和情人程意做爱后离开宾馆，在橱窗前，乔叶给她停滞的时间，也给她一面水做的镜子："忽然，尤优仿佛清晰如水地看到了自己的卑劣、阴险和狠毒：没错，她爱程意，但目前的她还是无法完全相信程意的爱情。她暂时没有这个能力相信。而她对程意的爱和她对程意的不相信都并不妨碍她去利用程意的爱情。在更深的意识里，此时的程意对她来说更像是一个不错的工具。她以和他做爱来回报他为自己做事，也以和他做爱的方式来逼迫自己，从而让自己有力量离开李确……"

《良宵》。搓澡的女人们："肤色肥瘦高矮美丑仅是面儿上的不一样，单凭躺着的神态，就可以看出底气上的不一样。有的女人，看似静静地躺着，心里的焦躁却在眉眼里烧着。有的女人的静是从身到心真的静，那种静，神定气闲地从每个毛孔里冒出来。有的女人嘴巴啰唆，那种心里的宝贵却随着溢出了嘴角。有的女人再怎么喧嚣热闹也赶不走扎了根的阴沉。更多的女人是小琐碎、小烦恼、小喜乐、小得意……"

《最慢的是活着》。奶奶临终前，"我"和丈夫做爱："奶奶，我的亲人，请你原谅我。你要死了，我还是需要挣钱。你要死了，我吃饭还吃得那么香甜。你要死了，我还喜欢看路边盛开的野花。我还想和男人做爱。你要死了，我还是要喝汇源果汁嗑洽洽瓜子拥有并感受所有美妙的生之乐趣。

"这是我的强韧，也是我的无耻。

"请你原谅我。请你，请你一定原谅我。因为，我也必在将来死去。因为，你也曾活得那么强韧，和无耻。"

《像天堂在放小小的焰火》："不是男人和女人的时候，一切都可以混沌的，天真的，这天真是躲不了人的，也不用躲人的。他们心里的那点东西，也许还称得上友谊，或是约等于友谊。而现在，他已经又成了男人，她便又成了女人。混沌和天真也就随之消逝。再若要留，是留不住的。即使勉强留得住，也会是矫情，是造作，是自欺欺人。有多少被视作流言的绯闻到最后没有真的影子？被冤枉的有几个？群众的眼睛真的是雪亮的啊。"

《打火机》："人人都坏。坏是皮肤上的角质层，搓了还会再长。坏是皮肤上的灰尘，洗了还会再落。坏是皮肤上的螨虫，死了还会再生。坏那么顽固，那么强大，那么生机勃勃，那么精神矍铄。坏让人放纵。坏让人自由……""偷情。是的，这是偷情。她想偷情。偷情是一件羞辱的事情。是对婚姻的羞辱，对丈夫的羞辱，是对自己的羞辱。是自己和丈夫之间的互相羞辱……但她想偷情。她想要这羞辱。不，性本身对她不是第一位的，第一位的是：这是一件坏事。第二，他是个好玩的人。第三，此时的她恰恰就想做好玩的坏事。第四，她也曾是个无比好玩的人。但是，作为一个年过三十的已婚女人，她既不能杀人越货抢钱放火，也不喜欢嚼舌告密升官发财，她不能裸奔，不能发疯，不能骂人，不能打架。她能做的坏事，除了偷情，还有什么？……"

《我承认我最怕天黑》："拥有经验有时候是让人羞耻的。"

那些浅微的毒液，和乔叶妙语如花的文字搭在一起，就有了别样的气息、味道，就像含在蔷薇花蕊中的蜜。

乔叶之毒，在于她懂得那些女人的心思。她看得出来，无论你是直接还是间接，无论你做了怎样的掩饰，无论你的那一细微多么飞快地滑了过去。她能捕捉得到，她能从这一细微里抽丝剥茧，把你隐在后面、让你感觉些微羞愧的东西轻易剥出来。乔叶之毒，在于她同样懂得男人的心思。《打火机》里的胡厅长，《锈锄头》里的李忠民，尤其是《失语症》里那个戏份不多的李确——在遭受车祸昏迷，醒来后只能坐在轮椅上，到后来渐渐地恢复中发现自己患上失语症的他，每一句话、每一个动作、每一个表达，都显示着他骨子里的在意，显示着权力对个人行为的异化，显示着……懂得男人，懂得女人，进而，乔叶懂得我们的生活，她的确"眼光敏锐，心事洞明"。她让自己沉在这生活中，像水融于水，其中的冷和暖都由她捕捉在心。她说的，就是这男人和女人，就是这繁重的烟火，就是在这烟火中的世故和心性暗角，就是杯水中足够汹涌的波澜。乔叶之毒，在于她的洞穿，在于她的探知，在于她把自己的发现——道出。有人说，"作家应当是人类的神经末梢"，我深以为然。

强烈的个人色彩

乔叶的小说，有着强烈的个人标识。从故事的讲述上，从对文字的掌控上，从精神的关注点上。即使不署名，也可以让你在"众多"当中找到她。这当然是优点，这个优点一直让我极为羡慕。没有一个作家不希望自己特色鲜明，希望自己所创造的世界充满个性和奇异，没有一个作家不是如此。

乔叶的个人标识，在之前众多的批评文字中已得确认。在这里，我更想谈的是她写作中的某些"异数"——是的，在这些异数中，乔叶的个人标识依然强烈存在，尤其是文字上的特点——在这些异数之中，我看到的，是她努力让自己更为丰富的不懈努力。

《拥抱至死》。它是乔叶少有的带有魔幻性、溢出日常逻辑的小说，王和规忽然获得了一项异样的超能：他的怀抱能让被自己拥抱过的人和动物骤然消失，被他拥抱之后，在他怀中会只剩下一堆滑落的衣物，而消失的人和动物会在一天后原地归来，不过，他们会赤身。在王和规获得这一超能力之后，他的旧有习惯、旧有生活都有诸多的改变，如同卡夫卡笔下的格里高尔——他在无意中拥抱自家的狗"三三"、邻居家的狗"贝贝"，致使它们消失，超能力先在它们的身上得到"暖场"，接下来，则是准备离婚的妻子的消失，接下来，这个具有超能力的人只得改变自己"精于拥抱"的习惯，小心翼翼，接下来，荒唐的本领带来纷扰的同时也让他技痒，这很容易理解，他拥抱抢劫的壮汉，拥抱倒霉的小偷，拥抱啰唆的、正准备撒尿的男人……后来，王和规的超能成为赚钱的本领，后来，这一本领又间接让他失去了妻子和女儿，在小说最后，"王和规慢慢地，慢慢地，伸开双臂，紧紧地，紧紧地拥抱了自己"。我相信这篇小说的出现对乔叶而言不是孤立的，她应当早存了创造一个崭新世界的念想、不断拓展自己的念想。小说中，乔叶谈到一板印着外文字母的药片：AM，埃梅——"据说新近从法国进口来的，价格昂贵，治疗感冒有特效。"埃梅是一位法国小说家，写下不少让人深思的荒诞小说。据我所知，乔叶也深知这位极为优秀的小说家，《拥抱至死》在某些点上可以与埃梅的文字对照着阅读，会生出更多趣味。把魔幻和溢出引入自己的小说在这里可算牛刀小试，我认为乔叶会让这一枝条向阳光处生长，让它粗壮起来，蔓大起来的。

在《深呼吸》之中，乔叶的触角再次得以伸展，它进入历史——日据时期，地下工作，日本女人和她的孩子，人质，抓捕，解救。在故事的层面，乔叶埋伏着草蛇灰线，让波澜丛生，又层层化解——我要说的不是这些。我要说的是，乔叶在思想力上的前行，对人性复杂的开掘努力，对历史真相和最终解释的质疑和反思。对那种"道德正确"和"政治正确"的质疑与反思。在名为乔叶的这株树上，我认为这也是一根向阳光处生长的枝条。

《最慢的是活着》。作为小说家的乔叶和作为散文家的乔叶有着巨大不同，这份不同，也不只在亮色和暗角的曲变上：作为小说家的乔叶相当懂得故事经营，懂得叙事推进，她甚至不惮运用巧合——而在这篇小说中，乔叶随物赋形，让它有了散文化的洇和漫，故事被推向背后，获得凸显的是全景的人生、命运和其中的况味。它有着与以往小说不一样的绵密。非虚构的《拆楼记》，我把它看作乔叶的进一步拓宽，她从自己已经熟悉的路径中岔开，拆除虚构和非虚构间的壁垒、小说和散文间的壁垒，开始新一层的冒险——从熟悉的路径中岔开，给人以新意和惊讶，是小说也是文学存在的又一重要理由，从这个意义上讲，我还得认同米兰·昆德拉的断语，他说，"发现是小说唯一的道德"。

　　在建立自我标识的同时，勇于从熟悉的路径中"走失"，勇于向陌生和不可知探险，勇于在新的文字中将自我重塑，这样的作家，不能不让人期待。

乔叶论

吕东亮

2001年左右，散文家乔叶开始向小说家乔叶转型。后来的创作实践证明，这一转型是非常成功的，而且成功来得又是那么迅疾、那么饱满、那么坚实。这成功在使我们认识一个前景远大的新锐女作家的同时，也让我们思索当今时代的文学生态。

一 散文的馈赠

乔叶开始写东西是在1993年，那时文学早已失去轰动效应。但文学的生机并没有萎缩，而是换了一种方式继续蓬勃地发展。文学市场化是这种发展方式的鲜明特征。市场化打破了政治以及附属于政治的种种森严壁垒，给每一个热爱写作并渴望成功的人提供了机会。乔叶就是这些人中的一个。在最开始的写作生涯中，乔叶经营的主要文体是散文，她所获得的最大成功也是在散文方面。这种成功除了乔叶的聪慧和勤勉之外，还和散文当时的文体状态有关。

市场化状态下的文学消费讲求短平快，散文是最适合快节奏的文学消费的文体。相对而言，小说的技巧性要求较高，发表空间有限，阅读需求有限，产量因而也不高；诗歌虽然有很多人在坚持，队伍近年来也有扩大之势，但总体来说诗歌的公共性丧失殆尽，诗界的共识也不复存在，狭隘的圈子化生存状态和对于修辞的过度迷恋，使得消费者自觉疏离这种文体；戏剧创作由于无法摆脱剧场体制，也不可能真正地走向大众。如此文体格局中，散文显得"风景这边独好"。不仅专业文学杂志刊发散文，大量的社会性报刊也都为散文提供了发表的空间。散文成为真正的大众消费性文体，需求量自然是十分庞大的。在供不应求的情况下，报刊编辑们也慷慨地向默默无闻的写作者敞开了发表的大门。当时偏居豫北乡村从事小学教育的乔叶，有着大量的业余时间需要打发，她在读书看报时敏锐地意识到了这是一个机会，于是散文创作一发而不可收地展开了，成功也如期而至。乔叶在《我和小说》的创作谈中如实描述了这种成功的景象："散文的反响比较强烈。读者来信和编辑约稿纷至沓来。1994年，我在几十种社会期刊上发表了大量散文，其中很多篇什被《读者》和《青年文摘》这些发行量数百万的文摘杂志频频转载，我还被时尚杂志《女友》评为'十佳青春美文作家'，《文学报》也进行了相关的报道。再接着就是开专栏，出书……忙忙碌碌，兴兴头头，虽然是野路子出来，却也颇有些少年得志。直至2001年，我一口气出版了七本散文集。靠着散文，我成为了所谓的专业作家，并且获得了首届河南省文学奖。"就这样，乔叶从一个平凡的写作者成为著名的散文家，跻身于主流文坛。她称自己"野路子出身"，虽是谦逊，但是也说明了一代青年作家脱颖而出的典型路径。这路径"看似寻常最奇崛"，不易之中隐现着野性的活力。

长期的散文写作使乔叶积累了大量的生活素材，这些原生态的材料相当大一部分无法进入散文的写作，也无法在散文的框架中得到解释，但在小说中这些积压的材料迅速鲜活起来，成为生猛的情节。乔叶的小说目前以女性情感婚恋题材居多，这种题材是乔叶写散文时经常遇到的，她所占领的期刊阵地如《青年文摘》《女友》《知音》等一直是女性情感的话语场。事实上，乔叶的一些散文中已经有小说的影子，有的散文本身就是小说的雏形。比如《没有什么会不见了》《透骨草》《最后的爆米花》三篇散文就是小说《最慢的是活着》《指甲花开》《爆米花》的雏形。也是在散文中，乔叶的人生经验开始走出了偏

342

僻的乡村，乔叶本人也在面对复杂的社会情感问题时变得"世事洞明"和"人情练达"，尽管在她的散文中，那些纠结的情感都被理性和真善美所向披靡般地克服了。散文的写作惯性也不自觉地表现在她的小说创作中，成为其风格的标记。散文的舒缓调节了小说的叙事节奏，散文的自由使得人物的内心从容地敞开，散文的议论彰显了小说的叙事伦理。但从另一方面来说，散文毕竟不是小说，过于散漫可能拖累情节的推进，散文式的分析和揭示往往过于明确、过于严密地控制了叙事的衍展，有时甚至压抑和代替了人物的生命表述，这一样是值得注意的。

如上所述，散文给乔叶提供了向上的台阶，提供了不满，也提供了超越不满的经验支持。作为小说家的乔叶不能不感激散文的馈赠。

二　敞开本心的女性书写

在乔叶的小说中，最引人注目的是关于女性情感心理问题的小说。这些题材是乔叶的长项，也反映着乔叶较为成熟的经验积累。这些作品主要有《打火机》《紫蔷薇影楼》《月牙泉》《我是真的热爱你》《妊娠纹》《他一定很爱你》《那是我写的情书》《我承认我最怕天黑》《失语症》等。这类小说所讲述的女性情感危机主要是婚恋方面的，故事也都比较切近当下的现实。这些小说的女主人公要么是因生活所迫而堕入欢场的风尘女子，要么是不安于平庸生活而出轨的职业女性，她们在浮躁喧嚣的社会追求一种情感的自由和欲望的满足，这种追求在很大程度上是不合乎伦理的。但小说并没有对这些人物进行伦理上的质问，而是让这些人物挣脱世俗伦理的束缚，自由地展现生命的灵性。乔叶笔下的这些新女性率真可爱、活力十足，敢于宣示自己的欲望并将这种欲望付诸实践，而人性和真情成为这种欲望的新的伦理基础。这种描写很容易让人产生道德上的不适，但这种道德感正是小说家在叙事时有意摆脱的。乔叶有意识地敞开本心，去复原这种道德灰色地带的生命活力和情感强度，而且她有意识地体贴关爱甚至欣赏这种生存的原色。《紫蔷薇影楼》中的小丫并没有因为自己做过小姐而丧失生活的尊严，反而以自己生存的智慧巧妙地驾驭了这个物质化的时代，进而成为生活的强者。她的小姐生涯乃至婚后的偷情，不仅祛除了耻辱感，而且被赋予一种不容置疑的生命和生活的本然性。这种本然性用小说中的表述就是："白和黑放在一起，格格不入。但当把其间的色彩渐变过程一个细格一个细格地展开，就会发现这个世界其实没有什么让人吃惊的事情。一切都有因可循，一切都顺理成章。"《打火机》《月牙泉》《妊娠纹》《他一定很爱你》《那是我写的情书》《我承认我最怕天黑》《失语症》的女主人公都是物质丰足、生活安定的女性，但都在情感上有所不甘进而去寻求婚外恋，作为生命的滋养。这种非常态的恋情都充满魅力，真挚浓烈，抚慰着日常生活中的隐痛，令人不舍。乔叶当然知道这种恋情的危险，但依然把它描写得很美。我注意到，乔叶多次论述过女性内心深处的"毒"和"坏"，她强调如果这种"毒"和"坏"长期受到压抑得不到释放，势必会造成女性生命的枯萎，这自然不是理想的状态。因此，这种在传统道德视为"饱暖思淫欲"的现象发生在女性身上，出现在乔叶的笔下，就显得自然真切、生动活泼。

必须承认，乔叶的这种女性书写是真实的，而且是令人触目惊心、刻骨铭心的真实，这是她有意识地敞开本心、去除成见的结果。她所追求的挖掘生活背后"最深沉的悲伤、最隐匿的秘密、最疯狂的梦想、最浑浊的罪恶"的目标也圆满地达到了。但问题是，这样的真实有何意义？在乔叶之前，陈染、林白在80年代的女性书写大胆而又强烈地表示了女性自我对现实的厌恶和拒绝，对身体欲望的迷恋和守护，这在当时具有明显的反对性别暴力和宏大叙事压迫的意义。而今天，不伦的文化正在以自己荒淫无耻的表象弥漫于社会各个领域中，乔叶的此等书写尽管真实得酣畅淋漓，却只能充当病态消费文化的鼓吹者。反过来说，乔叶的写作也不可避免地受到强势文化的侵袭，她的这些作品其实很像《知音》和《女友》等杂志刊登的女性情感告白，事实上，乔叶和这些刊物的熟悉和牵连使她一时间无法摆脱这种流行的叙述格调。即使是赢得很多人称赞的《打火机》，也不过是添加了精神分析学的内容，而这种添加既没有叙事逻辑上的必要，也没有提升小说的文化品质，只不过把女性的性心理更加复杂化了，而女性的偷情多了一个强大的心理因由罢了。"打火机"虽然隐喻了女性内心的"邪火"，是一个值得深入分析的意象，但在文本中却是一个生硬的道具，并不必然出现也无法标示内心问题的解决。比较令人担忧的是，在很多描述女性出轨的片段中，乔叶渲染的笔触显得津津乐道，甚至无法保持应有的价值中性，因而即便是一些具有劝诫意味的篇章也往往在阅读效果上呈现出"劝百讽一"的悖谬情境。乔叶的创作态度无疑是认真的，追求的文学品格是纯正的，但这样的叙事很可能在通俗文化的场域中被粗暴地消费掉。那些看起来很本真很自我的身体欲望描写以及以此为基础的所谓"反身性"写作，事实上恰恰构成了消费时代最热衷的情色景观。

　　因此，一个真正的写作者，是应该警惕消费文化的侵袭的。对于乔叶来说，在收获文学市场的成功之后尤其要注意这一点。在今天的文化语境中，一个不自觉的没有文化反省能力的写作者很容易成为消费文化的枪手。乔叶的一些小说从某种意义上来说正是消费文化的标本。比如，对"真爱无罪"的宣扬和柔性叙述恰恰成为一些藐视道德者的证词，而在今天，在婚恋关系中处于强势的是权贵阶层，他们对性的占有无疑是霸道而贪婪的，他们作为有力的文化力量十分反感相互忠贞的性道德，反之真诚地欢迎对不伦之恋的粉饰，没有反省力的大众则把这种不平等的性政治作为艳闻和韵事来消费。乔叶小说中的婚恋男女在权利关系中往往是不对称的，女性恋慕的对象往往是权势集于一身的充满魅力的男性，尽管这种权势一度被真诚的情爱追求所遮蔽。比如《打火机》《那是我写的情书》《妊娠纹》《我承认我最怕天黑》《失语症》中的政府官员，《月牙泉》中的成功商人。《我承认我最怕天黑》中的女主人公虽然在黑暗中享受到民工所带来的身体快感，但无法在光明中接纳他；《失语症》中女主人公的丈夫虽然也是一个官员，但婚外恋的对象也不是等闲之辈，有可能发生婚外恋的男性则是丈夫的同僚；《他一定很爱你》中的男性则因为经常借钱而引起女主人公的怀疑，最终这段恋情没有达成，而男性在达成的恋情中则一直是以成功商人的形象出现的。"我们的身体就是社会的肉身"，约翰·奥尼尔的话提醒我们，看似简单的两情相悦，其实隐藏着丰富的社会政治内容，作为私人空间的卧室，常常是具有政治压迫性的。而一个作家的承担，不仅仅是真实的书写，还应该包括冷静的反思和凌厉的追问。这当然需要作家思考力的提升，但无论如何，放任危险的世俗文化在文本中流动，推卸严肃的伦理责任都是不应该的，尽管我们无权要求作家提供一个完美的社会伦理，但我们可以要求作家不要再为不良的文化主张推波助澜、增添魅惑，不要再软化钝化我们的道德感。因为我们现时代的道德感，实在是太过于松弛了。伊格尔顿对此形象地描述道："规定你应该做什么的道德价值观给人以印象深刻的理想主义色彩，但显然与你的行为脱节；反映你实际做了什么的道德价值观则合理得多，只不过其代价却是不再能提供你行动的合法性。"我很遗憾地发现，乔叶的这些小说所提供的道德感和伊格尔顿的描述若合符节。乔叶在深刻有力地描写现实的同时，也加重了我们内心的无奈感和悲凉感。

乔叶小说叙事伦理的缺失还表现在对于非主人公人物的生命意识的忽略上。与那些鲜活躁动的女性形象相比，乔叶笔下的男性形象较为模糊。小说中引发女性出轨的男性往往是女性欲望的投射物，或者说是女性心灵动向的对应物，他们所展现的形象只是他们在满足女性某一心理期求时的功能形象，没有自己完整的生活世界和心灵世界。

三 面对复杂和微妙

在反映女性情感婚恋危机的小说中，《妊娠纹》《月牙泉》两篇是晚近的创作，显出了较为复杂的经验表达。《妊娠纹》中的职业女性自动终止了渴盼已久即将实施的不伦行为，不是因为"发乎情止乎礼义"，而是因为自己渴望的纯洁恋情遭到了世俗欲望的亵渎，自己因妊娠纹而生发不可能回到从前的焦虑，而婚外情的对象则只是把她当作类似于"公款嫖娼"的艳遇搭档，女主人公的真爱冲动终于在不可改变的生理特征和难以抗拒的功利现实面前崩溃了。《月牙泉》则写了一个在浮华的职业场中如鱼得水的女性，在面对居住在乡村的姐姐的生存情状时所产生的感慨，两位女性在迷乱的现实中彼此温暖，实现真正纯净而又坚实的沟通。值得注意的是，作者对宾馆房间读物上宣传婚外情是月牙泉的文章进行了嘲讽，反之认为女性之间相互关心、相互支援的姐妹情谊才是人情沙漠中一泓清澈的月牙泉。这样的书写呈现出较为明显的反思特征，也显示了乔叶面对复杂经验时的写作姿态。

　　这种写作姿态主要表现为追问、体悟和悲悯。体现这种写作姿态的小说有《最慢的是活着》《指甲花开》《良宵》《旦角》《一个豫剧女演员的落泪史》《叶小灵病史》《山楂树》《像天堂在放小小的焰火》《家常话》《普通话》《语文课》《深呼吸》《轮椅》《不可抗力》等。这些小说同样关注女性的生存状态，不过视野更加广博，既有当下近景，又有历史远景；既有都市摩登女郎，又有乡村平凡妇女。在《最慢的是活着》中，叙述者二姐对自己祖母的情感认同经历了由怨恨到挚爱的心理过程，与这个过程同时，祖母平淡而又坚韧的一生得以描述，祖母对于苦难的承担以及化解苦难的情感方式、对于女性自我生存和情感爱恋的体验，看起来与叙述者的后现代式的闯荡生涯格格不入，其实却连接了永恒共有的女性生命本真，使得女性的生命"更加简约、博大、丰美、深邃和慈悲"。在这篇散文化的小说里，乔叶的笔墨显得格外洒脱，对祖母秘密和生存真谛的追问、对祖孙隔阂和同病相怜的体悟弥漫在字里行间而沁人心脾，此前的那种女权主义式的欲望释放和主体张扬不见了，乔叶似乎成熟了许多，对世间的一些事情看得十分通脱，对一些事情的复杂因素也都给以深切的理解，通脱和理解之中包含着一份慈悲。《指甲花开》讲述了情感困境和生活困厄中一对姐妹和一个男人相濡以沫的故事，两女共事一夫的世俗传奇在善良淳朴的心灵背景中被书写得凄美而又温暖;《良宵》写了一个女搓澡工在为破坏自己家庭的女性搓澡时的心理况味以及最后的通达,这通达的底色是生命的尊严和生活的勇气;《深呼吸》写了女性之间超越敌我、超越国界的生命沟通,笔触细腻、温婉动人;《家常话》写了大爱无私的母性对于震灾孤儿的抚慰,表现了女性身上平复灾难的信念和力量;《旦角》《一个豫剧女演员的落泪史》写了女性在艺术和人生之间的困顿和挣扎;《叶小灵病史》《山楂树》写了女性正常的生活理想和生命欲求在城乡文化壁垒中的辛酸遭遇;《像天堂在放小小的焰火》写了一个职业女性在生活涟漪中对异性的生命关爱以及由此而来的伦理尴尬;《语文课》《普通话》《防盗窗》写了底层女性幸福感的破碎与重建;《轮椅》《不可抗力》写了生活在出现意外灾难时所展现的令人心悸的残酷,这种人们不愿正视的真实给浮华的生活增添了一份斑驳的不安,给看似纯粹坚固的感情增添一份惘惘的威胁。

这些小说可谓是乔叶迄今为止最好的小说。它们不是简单地类型化地书写女性的情感欲求,而是透视情感欲求生发的语境、所面临的诸种困境、所遭遇的挫折以及挫折之后的生命调整,与此同时,女性的承担意识、责任伦理和现实思考呈现了出来,女性书写也开始获得了自己的社会历史感,有了更为丰厚的经验基础和更为广博的想象空间。

在另外一些小说中，乔叶渐渐从女性视角走出，开始直面更为微妙的人生经验。《取暖》讲述的是一个刑满释放的强奸犯男子在一个大年夜出外躲避家人嫌弃的故事。带着一身寒冷和萎缩的生活信念的男子遇到了一位被强奸之后声名随之又受损的酒店女老板，女老板的丈夫因为给妻子报仇而坐了牢。女老板为男子提供了食宿，也为该男子提供了误导的性诱惑。躁动不安的男子终于被叫醒了，却原来是女老板让他帮助放鞭炮。温暖而又响亮的鞭炮声显示了女老板困厄之中对生活的乐观，也净化了男子的非分的情欲，点燃了其重建生活的希望。小说对男子心理净化过程的描写极为精彩，让人想起郁达夫的名篇《迟桂花》。这种不洁情欲的净化我们不妨看作小说家对以往小说的净化和改造。《解决》则让人想起鲁迅的《故乡》，一群不常见面的亲人怀着各自难以解决的麻烦因为奔丧而聚到一起，相互倾诉、相互排解，倾诉和排解伴随着亲情的再发现。面对已逝亲人对于自我情感欲望的克制，对于生命悲情的承担以及其中蕴藏的生活的智慧，活着的后辈似乎一下子找到了解决所有麻烦的办法。的确，在生命的博大和坚韧面前，一切麻烦都可以在回归生活本原的途中得到有效化解。《龙袍》虽然叙述者依然是一个时尚女性，但是小说的聚焦点则是一位顽固信仰并守护毛泽东时代生活理想的原村长老忠，他为人正直、大公无私、克己奉公，一直穿着被村民视为龙袍的毛时代上级奖励的中山装；他在改革开放之初依然掌控着村里的权力，坚持不解散农村集体财产，为村里留下了一个村办啤酒厂，他严格控制村民对于啤酒的索取，只有在毛主席生日那天免费让村民取用，现在则只能老而不死地偏瘫在床。与老忠形成鲜明对比的是叙述者二妞以及其周围的大哥大嫂、老女婿老李等诸多人物。他们具有这个利益时代典型的人格，他们绞尽脑汁、唯利是图，淡化一切原则和亲情伦理，心甘情愿地成为欲望的囚徒。在这样的世风中，老忠尽管不死，却只能成为一个怪物，没有人会正视他的理想。那件象征权力、荣誉、正直人格和共产理想的龙袍只能伴随着老忠的死化为粉末、随风飘散。这篇小说所触及的话题对于乔叶此前的创作来说是有些突兀的。乔叶没有去试图说明什么、批判什么，只是让两种不同的生活状态互相展示自己的合理和荒诞，以静默的无冲突的方式相互辩诘。这种叙事内容的凸显和叙述方式的选择对于乔叶而言，意味着一种新的可能性，即她有能力去捕捉和把握更为繁杂的社会历史经验。

四　走向"非虚构"?

2011年，乔叶在《人民文学》杂志发表了两部"非虚构"文本《盖楼记》和《拆楼记》。两部文本讲述的是处在开发区的农民为了获得征地补偿先盖楼后拆楼的故事。故事很真实，也具有普遍性，深刻地反映了当下利益格局中的矛盾冲突。作家对冲突表象的书写精彩绝伦、生气腾腾。满脑子发拆迁财梦的农民为了获得强大的对政策的抵抗力团结在一起，却又怀着各自的心思消解这种团结，这种各自的心思展现了农民之间不同的政治经济处境和心理状态；政府以及基层的官员承受着上级的督促和政绩的压力，怀着矛盾的心态，使出各种常态的、非常态的甚至是非法的手段去和农民进行利益争夺；叙述者作为乡村的叛离者感慨农村的急速而又忙乱的变迁，但同时给居住在乡下的姐姐撑腰打气、出谋划策，终于在劳心劳力之后用非常手段为姐姐争取到了有限的赔款。在这个纷乱的故事场中，具有活动能量的都市女性、捍卫正义同时又愿意被利益收买的记者、自私自利而一盘散沙状的农民、上访的群众和接访拦访的工作人员、处心积虑的政府干部和村支书都穷形尽相、跃然纸上。在作者的笔下，这些人并不是大奸大恶，只是在利益的驱使下上演一幕幕人间喜剧，作者对他们不无批判的同时又充满了温情的理解。作者对农民不可能产生"哀其不幸、怒其不争"的知识分子居高临下的悲悯感，但又忍不住对他们利益动物的本质进行嘲讽，虽然嘲讽之中交织着对农民身上新素质的惊喜发现；对于官场中人，也没有简单地把他们脸谱化、妖魔化，很多时候还带着"分享艰难"的姿态同情他们的焦虑和压抑，但是作者还是活画出他们连欺带骗、不择手段地推进拆迁的丑态；叙述者自我作为利益中人也有自嘲，她煞有介事却也难掩内心的虚弱，愤世嫉俗却又犬儒地按照潜规则解决麻烦，叙述语调中带有一种人无法逃遁于利益场中的绝望。

在这两部非虚构的文本中，乔叶笔调粗粝而又细腻，"行于所当行，止于所当止"，随物赋形、收放自如，令人叹为观止。叙述者的介入以及自我心理活动的描写保障了这部文本的真实感。这样的文本虽然在书写的自由方面近于散文，但在经验的浑然性方面却更得小说的神髓。这里有必要讨论一下"非虚构"写作的意义。"非虚构"写作提出的背景无疑是当下现实经验的复杂化和戏剧性，而小说叙述的故事却显出作家经验的虚伪。从哲学上来说，"非虚构"是无法成立的，没有虚构，叙事就无法达成。之所以强调"非虚构"，那就是小说家的虚构出现了问题。这种问题主要表现在面对纷纭多变的现实，小说家丧失了高于现实的强大的理解力、思考力和介入力，以及在此基础上的丰沛的想象力，他们不可能洞悉现实的本质，也无法把准现实的病症进而提出"疗救的注意"。因此，他们越来越沉浸于私人小世界里虚拟而又狭隘的悲欢，对于外在的大世界手足无措，更遑论经验的判别、删选和再建构了；即使偶尔进行勉力的虚构，也很快遭遇"真实感"的破碎。在这种思想和行动的双重困境中，宏大叙事的重构成为一个遥远而迂阔的被遗弃的幻梦，"大处茫然，小处敏感"这种现代文学知识分子作家们的病症再一次复发。

无论如何，展现在乔叶小说中的经验状态及其写作症候告诉我们，深入生活、介入现实，攫取那些滚烫的情感和焦灼的心理，进而体悟、思考和书写，才是小说的真实感所在，也是小说家的伦理承担所在。在对乔叶的访谈中，我惊喜地发现，她十分认同毛泽东六十九年前《在延安文艺座谈会上的讲话》中对于生活是源泉的论述，这是不是一个可喜的信号呢？

乔叶小说中的世俗心和悲悯心

任　瑜

一

女性作家的文字，通常比较细腻、绵柔，这一特点常被归因于性别因素，因而许多女性书写者，尤其是受"女性主义"影响或有性别反抗意识的写作者，要么有意识地对之加以回避和克制，要么努力追求一种男性化或性别模糊的风格，以求突破性别的局限，扩大自己的文学疆域。写作"美文"出身的乔叶，在小说创作时，对这一特征采取的是顺其自然的态度，不忌讳，也不刻意回避，而是放松笔端随性发挥，反倒使之成为己之所长。她的文字，尤为精细灵透、心思绵密，对人物，尤其是女性人物心理和感受的体察和描写，细致入微，纤毫毕现。

但是，就乔叶近年的作品，如中篇小说集《最慢的是活着》

《失语症》和非虚构长篇小说《拆楼记》而言，这一特长，与其说是由性别而生的天成，不如说是源自对生活的体察、思考和感悟，因为那些细腻、敏锐、轻灵、通透，大多体现、渗透在对日常生活的具体描写之中。比如，《指甲花开》通过少女小春的双眼，讲述了柴禾、柴枝两姐妹的"共事一夫"以及姥姥平凡表象之后的特别人生，对小春敏感细微的少女心思、三人之间的深厚情意所进行的细致渲染，是以女孩子染指甲、种指甲花这种生活小事为引子，以吃饭、睡觉、劳作、过节等家庭生活的细节为经纬的；《叶小灵病史》中叶小灵对城市生活欲求不得欲罢不能的执着、纠结和失落，都具体落实在她与众不同的衣食住行、恋爱结婚生子、卖肉等生活事件之中；《失语症》以尤优千丝万缕的心思和感受来写女人眼里的官场，细腻绵密的叙述围绕着家庭生活的琐细和尤优在丈夫车祸后经历的生活变化而展开；《旦角》在豫剧剧情与现实生活的相互呼应中，细节化地将陈双所体会和观察到的生活的苦涩与现实的无奈娓娓道来；《最慢的是活着》以深厚内敛的情感回忆祖母和"我"共度的生活点滴，在朴实而动人的生活细节中勾画出祖母的平凡人生；《拆楼记》则深入翔实地描写了乡人的生活因拆迁而发生的奇特变化，毫不容情地展示了人性的暗角。

由此也可见乔叶小说另一个显著的特色：从日常生活出

发，"从柴米油盐、肥皂、水与太阳之中去找寻实际的人生"（张爱玲语）。其实，不需仔细观察也能发现，乔叶近年的作品，有一个最基本的立足点：世俗生活。从《指甲花开》《像天堂在放小小的焰火》到《拆楼记》，关注的都是普通之人、寻常之辈，描写的都是日常琐细、世俗人生。小说中的人，像小春、云平、尤优、陈双、祖母等，是乡村少女、小职员、小学老师、打工者、农村老人，也有官员，但最大不过是科长、局长，这些人物在乔叶精微饱满的刻画中，格外熟悉亲切，分明就是我们的左邻右舍、亲朋好友、兄弟姐妹，就是我们每一个人自己。小说中的事，是挣钱、吃饭、穿衣、恋爱，诸等家长里短、人情往来，最轰轰烈烈的，就是离婚、车祸、拆迁，或者老人故去，这些事件经过乔叶精准细致的描绘，尤为真实可感，分明就是我们正在过的最平凡、最普通、最正常的市井生活。

这样的小说，与现实之间的联结是紧密无间、具体而微的，是生发于生活、扎根于现实的书写。作家王安忆在谈到文学写作的问题时说："从现实中汲取写作的材料，这抓住了文学，尤其是小说的要领，那就是世俗心。"[1]乔叶的小说充分说

---

[1] 王安忆：《导修报告》，《小说界》2006年第2期。

明，在她身上，生长着一颗强韧的、生机勃勃的世俗心，所以她才会有如此的热心和细心，去大量捕捉现实生活中的经验和材料，又能以极大的耐心和慧心，将之转化成具体、细密的文字，营造出可信又贴切的叙事效果。

小说中那些家常化、生活化的小细节和小场景，最能显现这颗世俗心的无所不在，比如，唱功精湛、颇有些孤傲的"黑羽绒"，沉浸在隐喻自己命运的苦情唱段之中，几近崩溃被人扶下舞台之后，接过最后一块烤得焦黄的红薯，"缓缓地撕掉红薯皮，热气顺着皮掉的地方漾漾地荡出来。黑羽绒用手背擦一把脸，把红薯送到了嘴边"。寒夜中的这块烤红薯，暖的是她的胃，也是她的心。悲痛和凄苦再多再深，也要从艺术回到现实中，用手背擦把脸，继续生活下去（《旦角》）。祖母在儿子死后一直躲着不出来，"等到入殓的时候，她才猛然掀开了西里间的门帘，把身子掷到了地上，叫了一声：'我的小胜啊——'"。一个"掷"字，尽显祖母的无尽悲痛。祖母病危，"我"却出去挣钱，回来的深夜在烩面摊吃消夜，见到炒菜的伙计，"他的眼下有一颗黑痣。如一滴脏兮兮的泪"。这不是伙计脸上的痣，而是混迹尘世的"我"在心底流着的羞惭的泪（《最慢的是活着》）。诸如此类的细节和描写在小说中俯拾即是，仿佛信手拈来，自然而然，简简单单，不过是生活中常见的举动、普通的场景，却是只有敏锐细致的世俗心才能捕捉到的人间烟火，整篇小说就因此变得生动鲜活，有了更浓郁的生活气息和世俗风味。

而这样一段描述则充分显示了这颗世俗心的洞明和锐利："奶奶，我的亲人，请你原谅我。你要死了，我还是需要挣钱。你要死了，我吃饭还吃得那么香甜。你要死了，我还喜欢看路边盛开的野花。你要死了，我还想和男人做爱。你要死了，我还是要喝汇源果汁、嗑洽洽瓜子，拥有并感受着所有美妙的生之乐趣。"（《最慢的是活着》）这就是乔叶在小说中向我们宣示的生活的真理，真实地活着、真正的生活，正是如此的明确、残酷、无耻、强韧。没有一颗热爱生活、浸淫于生活的世俗心，怎么能写出这般简单具体又无比深刻的生活真相？

怀着这颗强大的世俗心，乔叶的创作正变得越来越"入世"——从由外而内地观察生活变为切入其中、由内而外的分析解剖，也越来越"简单"——从婉约、轻柔的"为赋新词强说愁"到平实、厚重的"欲说还休"。越是深入生活、了解生活、尊重生活，阅历与经验越丰富，小说就会写得越发日常而朴素，因为在小说这个虚构之地，同在现实生活中一样，最普遍、最深刻的，往往就是最平常的、最有力、最持久的，常常也是最简单的。于是我们就看到了《最慢的是活着》直陈生活的冷暖和明确，深情饱满、张力十足，却是"回忆录"式的素朴平易，《拆楼记》直面人性的不堪和斑杂，真实深切、震撼人心，却有着"纪实"般的直白简洁。这就是那种以朴白写出深切、以个别写出普遍性的小说，它们不仅彰显了乔叶世俗心的强韧有力，更说明了乔叶写作时充足的底气和信心，也标示出她的书写所具有的"化繁为简"的功力以及所达到的"返璞归真"的境界。

也正是这颗世俗心，让乔叶屏蔽了那些脱离现实的虚妄和高蹈，回避了那些宏大话语和极端话语，在写作中踏足于生活的坚实之地，以普通人的世俗生活为基点，用可靠而富有说服力的个人叙事、日常叙事，非常贴合地弥补着小说和事实之间先天的裂缝，举重若轻地在"虚构之地抓住了事实的尾巴"①，建造出一个具自我风格的现实主义写作根据地——可谓"极致"现实主义的非虚构作品《拆楼记》，即是乔叶现实主义书写的又一记鲜明标志。

二

近年来乔叶的小说创作，除了在笔调、风格上越来越"平

---

① 乔叶：《坦白从宽》，《小说选刊》2009年第10期。

常"，越来越有"老僧说家常话"的淡定从容、言浅意深，还有一个耐人寻味的变化："无情"话语增多。生活的沧桑、磨难，现实的功利、争斗，人心的贪婪、冷硬，这些"无情"的话语越来越多地出现在乔叶的书写之中。比如，《旦角》中陈双兄妹间不仅亲情淡薄，甚而互相算计，陈双与初恋情人保持暧昧关系，就当枯燥现实中的一个梦，但是这个梦并不白做，她竟是要依仗他的职位，迫前夫还债，这既是陈双的精明和心机，也是她作为生活弱势者的无奈自保；《拥抱至死》中王和规有了以拥抱使人消失的能力，本想用来帮助人，但来雇他拥抱别人的，多是出于仇恨、绝望、算计和谋害的动机，最后王竟然因富招妒，遭遇到了妻女被绑架撕票的残酷结局；《失语症》中的男人们，包括在车祸中身体严重受损的李确，动用各种心机，使出种种明的暗的卑劣的堂皇的手段，不过是为了争夺一个不大的官职；《最慢的是活着》坦诚写出了祖母病重时各人等待甚至盼望她死去的冷硬心态，点出了人们"反正都是要死"的无情现实；《拆楼记》中众人为自身利益而结盟，继而相互背叛，利益各方从费尽心机地暗斗到撕破脸皮地明争，尽显人性之贪恶。

这些生活中的脏和丑、浑浊和可疑、无情与冷酷，即是人世中无处不在的"恶"。刘小枫在《拯救与逍遥》一书中说："恶是人生在世的基本问题，除非像道家、佛家那样让生命退出历史时间，生命不可能不沾恶。任何一种严肃的思想、一种真正的哲学，都不可能不认真对待恶。"①作为一个置身生活、立足现实的写作者，不可能不在作品中写到恶，而且，对生活和人性的理解和描写越深入，作品中的恶就会出现得越多。

然而，风格变冷硬也好，"无情"话语增加也罢，无论怎么变化，在乔叶的小说中，有一样坚固的东西是贯穿始终、一直未变的，那就是乔叶的悲悯之心。在《失语症》的创作谈《坦白从宽》中，乔叶就明确而具体地谈到了自己的悲悯意识：

"在一堵坚硬的墙和一只撞向它的蛋之间，我会永远站在蛋这一边……我们每一个人，都或多或少地，是一枚鸡蛋。我们每一个人，程度或轻或重地，都在面对着一面高大的、坚固的墙。"

这是村上春树获奖演讲里的另一段话。他说他认为的高墙就是体制。而在我的意识里，这堵坚硬的墙，则意味着叵测的命运，意味着我们每个人灵魂中深藏的污浊、脆弱、贪婪、丑陋……面对着这些墙，我们都是一只脆弱的

① 刘小枫：《拯救与逍遥》（修订本），上海三联书店 2001 年版，第 336 页。

蛋。我们——当然包括《失语症》中的所有人——都在蛋这一边。面对着太多的墙和太多的蛋，我常常觉得怜从中来。不，可怜的不是蛋和墙的斗争。蛋碰向墙，一般都是会碎的。结局似乎早已注定。可是只要有蛋在不断地撞向墙，就不能说已经失败。谁知道最后的结局？谁敢确定最后的结局？我甚至认为：蛋撞向墙这事情本身所意味的东西，就已经足够丰饶。可怜的是什么呢？是蛋和墙的斗争中，还大量夹杂着蛋和蛋之间的疯狂倾轧——不，这还不是最可怜的，最可怜的是：在蛋与蛋之间疯狂倾轧的同时，有无数的蛋还认识不到这种疯狂倾轧的可怜。

可怜，亦可解读为悲悯，这就是我创作过程中贯穿始终的认识。①

这里所说的创作过程，不只是《失语症》这一篇小说，也应包括《旦角》《最慢的是活着》《拆楼记》等。这些作品，虽然是直面丑恶，但更在意于用生活的绵延、生命的强韧来展示生活中的勇气和对生命的信心，更愿意对人性报以尽可能的同情、理解和包容，也更乐意对这个世界怀抱希望、施予温暖。

---

① 乔叶：《坦白从宽》，《小说选刊》2009年第10期。

这些，便是乔叶的悲悯之心在作品中的具体表现。

乔叶笔下的人生是平凡的、琐细的，也是坚韧的、绵延不息的。谁能阻挡往复不止、川流不息的生活之流？揭开形式的浅表，所有人的生活，又何曾有本质的不同？就像"我"和"我"的祖母，在日复一日的柴米油盐之中，"我的新貌，在某种意义上，就是她的旧颜。我必须在她的根里成长，她必须在我的身体里复现，如同我和我的孩子，我的孩子和我孩子的孩子，所有人的孩子和所有人孩子的孩子。——活着这件原本最快的事，也因此，变成了最慢。"①最普通最日常的生活，因为这样的传承、接续，具有了巨大的、不可阻挡、不可割断的绵延之力。被裹挟于其中的人们，也因此而变得生生不息、韧而不绝，这便是乔叶在小说中昭示并肯定的生活的意义，谁又能反抗强大、莫测的命运？处于生活之流的普通人，由命运所摆布，固然是被动、无奈的，却更是积极、坚强的，即便是面临一片黑暗，他们还是要"跨出自己的脚"，比如失学、丧夫的"黑羽绒"，在戏剧中寄托和发泄自己的苦和泪，比如中年丧夫老年丧子的祖母，在儿子去世六年之后通过逐渐消肿的心尽情释放了泪水。面对生活的磨耗和命运的叵测，他们是悲痛

---

① 乔叶：《最慢的是活着》，江苏文艺出版社 2011 年版，第 97 页。

的，但在具体琐碎的生活中，他们的悲痛也是踏实的，"有着具体的，可触摸的，一圈一圈的纹理，一旦实践，就都是幸福和安慰。哪怕这幸福和安慰十分短暂，也足以让人欣慰"(《旦角》)。一旦有了生活中的简单寄托，那些看着不可调和的疼痛和煎熬，会得到奇异的简化和消解。这种蕴藏于普通人身上、浸透在日常生活之中的力量，是一种"真正的勇"，在乔叶看来，"活着的每个人，每天早上睁开眼睛，面对这个世界的时候，其实都很勇"(《指甲花开》)。因为有这种勇，生命就变得无比强大和坚韧。这正是乔叶小说中所传达并赞美的生命的力量。

三

也许是因为对生活的意义和生命的力量有着积极的肯定和信心，所以乔叶在冷静省察人性之时，能够始终抱以善意的理解。对恶，她当然也是愤怒的，但是，她的愤怒，就像智慧幽默的余太君对宋王想纳杨八姐为妃的愤怒，不是"闪着寒光的锃锃刀剑，而是一只有温度的巴掌，是暖和的"(《旦角》)。因而她的小说，总是带有人道主义式的温情和宽厚，总会以最大的善意体谅在生活磨碾中的各种存在，并不以简单、绝对的善

恶做文章，没有大风浪，也没有大奸恶，每件事，都有其发生
的可能性和合理性，每个人，都有出于自身处境的缘由或无
奈。即便是在赤裸裸反映现实浑浊、展示人性贪欲的《拆楼记》
中，也看不到不分青红皂白的决绝谴责，倒是处处可见对各方
立场和苦衷的理解和体谅。因为理解，所以怜悯，所以同情，
对人性的暗角和隐疾，乔叶在锐利分析的同时，也饱含同情之
意，一句"看在我们都很可怜的分儿上，请原谅我吧。她默默
地对所有人说"（《失语症》），已经尽显乔叶的同情之心。是
的，在生活的碾压和命运的叵测之中，我们，所有的人，不管
善、恶、美、丑，都是可怜的，是需要原谅的。能意识到这一
点，已是可贵，能去原谅，则是慈悲了。乔叶通过尤优之口，
发出了原谅的请求，也表达了自己同情的谅解，是自省，也是
宽宥和包容。

这样的乔叶是不会做绝望之言的，事实上，我们看到的乔
叶，即便在毫不容情地解读人情世事的时候，也并不遮蔽美好
和希望。她总是情不自禁地为自己的人物安排一些宽慰、给予
几丝温暖、增添一些美好：柴禾最终进了祖坟，因为人们毕
竟是仁义的（《指甲花开》）；祖母的人生有了一位毛干部，苦
涩中添加了几丝柔情和浪漫（《最慢的是活着》）；历经沧桑的
陈双，还有做梦的机会，而生活也正走向她期望的轨道（《旦

角》）；李确对官职的争夺，毕竟也出于为民众做些事情的动机，而尤优最终还是要去追求自己要想的生活（《失语症》）。也许可以说，尤优过上"水一样柔软和流动的生活，春天的树叶一样的生活"的心愿，也是乔叶对她的人物的希望和祝愿。这希望和美好本身并不宏大高远，不过是真实地活着、平凡地活着，然而在乔叶的眼中和笔下，生命却会因这最慢的活着而变得"更加简约，博大，丰美，深邃和慈悲"。这一份温润、深沉的悲悯，是乔叶小说叙事的底色，比恶更普遍也更强有力地真实存在于乔叶的小说之中。的确，恶是生命中的固有成分，让人无可逃避，有时甚至无力抵抗，但最可怕的，并不是没有反抗的能力，而是失去反抗的意愿，或一味沉浸于对恶的控诉，这两者都是被恶所控制，是对恶的投降。难能可贵的是，乔叶的作品，既不以无力反抗为由对恶袖手旁观，也不以反抗恶为由沉浸于道德控诉和伤疤展示，而是以悲悯之心守护着温暖和希望，这种守护，温情而执着，柔弱却有力，正是一种对恶的反抗，是意义丰饶的"蛋撞向墙"。因为这颗贯穿始终的悲悯之心，乔叶的现实主义写作，就不再是对现实世界、对日常生活的简单复制，而是因着对普通人所代表的个体生命的关注，因着对温暖和希望的守护，对现实的反映就被注入了深切而宽厚的精神品质，具有了可珍重的心灵维度，成为对存在的关怀、对灵魂的建设。这样的现实主义，不仅写出了我们的经验，也写出了我们的心灵，具有超越现实之上的意义，正如评论家谢有顺所说："如果我们把现实主义看作是作家精神在场的根本处境的话，你就会发现，它绝不像过去那样仅仅是模仿现实的形象，而是为了写出现实更多的可能性；它也绝不是简单地复制世界的外在面貌，而是有力地参与到对一个精神世界的建筑之中，并发现它的内在秘密。"①

《文艺争鸣》，2013年第4期

---

① 谢有顺：《现实主义是作家的根本处境——〈2001中国最佳中短篇小说选〉序》，《当代作家评论》2002年第2期。

乔叶小说：小叙事与女性成长

刘　军

一　小叙事与烟火味

20世纪90年代以来，中国社会的思想文化语境发生了沧桑巨变，不仅文学作为中心符号的地位迅速被市场、消费、媒介等概念所冲毁，即使是在文学界内部，处于威权地位的诸要素亦分崩离析，去中心化的多元叙事局面渐趋形成，这其中，小叙事的浮出水面即为重要表征之一。法国后现代主义哲学家利奥塔认为在任何一个时代都存在占主导地位的叙事，它们被称为"元叙事"或"宏大叙事"。利奥塔进一步指出，后现代就是对宏大叙事的不信任和对宏大叙事手段的淘汰。故而提倡向"小叙事"转变，以此强调差异的合法化，"叙事学之变化，正在于文学研究中的标准化价值被多元价值和不可简约的差异所取代。这种差异不仅有文本之间的，还有读者之间的"①。元叙事的消亡，差异的合法化，必然导致利奥塔所命名的小叙事、本土叙事、小身份叙事的崛起。按照利奥塔的观点，这样的小叙事再次发挥了前现代的语言游戏功能，它们"仍然是富有想象力的发明创造特别喜欢采用的形式"。②而中国当下的文学，还处在"元叙事"和"小叙事"共存的局面里。"元叙事"在今天的文学书写中不仅没有消亡，而且还拥有巨大的空间。意识形态的要求，或者市场的诉求，都可能成为新的总体性在左右作家的写作，从这个总体性出发，写出来的作品难以应对多元化的审美需求。叙事的创新肯定不能冀望于这种总体话语，而只能寄托于有更多"小叙事"、更多差异价值的兴起。小叙事中往往充溢着创作主体鲜活而真实的体验，以及此时此地的判断，这个时候，语言、文字书写与生活存在的敞开与关闭渐趋浑然一体的境地。

河南位居中原，这一方前现代性占主调的厚土，似乎特别有利于宏大叙事的开花结果。这片土地上的人们有着强烈的现

---

① ［英］马克·柯里：《后现代叙事理论》，宁一中译，北京大学出版社 2003 年版，第 16—17 页。

② ［法］让－弗朗索瓦·利奥塔：《后现代状态：关于知识的报告》，车槿山译，南京大学出版社 2011 年版，第 14 页。

代性诉求，而现代性诉求恰恰是家国叙事的核心支点之一，中原写作的实践也积极回应了这种诉求，李佩甫之赋予乡土神圣性的写作方式，田中禾的启蒙叙事，墨白对个体精神困境的持续关注，等等，即为其例。相比较其他作家，乔叶更像一个异数，她走了一条与众不同的小叙事之路。一方面，她的几乎所有小说皆持有去道德化的色调，以此彰显生活现场自身的混沌性。新时期以来，作家笔下的"生活"遭遇了双重困境，或者道德化的想象处理，或者演变为提供"窥视"的消费主义景观。如此一来，远离了其自身的原生态而被抽象化或符号化。吴义勤在评议新生代作家群体时曾指出："要重建'生活'的形象，重建文学与生活的关系，首先需要从对'生活'的非道德化向度开始。"① 乔叶敏锐地体察到道德体系在前现代性空间内的塌陷，笑贫不笑娼的日常现实下，生存之困、生存之重将道德说教挤对得薄如蝉翼，再也没有一个居于一元的观念体系可以覆盖肉体和人心，无论城市还是乡村，道德的高地业已沦入日常即可把玩的事物。《打火机》中余真与厅长的巧遇以及此后的大玩暧昧，《指甲花开》中姨妈不堪家暴回到娘家居住，竟然和父亲暗地里私通款曲，母亲和姥姥虽明知却加以接受，而小说的

---

① 吴义勤：《自由与局限》，人民文学出版社 2010 年版，第 9 页。

结尾，包括姥姥的出身亦真相大白，原来竟是一位新中国成立后转行从良的妓女，而母亲和姨妈皆非姥姥亲生，都是收养而来。这部中篇集合了诸多突破人伦禁区的要素，主体若不具备去道德化的自觉意识，如此情节组织则是难以想象的。类似去道德化的细节，在乔叶代表性作品中，也是随处可见。《最慢的是活着》中，我和祖母关于毛干部的一次谈话，祖母的率真以及所激发出的她对往事的深情回望，显然可以定性为祖母在后辈面前一次去人伦化的敞开;《拆楼记》对诸色人等内心利害算计的准确切脉，坦然接受人心世相复杂性的心理曲线，由此引发出众多灰色细节，甚至"我"也沉陷入具体的是非之中，为了维护姐姐的利益而展开非常人情攻势;《认罪书》中的金金，为了一份体面的工作，临近毕业之际勾引有权有势的富家子弟，目的达成后又一脚踢开，深爱她的梁知离开她后，她在怀上梁知骨肉的情况下选择与梁知的弟弟梁新相恋并组成家庭，其从恶心理令人惊悚，为了拯救患有白血病的女儿，她不得不再次欲求怀上梁知的孩子，结果被梁新发现，直接导致了梁新的死亡。诸如此类，无论是大的情节逻辑，抑或是小的人伦细节，作者皆超越道德预设层面，细心绕过主题先行式的价值判断，以一颗平常心，也是世俗心展开世俗伦常的书写，借以传达让事实成为事实的自身诉求。

　　另一方面，乔叶的小说中贯穿一种浓郁的烟火味。这个烟火味不单单是接地气那么简单，一般来说，接地气往往意味着创作主体对所处时代、生活环境的倾情姿态，意味着主体一旦进入其最熟悉的生活领域之后所拥有的自如状态。而乔叶小说中的烟火味不仅弥漫于细节和情节之中，不独其笔下的女性，甚至于各色人等，甚至于不怎么熟悉的生活领域，处处皆流溢出世情俗气的色调，凡俗得如此彻底，以至于烟火味成了其小说的一种独特气质和韵味。诸如她笔下的云平、尤优、陈双、王和规、祖母、金金、余真等人物，身份是乡村少女、小职员、打工者、乡村老人、基层官员等，在文字的雕刻下，他们活得或有滋有味，或烦恼或困顿，他们不就是我们每个人熟悉的小社会吗？分明是我们的邻居们、好友们、亲人们，当然也是每一个自己。在故事层面，其小说所触及的大多是一些小事件，诸如家长里短、人情攻略、恋爱吃饭、成家离婚等，稍微接近焦点的就是《拆楼记》中的拆迁事例了，而在涉及村民和地方政府的直接对抗的处理上，用的却是伏笔。张爱玲在给胡兰成的照片后曾写了这样一段话——遇见你我变得很低很低，一直低到尘埃里去，但我的心是欢喜的，并且在那里开出一朵花来。其中"低到尘埃里，并在尘埃里开出花来"成为年轻人情爱表达的流行标识。抛开这句话的情爱内涵，以此来形容乔叶的写作姿态，甚为妥帖。"低到尘埃里"应和了乔叶进入生活里子的基本立场，这个立场是去精英化的，表征出彻底放下身段，摒弃文学书写中常见的他者化的基本态度，也因此，作家推倒了文本背后潜在的"我"与书写对象"他们"之间的墙，"我"与"他们"混融在一起。借助日常、朴素、简单有力的场景勾勒，使得乔叶避开了那些脱离现实的虚妄和高蹈，熨帖地弥合着小说和现实事件之间的裂缝，向读者吹去亲和力之风。任瑜曾以"世俗心和悲悯心"①来评价乔叶的写作立场，笔者同意前半段的评价，对于"悲悯心"却有不同看法。悲悯情怀于作家群体而言，一般意义上可作为共通的品质而存在，而悲悯意识进入文本后，主体会不自觉地超拔出来，采用俯视或俯瞰的视角，这与乔叶"低到尘埃里"的态度明显不符。若评价乔叶的写作立场，难得的坦诚与一颗包容心似乎更为准确。

"在尘埃里开花"对应着乔叶日常叙事的审美效果。所谓"开花"和化俗为雅无甚关联，恰恰相反，乔叶笔下雅与俗、美与丑、崇高与卑下的鲜明对立因素被悬置。除了有限的几个小说，如《取暖》《最慢的是活着》，美与良善交织出的亮色贯彻文本，大部分小说则直笔书写了市井生活中的伤害、丑陋、利

---

① 任瑜：《乔叶小说的世俗心和悲悯心》，《文艺争鸣》2013年第4期。

害算计、小恶、从俗这些灰色主题，尽管这些主题漫溢于小说的各个角落，却因为乔叶采取了一种与生活和解的态度，这些庸常的人性和世相人心得以以本真的方式绽放。《最慢的是活着》中有一段话准确地呈现了这种和解的力度："奶奶，我的亲人，请你原谅我。你要死了，我还需要挣钱。你要死了，我还喜欢看路边盛开的野花。你要死了，我还想和男人做爱。你要死了，我还要喝汇源果汁、嗑洽洽瓜子，拥有并感受着所有美妙的生之乐趣。"[1]这段宣言式的文字传达出的是历经悲欢、看透世相后的生活哲学——活着的状态固然不够美妙，固然有着这样或那样的卑微和琐屑，却没有比活着更好的事情了。

最后，从题材层面看，乔叶小说取材的宽广性如大河般，收容了千姿百态的溪流，以至于很难从中找寻某个源流的影踪。有学者曾以"底层叙事"来描述乔叶小说的题材特性，这种贴标签式的学术评议未免有点狭隘。底层群体，一般指向农民（包括农民工）、城市下岗工人这两大类，在底层群体之外，中国社会还存在着边缘群体，其构成有色情从业者、童工、鳏寡者、都市拾荒者、吸毒人员、传销下线、刑满释放人员、酒托、地下乞丐群体等。与其说文学叙事偏爱底层群体，不如说

---

① 乔叶：《最慢的是活着》，浙江文艺出版社 2011 年版，第 92 页。

文学叙事偏爱边缘群体，毕竟这个群体能够提供更为极致和锋利的人性指向。乔叶的小说中，有不少题材涉及沦落风尘的妓女，她在创作谈中也屡次提及文本中的"小姐"意识。也有部分题材涉及进城的打工者群体，不过，总体来看，其小说的取材没有相对固定的取向，她总是随需随取地从生活的大缸里捞取各种食材，看菜下碟。宽泛而言，乔叶小说相对钟情于女性形象的刻画，其中包含乡村少女、进城后转换身份的知识女性、女职员、沦落的小姐、女性打工者等。不过，女性涉及大的类别的确定，与群体的概念相去甚远。

去道德化的指向，文本叙事中浓郁的烟火味，题材的宽泛性，这三种要素构筑了乔叶小说中小叙事的基本指向。如此一来，多层次、多向度的体悟与探察被建构起来，汇总成英伽登所言的多重图示化面貌。

二 女性成长的镜像

康德曾经坦言，任何一个个人从几乎已经成为自己天性的那种不成熟状态中奋斗出来，都是很艰难的。不过，文学作品不仅对于读者有着自我启蒙和自我镜像的作用，对于作家而言亦如是。随着写作的深入展开，作家对人的理解，在宽度和深度方面不断延展，一名出色的作家于持续的跋涉中终会遭遇"蓦然回首，那人却在灯火阑珊处"的节点。正是在这个意义上，帕斯卡尔在阐发"肉身"与"道"间的关系时指出："肉体不可思议，灵魂更不可思议，最不可思议的是肉体能和灵魂结合在一起。"①

对于乔叶而言，《最慢的是活着》就是这样的节点，这部小说堪称其小说成长的标识。在此之前，乔叶津津有味地经营其小说的故事性，致力于呈现伦常生活混融性的逼真程度。这些小说虽然情采非凡、精彩耐读，却在气象、格局、深度方面有所欠缺，《最慢的是活着》却陡然跃上元气淋漓、澄明、敞开的层级。这部小说就主题而言，是一部关于女性成长的小说，带有强烈的精神自省性的特色，在此之前，无论是题材抑或对生活的透视，乔叶皆有相应的积累。短篇小说《良宵》就是其中的典型，下岗女工"二床"经历了丈夫的变心，生活的艰难，儿子沉迷网络，压力之下，依靠同时干几份工作来维持家庭生计。晚上时段，是她到洗浴中心从事搓澡工的时间，有一天遭遇一对生活条件优越的母女，巧合的是，她们竟然是前夫的妻子和女儿，伤口就这样被重新撕开，一番剧烈的内心冲突

---

① ［法］帕斯卡尔：《思想录》，何兆武译，商务印书馆 1985 年版，第 84 页。

之后，她以最大的善良和忍耐包容了这一切。后来她渐渐祛除了作为搓澡工的羞耻感，从这份劳动中获得了充实和乐趣，以至于感觉在这里的每一晚都是良宵。这部短篇以精准的心理刻度描画了一位底层女性如何依靠自身的良善品质获取尊严以及如何自我拯救的过程，但在归类上，依然属于与生活和解的作品。而《最慢的是活着》这部中篇在艺术品质上有了根本的拓展，标志则是走向自我镜像的确定以及达成了"我"与"祖母"精神同构的关系。

这部中篇的题目取自云南诗人雷平阳的诗句——人的一辈子最快的是死，最慢的是活着。小说的明线是豫北乡下祖母一生的轨迹，这位世纪老人经历过太多的动荡和变数，其中有饥饿记忆，有亲人的相继离世，有对叛逆孙女的不放心，有对家庭的尽心操持和辛劳。暗线则是不经事的"我"曾经施予她的敌视、排斥和距离，经过岁月淘洗，"我"在自我审视中最终又无限地趋近于她，送走了她衰亡的肉体之后，在自己精神和灵魂深处照见祖母的投射，"我"在洞见祖母之际，也洞见了自我的真实镜像。如作者所言："我和她的真正间距从来就不是太宽。无论年龄还是生死。如一条河，我在此，她在彼。我们构成了河的两岸……我的新貌，在某种意义上，就是她的陈颜。

我必须在她的根里生长，她必须在我的身体里复现。"[1]通过这部小说，文学史上一向被脸谱化的家长形象为乔叶所去魅和重建，不再是简单的新旧间的对立，而是趋于契合和承继。祖母身上隐忍、牺牲、良善、醇厚、朴素的品质，乃中原厚土根部的颜色，经过乔叶朴素明净的文字照亮，如同春雨驶向原野，大地恢复了它本来的颜色。这里，祖母既是"家"的象征，也是"文化之根"的象征，拥有足够多的温暖抚慰彼此不安的灵魂。

《最慢的是活着》有着乔叶小说少有的沉静品质，很显然，这部小说是作者在进入状态下身心合而为一后吐出的珠玉。在气韵、格调上氤氲着浑然一体的气质，恰能够对应豪华落尽见真淳的境界。王国维先生曾言："诗人之于宇宙人生，须入乎其内，又须出乎其外。入乎其内，故能写之。出乎其外，故能观之。入乎其内，故有生气。出乎其外，故有高致。"[2]这部小说透出的作者的超然和平静，既来自其本人的进入之深，对家族历史，对祖母内心深处，对土厚水深的地域，对爱的本质以及人性的锋利剖面，皆入乎其内；又来自其本人的超越，乃了然

---

① 乔叶：《最慢的是活着》，浙江文艺出版社 2011 年版，第 103 页。

② 王国维：《人间词话》，齐鲁书社 1982 年版，第 100 页。

于心后的生命同悲欢之境。之所以超越，缘于作家本人精神自省的深度，只有烛照得足够彻底，真正的自我才得以完成镜像投射，并以此为基础，建构自我—世界间的全新关系，恰如冯至的诗句：狂风暴雨后，才有这般清凉的世界。也正是在这个意义上，这部小说真正切入了文学性的景观深处，抵达自由和肃穆的审美品格。其所结出的文学性果实，与迟子建《世界上所有的夜晚》秘境相通。

2013年刊于《人民文学》的长篇小说《认罪书》，相关女性成长的主题处理转向了更为深广的内生长领域。小说讲述一个从俗、从恶心理甚重的女性如何走向自我意识的成熟，从而获得自我救赎的故事。这部小说在叙事模式上采取了套盒式结构，"我"作为旁观者通过金金书写的内容，进入她的人生故事，而金金自身在成长的过程中逐渐进入另一女性梅梅的人生过往。"我"的方式是纸质的阅读，金金的方式是探访、口述，相同的一点是在寻找他者的过程中，这个他者的肉身已经离去。墨白在《手的十种语言》中曾以"死是生的开始"这句话作为小说叙事进程最显目的叙述标记，这句话放在《认罪书》中同样成立。这部小说延续了《最慢的是活着》中关于女性成长的主题掘进方向，与其沉静明朗的风格不同的是，《认罪书》将女性成长归置于一个沉重、绝望、暗色调的语境中展开书写。这是一部女性寻找耻感和独立，并最终获得自我拯救的小说。金金人生故事的开头部分，其性格内涵为乔叶前期小说诸多女性形象的集合体，早熟、叛逆、个性，在自我利益至上的驱使下，甚至有一点点"无耻"。为了争取县城医院的一份工作，她可以轻易交出青春和肉体，在省城，明知梁知有家室的情况下，极尽手段去接近他，捕获他。遭遇梁知的中途抛弃之后，已然有身孕的她使尽浑身解数接近梁知的弟弟梁新，以报复那段带有灰暗色调的爱情。她能够如此接近梁知兄弟，乃出自一个特殊的机缘，即她太像一个人了，这个人就是梅梅。梅梅是梁知的初恋情人，也是梁家的一员，与梁知却无血缘关系。这个特殊机缘激发起金金的好奇心，通过其盘根问底，梅梅的命运，以及上一代人的纠葛真相逐渐显露出来，梅梅和其母亲一样，皆是纯粹且笼罩着理想光芒的女性，梅梅之母死于特殊时代以及人伦亲情的双重催逼，而梅梅之死则是梁家共谋的结果。至此，从底层走出来的金金得以洞见上层家庭内部的衰败，这衰败的真相激发了金金身体内部潜藏已久的勇气和耻感，它也许来自母亲的一贯忍耐和牺牲，以及父亲（一个被赋予耻辱符号的残疾人）身上的无私和良善。也因此，在婆婆病逝，梁新和梁知兄弟相继自杀，女儿夭折的情境下，金金走向了另外一个自己，这里有生命个体本性的恢复，也有梅梅的精神投射。她在几乎所有人的鄙视中努力活了下来，为父亲立碑，为自己和梁远（梅梅的孩子）留下一本记录文字，在罹患癌症的情况下主动放弃治疗，写完书稿，交给担任编辑工作的"我"，并嘱托将梅梅的骨灰与自己归置在一起，埋在梁知和梁新之间。面对人性的诸多暗面，乔叶迎面而上，她在书中写道："以后的日子里，我曾无数次地想：底线到底是什么？这个世界上有统一的底线吗？底线有多少个层次？那天在夜市上看到了千层饼，我忽然觉得：对很多人而言，底线就是千层饼，每个人都只取自己想要的那层。于是，此人的底线很可能正是彼人的顶线。而彼人的底线，也很可能正把另一个人踩在了脚下。"①这部小说中密布各种错与罪，这其中既有人性的卑劣之因，也有时代的裹挟之源。个人与时代相互激发与合谋，带给我们的是庞杂的体验与更加明晰的所得。另一方面，内蕴于文本的女性内生长过程，其本质上也是女性个体犯错与纠错的过程，其间的代价固然沉重，但是所喻示的女性独立、自省与勇气，给予人们的启示无疑是丰厚的。

《认罪书》中书写了大量的死亡，并触及某种绝境体验，以人性的暗面和阴冷色调为基点，呈现一名女性逐渐走向大写

---

① 乔叶：《认罪书》，《人民文学》2013年第5期。

并最终确立自我镜像的心路历程，在力度和厚度上皆越过《最慢的是活着》，虽然在审美品质上还有一定的芜杂性，少了点《最慢的是活着》内蕴的天然玉成气质，却也体现出乔叶本人小说书写的新向度。从某个意义上来说，《认罪书》让人对乔叶有了新的期待，只有足够的复杂和多面，才能建立文本相应的宽度。

借助文学叙事，在去道德化的语境中关注女性成长，乔叶非开创者。20世纪90年代兴起的女性写作以及更早一些的女性作品，诸如王安忆的"三恋"等，在文本中将道德话语加以悬置，与之相关的各种话语或秩序也被架空，女性写作中的"成长主题"，被越来越多地嵌入关于身体的欲望叙事中。"成长"作为生命经验的形成与展示，其中的历史内涵越来越被抽空，欲望气息却越来越浓郁。乔叶在营造去道德化语境及女性成长的关联度方面，则另辟蹊径。其重心并不在于凸显女性的性别角色，也不在于伸张身体、欲望的解放，或者打碎整体性的社会秩序，在一堆碎片中破旧立新。她着力透视个体在日常琐屑中的暗面，并通过线性时间中各种故事的打磨和笼罩，使得人物获得切实的经验观照，从中获取与生活最后达成和解的逻辑链条。和解不是个性解放，而是以一种包容的态度理解生活，接受生活，由单向度走向复杂的多维。《认罪书》中，金金特意带上烛火与供品为父亲上坟的细节，颇富象征性。这种成长显然是依靠内心的宽阔度得以支撑。

结　语

　　乔叶于2012年推出的《拆楼记》，是一部颇令人踌躇的作品。这部小说的面世与《人民文学》2010年所推出的"非虚构"概念有着撇不清的干系。个人史与大历史往往有着重叠之处，进三步然后退两步，相比较《最慢的是活着》，《拆楼记》在审美品格的建构上属于退两步之后的作品。这部作品在刻画众生相方面比此前的中短篇更加宽阔，笔法也更加圆熟，不过，依然没有摆脱"跟风"的嫌疑。且不言"非虚构"这一概念自身的历史生命力，《人民文学》的地位，多少影响和制约了作者，使得她的艺术独立性遭受部分的削弱。拆迁问题作为当下中国社会进程中爆发出来的民生焦点，如果不触及经济关系和社会体制的深层透视，相关的小说必然会走向平面化，毕竟，纪实类文学作品，离开了准确和深度，很容易演变为消费时代的快餐品。《拆楼记》回到乔叶所熟悉的小叙事和烟火味层面，在具体处理上，既热闹又好看，若放在其创作历程上来考察，这部作品更多的是某一维度上的拓展，而非提升。如果乔叶没有写出《最慢的是活着》，相关定位也许是另一番样子，关键问题在于，乔叶已经树立了一个写作上的顶端，自然影响到对坡面物事的评述。

不可否认的是，作为一个女性作家，其作品中也隐藏着无处不在的女性视角，而为了服务于故事性的强化，刻意处置了这一视角的柔和度和曲线度，比较而言，其女性视角远远不如其他女作家笔下的棱角分明。不过，恰恰是因为女性视角的无所不在，造成其小说中的另一极，即男性形象的弱化，《打火机》中的胡厅长、《底片》中的窦新成、《认罪书》中的梁知等人物，性格呈现上皆缺乏相应的深度和变化，尤其是梁知这个人物形象，时间的长度、事件的多元、场景的复合性，这些要素皆为其具备，完全有条件加以立体化。他在官场上拼杀的油滑和功利心，他对弟弟梁新的爱护，他对旧的恋情的念念不忘等，足以表征其内心的复杂度。可惜的是，这个多变的男性形象还是被角色化了，他中途抛弃金金，以及容纳金金嫁于自己的弟弟，这些事件背后的情理逻辑，相对模糊，存在着某种程度的断裂。这种模糊度或许与作家本人的女性意识和性别投射有着某种关联。如一位评论者所言："乔叶小说中引发女性出轨的男性往往是女性欲望的投射物，或者说是女性心灵动向的对应物，他们所展现的形象只是他们在满足女性某一心理期求时的功能形象，没有自己完整的生活世界和心灵世界。"①

　　另一方面，乔叶小说中情节性较强的篇章，在情节结构的安排上，有过分追求巧合的倾向。且不言罗兰·巴特之零度写作理论对当代中国小说故事化处理的影响，即使在新时期以来现实主义小说版图中，依靠大量的戏剧性要素以推动叙事进程发展的小说，亦为鲜见。情节是人物性格成长的历史，故事性情节的核心要素是性格的构成和成长。过多地依赖巧合去推动故事情节的转与合，或者用来制造戏剧化效果，一方面体现出创作主体对人物性格的认知和确立出现了偏差；另一方面，类似桥段的设置也彰显出主体从众的某种考虑，即迎合消费主义语境中被过多影视剧和媒介内容集中轰炸下的读者所形成的猎奇口味。小说的故事性与巧合的设置并没有必然的关联，文学史上，欧·亨利的巧合型短篇小说与契诃夫的短篇小说相比较，在厚度和气象上，孰优孰劣，乃一目了然的事情。而在另外的向度上，乔叶的几部氛围型小说，如《打火机》《防盗窗》《指甲花开》等，一旦进入心理场的建构，其叙述能力突然进入准确而生动的通道，这种心理铺展和描画的能力，是乔叶的强项。同时，这些氛围小说与其故事性强、烟火味足的小说既构

---

① 吕东亮：《乔叶论》，《小说评论》2013年第3期。

成差异，也形成互补关系。

纵观乔叶这些年的创作道路，其叙事伦理建基于百姓生活的日常风情之中，包容了伦常的嘈杂、微小、卑下，如浮世绘般切入市井生活的肉体欲求与心理曲线，从而有别于诉诸现代性诉求的宏大叙事，也有别于消费语境中某些女性作家的身体叙事和欲望叙事，由此建立了与生活共呼吸的有效通道。因为懂得，所以慈悲，乔叶小说中浓郁的入世情怀，表征出的是她的基本创作态度，也映射出其情感取向与生活智慧的优化组合。这种品质沉淀得愈久，则如黄宗羲言及之"光芒卒不可掩"。尤其她的关于女性心理内生长过程的小说，更值得期望。照我思索，能理解我，照我思索，能理解人。这或许恰是文学的力量和辐射度所在了。

《中国现代文学研究丛刊》，2014年第12期

从"苦难—救赎"到"另类个人奋斗"

——乔叶的《底片》对《我是真的热爱你》的改写

李彦文

2003年10月，乔叶的长篇小说处女作《守口如瓶》在《中国作家》的头条位置发表，2004年4月，长江文艺出版社将其更名为《我是真的热爱你》出版单行本，该书入选当年"中国小说排行榜"长篇榜并收获诸多好评；2004年11月，乔叶在《人民文学》"新浪潮"栏目发表中篇小说《紫蔷薇影楼》；2008年，乔叶在《我是真的热爱你》与中篇小说《紫蔷薇影楼》的基础上，改写并出版长篇小说《底片》。

通常而言，作家改写旧作，或是因为思想发生了变化，或是出于艺术上的精益求精，那么，乔叶在改写旧作时保留了哪些内容？改写了哪些内容？在整体构架上做出怎样的调整？她改写旧作的动因何在？再进一步，如果把乔叶的改写放在20世纪八九十年代女性文学变迁的背景上，是否会显示出更深层的问题？

一 《我是真的热爱你》："苦难—救赎"模式

《我是真的热爱你》讲述了一个线性的苦难—救赎故事：正在读高中的双胞胎姐妹冷红、冷紫因父亡母病而辍学进城打工，进城后她们先后被骗失身，以卖身为业；姐姐冷红逐渐被金钱异化，妹妹冷紫却坚守内心的纯洁并被初恋情人张朝晖救出，冷紫最终为救冷红死去，冷红也终于从对金钱的畸形迷恋中清醒过来。

苦难是这部小说的重要着力点，它既是小说的开端，也构成了小说前半部分的主要内容。苦难的根源被设定为资本的贪婪：不仅起点处，冷氏姐妹的父亲突遭车祸身亡是由于车主想多挣钱而超载，而且冷氏姐妹的失身也是由于她们中了洗浴中心老板方捷的圈套——为了牟利，在她们最无力抵抗时夺取其少女贞操。这就突出了冷氏姐妹的纯洁无辜与资本家的狡诈残忍，也由此构建了无产者/有产者之间道德/不道德的二元对立。以此二元对立为基础，小说在资本的牟利本性与不道德之间建立了必然联系。这样，《我是真的热爱你》就和大多数底层文学一道，将批判的矛头指向了社会追求物质现代化过程中的弊端。

　　《我是真的热爱你》不同于大部分底层文学作品之处，是它为冷氏姐妹的苦难找到了另外一个源头——无处不在的父权制：在得知冷红做了小姐后，以村长为首的全村人在她母亲的葬礼上当众羞辱她；冷紫在煤厂打工时，男友杨蓬因把冷红误认作冷紫，在厂里四处宣扬"冷紫是婊子"。当小说中的社会对被迫为妓的进城务工女性表现出十足的敌意并肆意羞辱她们时，其男权本质及其对女性的压迫就暴露无遗。事实上，它截断了冷氏姐妹回归乡土或女性家庭角色的可能。应该说，乔叶对资本与父权制之间关系的发现是相当敏锐的。

　　不过，《我是真的热爱你》依然有着鲜明的底层文学色彩——它不仅着力书写苦难，而且将冷红、冷紫姐妹定位于底层与弱者。如果说冷红、冷紫姐妹在小说一开头就被投入父亡母病且又经济赤贫的境地——底层的话，那么在随后的一系列叙事中，她们一直被定位为弱者：冷红曾被骗钱、被骗失身，冷紫被暴力夺走贞操、被施以语言暴力。当然，小说让她们尽情地表达了愤怒："是谁设计了她？是谁玷污了她？是谁作践了她？是谁欺侮了她？是谁杀死了她清清白白的身体？是谁让她失去了她最珍视的宝物？是谁……把她推进了万劫不复的深渊？"这段冷红发现自己被骗失身后的话语相当犀利，但在每一个句子中，用来指代冷红的"她"都处于宾语这个被动的位置上，它表征着冷红在整个事件中的位置——那个只能被侮辱被损害的弱者。至此可以说，小说虽然让底层弱者尽情地表达了愤怒，却并未赋予她们摆脱这一处境的能力——她们只能等待外力的救赎。

如同有论者指出的，底层文学之所以批判物质现代化的弊端，目的在于"实现历史更优秀的发展"①。换言之，底层文学有着强烈的改造社会、疗治病苦的愿望，因此它必然强烈地寄希望于改变。事实上，《我是真的热爱你》的后半部分，已然将叙述的重心从苦难转移到救赎。

救赎的起点在这部小说中，不仅是外部的苦难，更是内心的异化——冷红做了妓女后认为只有多挣钱才能过上好日子。乔叶显然不能认同冷红的想法，她借妹妹冷紫之口剖析道："最开始冷红是为了她和妈妈去外面挣钱，挣的是苦力钱，后来开始挣轻松些的小钱，再后来有些被别人勉强着挣轻松的大钱，直到现在，她引导着冷紫想方设法积极主动地去挣轻松的大钱。在这个过程中，她们对金钱的渴望像吹气球一样膨胀起来，同时又让自己最宝贵的东西一点点地萎缩下去。"这里"最

---

① 滕翠钦：《被忽略的繁复——当下"底层文学"讨论的文化研究》，上海三联书店 2009 年版，第 58 页。

宝贵的东西"显然指的是精神操守，当精神操守被设定为物质享受的对立面，救赎就必然是对金钱与物质的弃绝。对冷紫而言，拯救的力量来自爱情——初恋情人张朝晖在大学毕业后把她救了出来，冷紫终于可以做回清白的人——靠双手吃饭的普通打工妹；而当她以生命为代价拯救了姐姐的身体与灵魂，她就以死亡实现了对自己与姐姐沉沦之罪的救赎。小说结尾处，冷红由冷紫之死认识到自己对金钱的畸恋是一种"精神癌症"，她离开了星苑市这个罪恶之都。这一行动预示着冷红将获新生。当苦难最终转向救赎，就不仅突出了精神相对于物质，爱情、亲情相对于市场逻辑的力量，也让小说显现出乐观色彩。只是这乐观并不来自现代化方案的改良，当然也不会导向历史更优秀的发展，它纯粹是人性内部的疗救与改善。

《我是真的热爱你》虽未打出底层文学的旗号，却具备鲜明的底层文学特征，这既包括它以表现进城务工女性的悲惨生活为主要内容，也包括它采取的"苦难—救赎"的叙事模式、现实主义写作风格与社会批判主题。事实上，底层文学与新左派在问题域与思想立场上有诸多重叠之处，一方面，它们都关心普通人尤其是底层大众的生存苦难；另一方面，它们都认为底层的苦难是市场化改革造成的。

二 《底片》：“另类个人奋斗”模式

《底片》改写自《我是真的热爱你》与《紫蔷薇影楼》，不同于《我是真的热爱你》，《紫蔷薇影楼》写的是结束小姐生涯回归正常生活的刘小丫与昔日嫖客窦新成的故事，其重心已经不是苦难而是人性深处的欲望纠葛。值得注意的是，在对《底片》整体框架的设计上，乔叶选择了《紫蔷薇影楼》而非《我是真的热爱你》，这使《底片》的情节与思想立场可能迥异于《我是真的热爱你》。当然，乔叶把《我是真的热爱你》中的不少情节融入了《底片》，比如它把冷红进城后与老鸨的相遇、接受老鸨的卖身理论、冷紫正式入行情节等移植到了主人公刘小丫身上。此外，乔叶还补写了一部分情节，比如刘小丫的进城打工以及她在小姐生涯中的成长。改写的关键问题是，乔叶怎样把所有情节融合在一起，使它们具备自己的逻辑。

《底片》的开端同样是进城打工，不过，它不再是迫于外部灾难的无奈之举，而是被改写成了出于个人理性思考后的自主决定。刘小丫父母双全、家境不错，她的进城打工无关生存压力，而是因为她从小就觉得自己不该是个乡下人，尤其是她在高中毕业后认识到，如果留在农村，自己将来就只能做个农妇，不仅会因干农活变得皮肤鳖黑，还必然会挣扎于男权制家庭的生子意志与国家计划生育政策的夹缝中，因此，改变乡下人的身份、摆脱农妇的命运才是她进城打工的动力。

走上卖身之路在两部小说中都是最重要的人物命运转折点。但《底片》中的刘小丫并未遭到资本家的暗算，而是她在做工厂打工妹时发现自己必须忍受超时劳动、有毒气体、低工资以及保安搜身时的猥亵，她想改变这种底层弱者的处境。当那场发生在《我是真的热爱你》中，冷红、冷紫姐妹之间的该不该做小姐的争论被移植到《底片》中的阿美和刘小丫之间时，结果完全反了过来：不是刘小丫/冷紫的当小姐等于"不要脸"占了上风，而是她最终接受了阿美/冷红的逻辑——有钱才能真正善待自己。在刘小丫第一次卖身后，小说以她的口吻写道，"没有人卖她，是她自己卖的自己"。如此，《底片》中的卖身，就是刘小丫在思想改变后主动做出的选择。而且，小说中的老鸨陈姐也不再贪婪狡诈，而是被塑造为既保证自己赚钱又尽力保护自己的小姐们的好老板。在刘小丫看来，她与陈姐之间根本就不存在阶级对立与斗争，而是"资源和利益共享"的合作关系。

如此一来，卖身就不再可能被呈现为苦难，而是被叙述成了刘小丫的个人奋斗——处身于机遇与风险同在的市场之中，她为了自己的未来幸福不断积累原始资本。不过，尽管刘小丫的奋斗目标与通常的个人奋斗并无差异，且她的奋斗同时也是个人成长的过程，但小姐职业的特殊性不能不使这一过程显示出另类特征：刘小丫能够使用的奋斗资本，不是金钱、知识或人脉，而是她的身体；当身体作为唯一的资本被要求着像其他形式的资本一样生产出足够的经济效益时，她的身体就被置于遭遇流氓无赖、性变态者、性病患者、毁容者等风险项中，为了保护自己的身体/资本，刘小丫在心智上必须足够成熟、睿智。事实上，乔叶的确把刘小丫的小姐生涯处理成了在历险中逐渐成熟，每当吃一次亏，她就积累一些在小姐这一行打拼的经验，她甚至从经验中提炼出了一套软硬辩证哲学并熟练地运用到实践中去。这一部分，正是《底片》的补写。

既然卖身在《底片》中不再是苦难，不再意味着肉体与精神的沉沦，救赎也就无从谈起。乔叶更愿意把刘小丫结束小姐生涯处理成她的又一次个人选择：从小姐妹患艾滋病而死以及自己遭遇劫匪抢劫事件中，她认识到了小姐生涯的风险，断然选择回老家过安稳的生活。当刘小丫回老家后的经历完美地证明了阿美/冷红的逻辑——隐藏自己做小姐的历史，以清白的样子风风光光地嫁人时，《底片》就完成了对《我是真的热爱你》的颠覆式改写：没有苦难与救赎，有的是另类个人奋斗成就的妇女解放与幸福日子，它证明着刘小丫创造个人幸福的能力——她从来就不是一个误入歧途等待拯救的弱者，而是能够靠自己的智慧和能力自我解放并创造美好生活的强者。应该说，这是新世纪众多书写小姐的小说中结局最美满的一部。

曾经在《我是真的热爱你》中充当关键性救赎力量的爱情，在《底片》中虽然依然存在，却被乔叶做了不同的处理：刘小丫与大学生男友的纯洁恋情，虽然类似于《我是真的热爱你》中的冷紫与张朝晖的爱情，但他们的爱情只是刘小丫治疗性病期间的一个小插曲——它只能出现在她身体的市场价值被临时关闭之时，而且她一开始就清楚这场恋爱注定无果，病好后主动斩断了与男友的联系。这一处理方式表明，在乔叶的观念中，对刘小丫这样特殊身份的人而言，纯洁的爱情虽然美好，却因纯洁而脆弱得无法面对她身份的真相。如果说刘小丫还能享有爱情的话，那么这个人必须同样是在人世间的泥潭中滚过，并因此懂得她的不易而怜惜她的人。因此，乔叶设计了刘小丫与昔日嫖客窦新成之间从彼此斗法到互生情愫的故事，这一设计不仅是大胆的，而且将爱情限定在慰藉的层面，它构成她人性中最柔软也最复杂的部分，却不会损伤她的强者形象。

概言之，相对于《我是真的热爱你》，《底片》把推动人物命运的基本动力，从外力转变成了个人选择，而且，个人幸福的基础，无论在阿美、陈姐的表述中，还是在刘小丫的实践中，都是足够的私有财产，这就强调了私有财产与个人选择之间的必然联系。如果考虑到个人选择与私有财产是90年代末出场的中国自由主义者反复强调的，则不难看出《底片》与自由主义思想之间多有契合之处。

三 艺术观念之变与立场选择之难

当乔叶把《我是真的热爱你》的"苦难—救赎"模式调整为《底片》的"另类个人奋斗"模式，小说的主旨也随之发生了变化。前者旨在批判社会，后者则在证明个人选择与个人奋斗的价值。要解释乔叶为何要做出这种改写，或可以从她接受的访谈中寻找其艺术观念与思想立场变化的踪迹。

在谈到《我是真的热爱你》时，乔叶明确表示它是一部"现实主义作品"，自己在小说中以"认真和严肃"的态度"忠实地表达了一些我的认识和思考"。[1]现实主义追求的是镜子式的再现真实，要做到这一点，端赖于创作主体的态度之"诚"——主

---

[1] 乔叶、姜广平：《"小说的伦理就是要走自己的独木桥"》，《西湖》2013年第10期。

观之诚是抵达客观之真的必要前提。或许这正是乔叶用"认真""严肃"等语词来强调自己创作态度的原因。如果考虑到现实主义在现代文学发展史上的地位——它从来"不仅仅是个人的风格选择或者叙事类问题的内在规范。当写实主义与'为人生'的口号结合起来时，否认写实主义势必成为推卸责任的同义语"①，那么《我是真的热爱你》就应该与其他底层文学作品一起，被视为旨在承担社会责任的有道德的文学，事实上，这也是底层文学被推崇的重要原因。

乔叶在反思《我是真的热爱你》时表示，"我的第一部长篇小说自我感觉准备得不是太充分……对自己的第一部长篇小说是比较不满意的"。具体而言，乔叶不满意的是小说"看上去写得很贴底层，但其实并不是太入骨"；"不是太入骨"指的是冷紫的概念化，"冷紫那个角色蛮飘的，满口学生腔，特别理想主义，是很文艺的角色，现在的话就不会那样写"②。因此，有理由认为，当乔叶意识到了冷紫这个人物的凌空蹈虚，她在创作《底片》时就让有形的冷紫消失，将冷红、冷紫的部分经历与思想融合到了主人公刘小丫身上。这样一来，刘小丫就既非

---

① 南帆：《文学的维度》，上海三联书店 1998 年版，第 48 页。

② 任瑜、乔叶：《从尘埃里开出花来》，《创作与评论》2014 年 7 月号（下半月刊）。

冷紫式的理想主义天使，也非冷红式的堕落者，而是一个有着正常的欲望、情感与思想的女子。

乔叶对刘小丫这一小姐形象的正常化处理，乃是出于她思想的变化，"小姐也不是生来就是小姐，就把她当成一个正常人来看待就好了"[①]。这一看法与许多把小姐奇观化的处理方式显然有很大不同，它是乔叶独有的理解人的方式。

在小姐何以成为小姐的问题上，乔叶的看法也发生了转变，"一个女孩子，长这么大，走到这一步绝非偶然，一定有她必然的逻辑，而且这些必然的逻辑不一定完全是社会造成的。毕竟在这个时代，存在着各种各样生存的可能性。你选择的道路，个人因素也是很重要的。常听到的说法是女孩子被骗了才走到了这一步，可是人家骗子怎么就把你骗了？也许就是你自己面临这种选择的时候你要的是物质或者金钱，你自己知道你要的是什么，你要付出什么。我觉得这是对人性剖析的残酷的一面。我不喜欢把什么都归罪于社会，从人性出发才能客观地通过小说来表达现实世界"[②]。当乔叶抱持这样一种看法时，她就必然会在创作中用"必然的逻辑"否定人生关键时刻的偶然

---

① 乔叶、刘芸：《写作从人性出发——与乔叶对话》，《百家评论》2013年第3期。

② 乔叶、刘芸：《写作从人性出发——与乔叶对话》，《百家评论》2013年第3期。

性，用"个人选择"代替社会的引诱与压迫。

除了思想上的变化，乔叶在艺术上也放弃了现实主义的模仿伦理，转而尝试另一种小说伦理。她非常喜欢布洛赫对小说道德的理解，"小说只有发现小说才能发现的真理，这才是小说唯一的道德"。布洛赫显然是在说小说的虚构性以及小说通过虚构可以抵达的真理。深受布洛赫影响的乔叶认定"小说是有翅膀的，可以任我对现实的面貌进行改变、重组，带它们去飞翔"①。而且乔叶也足够大胆，她把"小说的本质"理解为"冒犯"。因此，乔叶在创作中努力的方向，就从创作《我是真的热爱你》时的"严肃""认真"变为使用自己"虚构的权威""尽力'去道德'"，即"对大家墨守成规、约定俗成的这些道德，我尽力去无视它们"②。由此可以理解乔叶为何让《底片》中的刘小丫主动选择了做小姐，又为何让她与窦新成发生了婚外恋情——她的两次选择都构成了对现实世界伦理道德的"冒犯"。此时，乔叶还需要解决一个问题，那就是她如何理解这种冒犯。

从小说的人物塑造与故事走向看，乔叶显然无意站在道德

---

① 乔叶、姜广平：《"小说的伦理就是要走自己的独木桥"》，《西湖》2013年第10期。

② 任瑜、乔叶：《从尘埃里开出花来》，《创作与评论》2014年7月号（下半月刊）。

一边批判刘小丫的"冒犯"行为，她主张"从人性出发"，即所有的人物都有自己人性的一面，她甚至表示对笔下的人物怀有一种"母亲对孩子的悲悯与包容"①，表现在《底片》改写中，就是刘小丫与窦新成之间的恋情得到了足够的理解和同情——她的抗拒与接受都出于人性的需要。乔叶借旁观者的视角写道，他们的"身影时而交叠，时而分开，交叠的时候他们像两个恋人，分开的时候他们像一对兄妹"。事实上，只有在创作中做到了"去道德"，才能抵达对人性更宽广、更慈悲的理解，才能抵达"只有小说才能发现的真理"。在这个意义上，《底片》的改写拓宽了文学对人的理解。

人性这一概念，显然是比阶级性更普遍也更复杂的一个概念。在人性的各层面中，乔叶尤其注重挖掘人物的心理，"可能我无意识地比较集中写的就是人物心理，尤其是女性心理世界。"②乔叶一再提及的人性、人物心理这些语词，还有她重视的个人选择，更多地联系着的，是20世纪80年代启蒙主义思想中"人"的话语与90年代的"个人"话语以及与之密切相关的女性文学。因此，将乔叶的小说改写放在20世纪八九十年代

---

① 任瑜、乔叶:《从尘埃里开出花来》,《创作与评论》2014年7月号（下半月刊）。

② 乔叶、刘芸:《写作从人性出发——与乔叶对话》,《百家评论》2013年第3期。

女性文学写作及其批评这一背景上来理解，或许会显示出更深层的问题。

　　贺桂梅在梳理八九十年代女性文学及其批评资源时指出，80年代女性文学批评中的女性文学概念受到新启蒙主义的影响，女性文学的倡导者侧重从生理、心理等自然的而非文化的因素来界定女性；进入90年代之后，"个人话语与女性话语有效地结合在一起，成为借以标识女性身份政治的主要符码，个人化写作因此被视为女性写作的主要形态"①。而个人化写作中的"中产阶级化的女性主体，事实上是80年代'女性文学'实践的必然结果"，二者都将"女性问题视为与阶级、国家无关或分离的议题"②。当她把这一文学中的性别问题回溯到中国的妇女解放实践时，则发现"在现代中国的妇女解放实践中，最突出的问题，其实并不是独立的阶级议题与独立的女性议题之间的分离，而是都市中的、中产阶级化的'新（知识）女性'与乡村的、劳工阶级的'农村女性'之间的分裂"③。贺桂梅发

①　贺桂梅：《当代"女性文学"批评的三种资源》，《文艺评论》2003年第6期。
②　贺桂梅：《"个人的"是如何"政治的"》，《女性文学与性别政治的变迁》，北京大学出版社2014年版，第11页。
③　贺桂梅：《"个人的"是如何"政治的"》，《女性文学与性别政治的变迁》，北京大学出版社2014年版，第12页。

现的这一女性内部的分裂，类似于西方白人中产阶级女性与黑人无产阶级女性之间的分裂。

事实上，性别问题与阶级问题之间的关系是一个世界性难题。美国的黑人底层女性从族裔与阶级的角度，发现她们的诉求与富有的白人女性不同，但当她们与本种族、本阶级的男性共同作战时，她们又总是受到同一战壕中男性们的父权制思想的压制。现代中国女性解放问题的特殊性在于，它一再被更为宏大的阶级解放要求着让步，以阶级之名忽视乃至牺牲女性个体与群体的利益是普遍存在的现象。男性新左派学者薛毅对90年代女性个人化写作与研究的中产阶级化的批评，或许为此提供了一个生动的例证。他从阶级的角度指出专注于性别解放的90年代女性文学与研究的缺失，"性别与阶级的关系原本是女性主义理论的一大要点。就像西方可以讨论白人女性与黑人女性的关系一样。我们似乎也可以设想，去讨论一下底层女性与中层女性的关系，可以去想象一个外出打工的女性的个人体验是什么样子的"。如果说这一提醒非常及时的话，那么，他的另一看法——90年代的女性解放"根本不是女性自己斗争获得的，而是这个时代'慷慨'赠与的"①，再次验证了对阶级问题的重

---

① 薛毅：《浮出历史地表之后》，《文学评论》1999年第5期。

视与洞见，是多么容易与对性别问题的盲视结合在一起：我们的时代从未宽容到不需要女性进行艰苦的斗争，就将自由与自主慷慨地赠予女性。

以此为背景，底层女性的性别解放与阶级解放，若寄希望于外力无异于痴人说梦。更具可能性的是分两步走：先靠自己的努力挣得足够的物质基础，再以此为基础实现自己的性别解放。具体到《底片》中的刘小丫，就是先实现从乡村到城市、从底层到富人的身份跨越，再实现她期望的"妇女翻身得解放"。由此可以理解，乔叶何以会在《底片》中用"另类个人奋斗"模式去改写《我是真的热爱你》的"苦难—救赎"模式。乔叶的改写所做的，实在是逆文学主潮而动，从底层文学重返90年代女性个人化写作，可谓一次思想立场的逆向游移。

然而，并不能因此就乐观地认为《底片》对《我是真的热爱你》的改写，弥合了贺桂梅提出的"都市中的、中产阶级化的'新（知识）女性'与乡村的、劳工阶级的'农村女性'之间的分裂"这一难题。乔叶显然也意识到了这一点，小说中有一个已经做了老板娘的刘小丫观察进城打工妹的情节，"她断定她们的薪水不超过三百元。她忽然替她们感到可怜——她们是那么丑，又丑又穷的女孩子是上帝最冷漠的作品。从这一点上看，她比她们幸运，因为即使她们去做小姐，也取得不了她那么辉煌的业绩，挣不来她如今的幸福生活"。刘小丫的优越感表明，她的幸福生活只是她一个人的，与她们（大多数进城打工妹）无关。在此意义上，《底片》对《我是真的热爱你》的改写，并未弥合两个阶层之间女性的分裂，毋宁说，它再次昭示了性别与阶级如何结合的难题，显示了女性文学在处理底层女性解放这一问题时的困境。

《海南师范大学学报（社会科学版）》，

2018年第3期，第59—64页

研究资料索引

1.研究论文

2003年

建红:《自己点燃的心灯不再孤独——读乔叶文集〈孤独的纸灯笼〉》,《学子》,2003年第1期,第29页。

2004年

流连:《如何热爱——评长篇小说〈我是真的热爱你〉》,《北京晚报》,2004年6月13日。

李洱:《乔叶的另一只眼睛——评长篇小说〈我是真的热爱你〉》,《新京报》,2004年7月15日。

康志刚:《身体里有蓝天——评长篇小说〈我是真的热爱你〉》,《中华工商时报》,2004年8月6日。

王巨才：《为了被污辱与被损害的——读长篇小说〈守口如瓶〉》，《小说评论》，2004年第4期，第70—72页。

张志忠：《扣人心弦的灵魂追问与抗争——关于乔叶的〈守口如瓶〉》，《中国女性文学·新名篇·新解读》，中国文联出版社，2004年8月。

2005年

郑彦英：《印象·感觉乔叶》，《十月》，2005年第2期，第131—133页。

赵秀芹：《刘帕不再怕天黑——〈我承认我最怕天黑〉解读》，《当代文坛》，2005年第2期，第76—77页。

付艳霞：《安稳的小叙事——评乔叶的小说》，《红豆》，2005年第7期，第20—22页。

戴来：《家常乔叶》，《红豆》，2005年第7期，第22—23页。

林万里：《另面乔叶》，《中华文学选刊》，2005年第8期。

2006年

李敬泽：《故事爱好者乔叶——评〈打火机〉》，《中华文学选刊》，2006年第2期。

管西莉：《青春美文作家：乔叶》，《语文世界》(初中版)，

2006年第6期，第11—13页。

张启智：《时代与女性身体的政治——评〈遍地棉花〉》，《中华文学选刊》，2006年第8期。

李敬泽：《上香的时候不说话——评〈锈锄头〉》，《小说选刊》，2006年第9期，第29—30页。

付慧芳、汲安庆：《咬定"青山"不放松——读〈坐在最后一排〉》，《语文月刊》，2006年第9期，第9—10页。

童献纲：《现实原则的女性思考及其意义——评〈我承认我最怕天黑〉》，《长春大学学报》，2006年第11期，第59页。

2007年

高启龙：《为活着寻找理由——对乔叶〈山楂树〉的文本解读》，《当代文坛》，2007年第5期，第110—111页。

李遇春：《无法重返的伊甸园——评乔叶的〈像天堂在放小小的焰火〉》，《文学教育》(上)，2007年第11期，第20页。

徐红芹：《乔叶小说中的耻感意识》，《山花》，2007年第11期，第150—154页。

2008年

张宇：《小的地方说说》，《长篇小说选刊》，2008年第1期，第297—298页。

李遇春:《底层叙述的突围——评乔叶的〈良宵〉》,《文学教育》(上),2008年第3期,第15页。

王曦:《冷暖自知的悲悯情怀——论乔叶小说创作的女性倾注》,《现代语文》(文学研究版),2008年第13期,第109—110页。

2009年

孟文彬:《拿什么拯救你,我的婚姻——乔叶小说〈我承认我最怕天黑〉解读》,《科技信息》,2009年第9期,第159 + 161页。

王宁:《撕开我们内心的隐痛——评乔叶的中短篇小说》,《艺术广角》,2009年第5期,第78—80 + 63页。

王文霞:《植根于中原文化的现实性与理性——论乔叶的小说创作》,《昭通师范高等专科学校学报》,2009年第6期,第43—46页。

付艳霞:《变的是体悟,不变的是情怀》,《作品与争鸣》,2009年第12期,第47页。

刘一诺:《充满别扭感的书写》,《作品与争鸣》,2009年第12期,第48页。

郜元宝:《从"寓言"到"传奇"——致乔叶》,《山花》,2009年第13期,第92—100页。

金立群:《我站在桥上看风景——读乔叶的〈最后的爆米花〉》,《语文教学与研究》,2009年第35期,第14页。

2010年

申霞艳:《把善良和温暖还给文学——乔叶论》,《黄河文学》,2010年第8期,第113—118页。

安静:《乔叶〈龙袍〉 游走的龙袍》,《文艺报》,2010年9月17日。

李勇:《可批判的现实与可批判的文学》,《文艺报》,2010年9月22日。

牛玉秋:《爱情/偷情与算计——读乔叶的短篇小说〈妊娠纹〉》,《北京文学》(精彩阅读),2010年第10期。

卞秋华:《乔叶〈妊娠纹〉:生活的突围》,《文艺报》,2010年11月8日。

孔会侠:《乔叶的写作,在路上》,《文艺报》,2010年12月6日。

潘磊:《底层女性的生存与精神——论乔叶的底层叙事》,《文艺争鸣》,2010年第13期,第140—142页。

潘磊:《底层苦难叙事的突围——读乔叶〈良宵〉》,《名作欣赏》,2010年第23期,第127—128页。

王凤玲:《女性生命意识与男权文化的博弈——乔叶小说〈最慢的是活着〉解读》,《名作欣赏》,2010年第30期,第39—40页。

2011年

李遇春:《最后的幻灭——评乔叶的〈妊娠纹〉》,《文学教育》(上),2011年第1期,第16页。

王雪梅:《一朵美丽的罂粟花——评乔叶的破碎的美丽》,《中学教学参考》,2011年第1期,第60页。

太平:《论乔叶笔下无法抗拒的女性痛》,《现代妇女》(下旬),2011年第4期,第13—16页。

王晖:《叙事的突围——浅谈乔叶中篇小说集〈最慢的是活着〉》,《小说评论》,2011年第1期,第16—18页。

张喜田:《怀旧气息的氤氲——论乔叶小说的转向》,《当代文坛》,2011年第6期,第55—57页。

孔会侠:《让苦难芬芳,使隐秘明朗——论乔叶的小说创作》,《平顶山学院学报》,2011年第6期,第69—72页。

李振明:《乔叶小说:后现代状态的散文化书写》,《平顶山学院学报》，2011年第6期，第73—76页。

吕东亮：《意象与世相——乔叶〈锈锄头〉细读》，《平顶山学院学报》，2011年第6期，第77—79页。

王安忆：《经验性写作》，《书城》，2011年第7期，第40—51页。

王玲：《女人·世界·疼痛——乔叶小说创作论》，《大众文艺》，2011年第7期，第118页。

李勇：《卑微者及其对卑微的坦承》，《文艺报》，2011年8月17日。

陈劲松：《中国当下都市生存背景中的文学书写》，《文艺评论》，2011年第9期，第28—33页。

李方方：《底层苦难叙事的突围——评乔叶的〈良宵〉》，《金田》，2011年第9期，第53页。

洪迪：《一场注定失败的博弈》，《文艺报》，2011年10月12日。

翟文铖：《穿越苦难的阴霾——关于乔叶笔下的"底层叙事"》，《文艺争鸣》，2011年第16期，第151—155页。

王文霞：《女性与男性之间的碰撞与和谐——乔叶小说女性叙事中两性关系分析》，《山花》，2011年第20期，第117—118页。

2012年

旧海棠:《文学给人带来心灵的安宁——专访女作家乔叶》,《深圳特区报》,2012年1月5日。

童献纲:《关于另一类身体写作》,《长春大学学报》,2012年第1期,第40—42页。

蓝颜:《乔叶:最慢的是活着》,《作家》,2012年第2期,第1页。

王文霞:《乔叶小说女性叙事中女性关系探讨》,《山花》,2012年第2期,第119—120页。

张凤梅:《〈论乔叶最慢的是活着〉之"慢"的内涵》,《作家》,2012年第2期,第2—3页。

刘海燕:《河南青年女作家论》,《小说评论》,2012年第2期,第99—103页。

于莉:《对峙与相融——乔叶〈最慢的是活着〉解读》,《文艺争鸣》,2012年第3期,第142—144页。

李遇春:《乔叶小说创作论》,《华中师范大学学报》(人文社会科学版),2012年第3期,第67—74页。

刘芸:《被树爱着的孩子:试论乔叶的小说世界》,《中州大学学报》,2012年第3期,第21—24页。

刘涛:《直面生活中的问题——评乔叶〈拆楼记〉》,《西湖》，2012年第4期，第106—108页。

乔淼:《马克思主义文艺理论视阈下的〈最慢的是活着〉》，《文学界（理论版）》，2012年第4期，第55—56页。

张莉:《非虚构女性写作：一种新的女性叙事范式的生成》，《南方文坛》，2012年第5期，第43—48页。

吕晓洁:《论1990年代以来河南籍女作家的小说创作》，《齐鲁学刊》，2012年第5期，第157—160页。

李勇:《乔叶小说批判话语解析》，《文艺报》，2012年6月11日。

张莉:《有意义的冒犯》，《文艺报》，2012年7月16日。

郑来:《底层女性身份认同的艰难》，《短篇小说（原创版）》，2012年第8期，第7—8页。

李浩:《乔叶写作的个人标识》，《文艺报》，2012年9月10日。

碎碎:《迁拆背后的中国现实与人性真相》，《文苑》（经典美文），2012年第9期，第40—41页。

平原:《锈掉的生活——乔叶小说〈锈锄头〉的道德诉求》，《名作欣赏》，2012年第10期，第123—124页。

乔叶、周大新、梁鸿:《拆迁深处的人性真相——银川书博会〈拆楼记〉对话实录》，《黄河文学》，2012年第10期，

418

第72—76页。

赵瑜:《〈拆楼记〉小札》,《书城》,2012年第11期,第71—72页。

李青:《乔叶底层小说的人文关怀》,《北方文学》(下旬),2012年第11期,第35—36页。

刘恪:《什么在改变我们的空间?——评乔叶的〈语文课〉》,《东京文学》,2012年第12期,第16—18页。

苗梅玲:《在文字的田野上:乔叶访谈》,《东京文学》,2012年第12期,第18—23页。

李琦:《析乔叶小说的语言特色》,《山花》,2012年第14期,第115—116页。

妍妍:《乔叶探究拆迁的背后》,《出版参考》(业内资讯版),2012年第18期,第24页。

李敬泽:《拆楼记·序》,乔叶:《拆楼记》,河南文艺出版社,2012年版。

2013年

李明刚:《人情之暖与救赎之力——谈乔叶的〈取暖〉》,《名作欣赏》,2013年第3期,第70—71页。

火东霞:《传统观念与现代意识的温暖相融——解读乔叶

的〈最慢的是活着〉》,《产业与科技论坛》,2013年第3期,第185—186页。

张莉:《非虚构女性写作:新世纪女性写作的新成就》,《博览群书》,2013年第3期,第5—10页。

郝丹:《乔叶小说〈最慢的是活着〉母性意识初探》,《南京航空航天大学学报》(社会科学版),2013年第3期,第84—87页。

吕东亮:《乔叶论》,《小说评论》,2013年第3期,第55—61页。

任瑜:《乔叶小说中的世俗心和悲悯心》,《文艺争鸣》,2013年第4期,第129—132页。

王春林:《残酷历史呈现与深度人性拷问——评乔叶长篇小说〈认罪书〉》,《百家评论》,2013年第4期,第18—27页。

岳雯:《说吧,说出你的秘密——读长篇小说〈认罪书〉》,《光明日报》,2013年5月28日。

张明、杨红旗:《论乔叶小说的女性伦理构建》,《当代文坛》,2013年第6期,第160—162页。

王琪:《乔叶:写作者存在的意义在路上》,《延河》(绿色文学),2013年第6期。

韩传喜:《疼痛与成长的精神向度》,《文艺报》,2013年8月23日。

白草：《落空在真实与虚构之间——谈乔叶长篇小说〈认罪书〉及其他》，《文学报》，2013年10月10日。

吕东亮：《乔叶长篇小说〈认罪书〉：历史照进现实后的罪与罚》，《文艺报》，2013年11月20日。

陈涛：《〈认罪书〉：自己与自己的战争及和解》，《文艺报》，2013年12月20日。

陈余：《"小说"而"非虚构"——浅谈乔叶的非虚构小说创作及其意义》，《文教资料》，2013年第35期，第106—108页。

2014年

任瑜：《跨越历史与现实的省思——读乔叶新作〈认罪书〉》，《博览群书》，2014年第1期，第102—103页。

李勇：《社会转型时期的时代认知与文学表达——论乔叶的小说创作》，《时代文学》（上半月），2014年第1期，第81—85页。

胡学文：《魔法师乔叶》，《时代文学》（上半月），2014年第1期，第86—88页。

葛水平：《笑如花开——乔叶印象》，《时代文学》（上半月），2014年第1期，第88—89页。

鲁敏：《与乔叶长谈》，《时代文学》（上半月），2014年第1期，第89—90页。

刘玉栋:《绿色的乔叶》,《时代文学》(上半月),2014年第1期,第90—91页。

傅爱毛:《村妇看乔叶》,《时代文学》(上半月),2014年第1期,第92—94页。

孔会侠:《"由表及里"说乔叶》,《时代文学》(上半月),2014年第1期,第94—95页。

郑新:《论乔叶小说的温情叙事》,《南都学坛》,2014年第1期,第63—66页。

奚同发:《乔叶:〈认罪书〉 希望阅读中能停顿一下》,《河南工人日报》,2014年1月7日。

李遇春:《文学新势力·乔叶 主持人语》,《新文学评论》,2014年第2期,第8—9页。

杨建兵:《拯救——乔叶小说的关键词》,《新文学评论》,2014年第2期,第10—13页。

陈余:《"接地气"的写作——乔叶〈盖楼记〉〈拆楼记〉探析》,《山东文学》,2014年第2期,第78—80页。

刘宏志:《小说与经验——以乔叶的小说为例》,《新文学评论》,2014年第2期,第14—18页。

吕东亮:《市场、文坛与可塑性——试论青年作家成长机制中的乔叶》,《新文学评论》,2014年第2期,第23—26页。

李勇:《如何认识和书写我们眼下的时代——以乔叶的小说创作为例》,《新文学评论》,2014年第2期,第19—22页。

宋玉书:《〈拆楼记〉:拆解社会与人心深处的隐秘涡流》,《当代作家评论》,2014年第3期,第181—187页。

邓文芳:《〈认罪书〉:打破沉默,俯首认罪》,《天水师范学院学报》,2014年第3期,第79—81 + 125页。

李竹筠:《传统·现代·接续·复归:乔叶〈最慢的是活着〉的文化意蕴》,《焦作大学学报》,2014年第3期,第63—65页。

王觅:《乔叶长篇小说〈认罪书〉细微探察复杂的人性》,《文艺报》,2014年3月3日。

何向阳:《对冷漠的反省和摒弃》,《人民日报》,2014年4月15日。

孟繁华:《接续一个伟大的文学传统——评乔叶的〈认罪书〉》,《南方文坛》,2014年第4期,第67页。

梁鸿:《"后文革"时代的忏悔与生活——读〈认罪书〉》,《南方文坛》,2014年第4期,第68—70页。

吕东亮:《历史照进现实后的罪与罚——论乔叶的〈认罪书〉》,《南方文坛》,2014年第4期,第71—75页。

项静:《政治正确的轮船与漂浮的故事:乔叶〈认罪书〉》,《上海文化(新批评)》,2014年第4期,第22—27页。

付艳红:《光明与黑暗:评乔叶的小说》,《北方文学(下旬刊)》,2014年第4期,第17页。

李振:《"七〇后"的"文革"想象与叙述——以〈花街往事〉和〈认罪书〉为例》,《当代作家评论》,2014年第4期,第127—133页。

陈娇华:《当代两性情感关系的症候分析——解读乔叶的〈我承认我最怕天黑〉》,《名作欣赏》,2014年第6期,第38—41页。

贺绍俊:《当代文学的政治正确思维定势》,《文艺争鸣》,2014年第7期,第24—28页。

吕东亮:《被"幽灵"召唤出的"罪与罚"——论乔叶的长篇小说〈认罪书〉》,《长江丛刊》(下旬刊),2014年第7期,第47—54页。

廖忠扬:《〈黄金时间〉中的"她"叙事》,《西江月》(中旬),2014年第8期。

翟文铖:《不断开辟艺术领地——概述作家乔叶的文体意识》,《光明日报》,2014年10月20日。

孟骋:《乔叶小说的伦理叙事》,《时代文学(上半月)》,2014年第9期,第214—218页。

王诗雅:《一样性别,两种良宵:论乔叶〈良宵〉中女性和身体的关系》,《剑南文学(上半月)》,2014年第9期,第66—68页。

崔玉海:《论乔叶〈最慢的是活着〉中祖母形象》,《青年与社会(中)》,2014年第11期,第352页。

刘军:《乔叶小说:小叙事与女性成长》,《中国现代文学研究丛刊》,2014年第12期,第103—111页。

杨高强:《无须挽留的迟暮乡土——论乔叶小说〈最慢的是活着〉中的乡土想象》,《文艺生活(文艺理论)》,2014年第12期,第6—7页。

王程荣:《他乡安处是吾乡——读乔叶的小说〈在土耳其合唱〉》,《名作欣赏(下旬刊)》,2014年第15期,第14—15页。

闵嘉健:《时光磨灭不了的人性善——读乔叶的小说〈扇子的故事〉》,《名作欣赏(下旬刊)》,2014年第15期,第15—16页。

何雯:《雌心的栖居——读乔叶的小说〈认罪书〉》,《名作欣赏(下旬刊)》,2014年第15期,第17—18页。

张玉琼:《美好的瞬间——读乔叶的散文集〈天使路过〉》,《名作欣赏》,2014年第15期,第19—22页。

2015年

乔叶:《作家乔叶访谈录》,《芳草(经典阅读)》,2015年第Z1期,第159页。

石溪之:《乔叶的个人标识》,《初中生学习指导(初一版）》，2015年第1期，第58—63页。

张鹏:《拷问灵魂　深刻忏悔:读乔叶〈认罪书〉》,《社会科学论坛》，2015年第1期，第250—256页。

娄扎根、青闰、张艳庭:《乔叶文学创作的三维艺术特色》,《焦作大学学报》，2015年第2期，第37—40＋70页。

吴珊珊:《迷失在权力中的知识分子——以〈沧浪之水〉、〈认罪书〉、〈蟠虺〉为例》,《太原大学学报》，2015年第2期，第73—76页。

楚天遂:《尖锐的洞察与深刻的批判——评乔叶长篇小说〈认罪书〉》,《新乡学院学报》，2015年第2期，第29—31页。

王达敏:《被"平庸的恶"绑定的小说——乔叶长篇小说〈认罪书〉批评》,《文艺研究》，2015年第2期，第23—29页。

王美平:《从人性反思角度比较〈认罪书〉和〈朗读者〉》,《苏州教育学院学报》，2015年第2期，第42—45页。

黄淑菡:《蝴蝶飞不过沧海——论乔叶小说中的女性形象》,《青年文学家》，2015年第5期，第21—23页。

吕东亮:《化俗成雅的书写——乔叶〈卡格博峰上的雪〉简评》,《大观（东京文学）》，2015年第2期，第34—36页。

李遇春:《忏悔叙事中的复调诗学:评乔叶长篇小说〈认罪书〉》,《小说评论》，2015年第3期，第76—86页。

平原:《忏悔与耻感意识下的救赎与焦虑——评乔叶长篇小

说〈认罪书〉解读》,《小说评论》,2015年第3期，第87—92页。

詹丹:《〈认罪书〉的罪恶、忏悔与救赎主题》,《安庆师范学院学报（社会科学版）》,2015年第3期，第66—70页。

张凤梅:《乔叶散文创作艺术面面观》,《华北水利水电大学学报（社科版）》,2015年第4期，第142—145页。

韩传喜、张洪波:《悬浮的历史想象——论乔叶〈认罪书〉的"文革叙事"》,《扬子江评论》,2015年第4期，第46—51页。

刘权:《压抑境遇下的人性诉求——论莫言与乔叶小说中的女性书写》,《阴山学刊》,2015年第4期，第72—74页。

沈杏培:《〈认罪书〉：人性恶的探寻之旅》,《文学评论》,2015年第5期，第212—219页。

高雅:《现实背后历史传承的"毒"与"解"：评乔叶的〈认罪书〉》,《科教文汇》（下旬刊）,2015年第5期，第144—145页。

李勇:《批判、忏悔与行动——贾平凹〈带灯〉、乔叶〈认罪书〉、陈映真〈山路〉比较》,《文学评论》,2015年第5期，第177—186页。

张联秀:《反叛与毁灭——基于女性主义视角的"金金"人物形象分析》,《铜仁学院学报》,2015年第5期，第80—83页。

卢欢:《乔叶：我更喜欢低姿态的写作》,《长江文艺》,2015年第6期，第96—105页。

郭艳：《乔叶：时光中的"慢活"——七〇后作家访谈录之二十》，《芳草》，2015年第6期。

孔婧：《乔叶小说研究综述》，《内江师范学院学报》，2015年第7期，第58—61页。

徐子琳：《浅谈乔叶文学创作的三维艺术特色》，《华夏地理》，2015年第7期，第248—249页。

杨晓岚：《人性拷问与灵魂救赎——浅析乔叶的〈认罪书〉》，《美与时代（下）》，2015年第7期，第111—113页。

刘妍京：《打工女性的苦难与生存——评乔叶小说〈我是真的热爱你〉》，《北方文学》，2015年第8期，第21—22页。

邓文芳：《论〈最慢的是活着〉中的生命观》，《牡丹江大学学报》，2015年第9期，第143—144页。

徐潇：《浅析乔叶〈认罪书〉》，《青年文学家》，2015年第11期，第45页。

乔叶：《作家乔叶访谈录》，《芳草（经典阅读）》，2015年第C1期。

张凤梅：《乔叶散文的乡土文化气息探究》，《新乡学院学报》，2015年第11期，第21—23页。

付秀宏：《罪责感是一种心灵净化——读乔叶〈认罪书〉》，《躬耕》，2015年第11期，第63页。

魏春吉、刘进才:《是控诉，还是忏悔？——论〈认罪书〉的叙述策略与道德救赎主题》,《创作与评论》,2015年第14期,第48—54页。

乔叶、任瑜:《乔叶:遵循小说的道德》,《青年作家》,2015年第16期,第6—12页。

石盛芳:《"坚硬如水":〈最慢的是活着〉中的奶奶形象》,《名作欣赏》,2015年第30期,第13—15页。

2016年

刘新锁:《小说如何记忆:以〈认罪书〉和〈1966年〉为例》,《小说评论》,2016年第1期,第194—200页。

柴静雯:《乔叶:走小路的叶子》,《时代报告（奔流）》,2016年第1期,第108—109页。

李丹:《谁影响了鲁奖作家乔叶？》,《时代报告》,2016年第1期,第58—59页。

董晓明:《生活中的一切都是文学的财富——对话乔叶》,《江南》,2016年第1期,第91—98页。

杨超高:《活着与死去——论乔叶小说〈最慢的是活着〉》,《铜陵职业技术学院学报》,2016年第1期,第64—65＋97页。

徐潇:《物与欲的束缚——浅析乔叶笔下的物质女性》,《鸭绿江（下半月版）》，2016年第1期，第77页。

韩模永：《论〈最慢的是活着〉中的叙事张力》，《郑州师范教育》，2016年第2期，第47—49页。

武歆：《乔叶：或温和，或凌厉》，《文学自由谈》，2016年第4期，第114—121页。

陈涛：《"坏女孩"与"怎么办"——评乔叶的中短篇小说创作》，《湖南文学》，2016年第4期，第175—177页。

韩传喜：《幽微情感领地的象征性契入——乔叶女性题材小说论》，《文艺争鸣》，2016年第5期，第122—126页。

崔峥：《冒犯中的关怀——以乔叶小说的"去道德观"为例分析》，《剑南文学（下半月）》，2016年第6期，第24—26页。

王俊忠：《"非虚构"文学写作初探——以乔叶〈盖楼记〉为例》，《淮海工学院学报（人文社会科学版）》，2016年第6期，第36—39页。

訾西乐：《中原大地上的两朵奇葩——邵丽与乔叶作品的相似性研究》，《魅力中国》，2016年第11期，第222页。

李君丽：《幽深隐秘伺机宣泄——浅析乔叶〈打火机〉中余真的心理》，《西江文艺》，2016年第11期。

郭海荣：《〈拆楼记〉：日常生活史与身份选择》，《美与时代（下）》，2016年第12期，第85—87页。

李一扬:《乔叶:"柔韧"的本色写作》,《长江丛刊》,2016年第19期,第39—40页。

2017年

杨敏:《"文革"想象与叙述——以〈认罪书〉和〈茧〉为例》,《文教资料》,2017年第1期,第160—162页。

季玢:《"树背后拖出的长长的阴影"——论乔叶的长篇小说〈认罪书〉》,《郑州师范教育》,2017年第1期,第50—54页。

林冉:《〈认罪书〉中女主人公金金形象解读》,《安阳工学院学报》,2017年第1期,第20—22页。

沈红芳:《当代小城文学视野中的乔叶小说研究》,《河南大学学报(社会科学版)》,2017年第3期,第120—125页。

曹丽萍:《婚恋变形记——乔叶小说对都市女性婚恋的思考》,《阜阳师范学院学报(社会科学版)》,2017年第3期,第73—78页。

王成珊:《论近年来乔叶小说的创作转型》,《佳木斯大学社会科学学报》,2017年第4期,第102—104页。

陈雨、邹志远:《小女人中的大世界——乔叶〈最慢的是活着〉浅析》,《延边教育学院学报》,2017年第6期,第7—9页。

韩传喜:《从乔叶小说论〈藏珠记〉》,《江南(长篇小说月报）》，2017年第6期，第36—41页。

郑润良：《〈藏珠记〉：飞跃雅俗之堑》，《江南（长篇小说月报）》，2017年第6期，第42—44页。

邱华栋：《隐藏和呈现》，《文艺报》，2017年8月4日。

金涛：《两个干净人的爱情》，《中国艺术报》，2017年9月6日。

李欣童：《生也有涯　爱也无涯》，《河北日报》，2017年12月8日。

2018年

陈若谷：《细致的"任性"——读乔叶〈藏珠记〉》，《文艺报》，2018年1月24日。

张磊：《乔叶小说中的"底片情结"》，《许昌学院学报》，2018年第1期，第43—46页。

周晓：《这样的任性不是随意——读乔叶〈藏珠记〉》，《博览群书》，2018年第1期，第107—108页。

邵晓雪：《当历史之恶与现实之恶相遇——论〈认罪书〉》，《辽东学院学报（社会科学版）》，2018年第2期，第108—113页。

李爱红：《乔叶小说叙事中的现代性体验》，《小说评论》，2018年第2期，第195—199页。

吕鹏娟：《从〈藏珠记〉看乔叶的创作现状》，《新文学评论》，2018年第2期，第144—147页。

谢尚发:《一珠千年照万象——读乔叶〈藏珠记〉有所思》，《新文学评论》，2018年第2期，第138—143页。

任荣娟:《揪住青春的尾巴致青春——谈乔叶〈藏珠记〉的个人化写作》,《小说月刊》，2018年第3期。

夏迪:《"历史穿越"外衣下的现实骨骼——读〈藏珠记〉兼及乔叶小说创作新动向》,《百家评论》，2018年第3期，第107—111页。

李彦文:《从"苦难—救赎"到"另类个人奋斗"——乔叶的〈底片〉对〈我是真的热爱你〉的改写》,《海南师范大学学报（社会科学版）》，2018年第3期，第59—64页。

吕东亮:《经验的贫乏及其并发症——论〈平原客〉〈藏珠记〉》,《小说评论》，2018年第4期，第193—199页。

董海燕、葛莹莹:《乔叶:聊聊小说》,《时代报告》，2018年第4期，第75—77页。

胡娜儿:《乔叶小说的欲望书写以及文化阐释》,《宁波职业技术学院学报》，2018年第4期，第87—91页。

杜欢欢:《乔叶小说研究综述》,《芒种（下半月）》，2018年第5期，第80—81页。

李遇春:《"新世情小说"的艺术探寻——乔叶与传统》,

《当代作家评论》，2018年第5期，第178—186页。

席新蕾：《透过〈最慢的是活着〉看乔叶小说写作的转向》，《民间故事》，2018年第6期。

卢秋丽：《乔叶小说中底层女性存在的生命之殇》，《小说月刊》，2018年第7期。

刘宏志：《用耐看的故事讲出熠熠发光的常识——乔叶文学访谈》，《南腔北调》，2018年第7期，第35—39＋34页。

刘臻：《故事·哲理·叙事：以乔叶〈藏珠记〉为例》，《南腔北调》，2018年第7期，第40—43页。

江磊：《〈藏珠记〉：探寻中国故事的诗性讲述》，《南腔北调》，2018年第7期，第44—48页。

冯阳：《身份认同的焦虑——评乔叶长篇小说〈认罪书〉》，《神州》，2018年第8期，第26页。

李洱：《乔叶的另一只眼睛》，《语文世界（中学版）》，2018年第11期。

余丹：《乔叶：中原大地上的紫色牡丹》，《语文世界（中学生之窗）》，2018年第11期，第8—11页。

屈兰：《"另类的"女性书写——评乔叶小说〈四十三年简史〉》，《戏剧之家》，2018年第12期，第230页。

曹霞：《被异化的当代生活——评乔叶的〈随机而动〉》，

《文学教育（上）》，2018年第12期，第12页。

　　游洁洁:《多重镜面下的女性精神空间——乔叶〈最慢的是活着〉人物解读》，《大众文艺》，2018年第12期，第14—15页。

　　杜欢欢:《论乔叶小说中的欲望书写》，《青年文学家》，2018年第15期，第48页。

2019年

　　刘静:《论〈藏珠记〉的多重叙述视角与穿越架构》，《郑州师范教育》，2019年第1期，第79—81页。

　　雷江:《被爱岂是理所当然?——读乔叶〈有那样一个下午〉》，《小雪花（初中高分作文）》，2019年第Z1期，第5—7页。

　　周燕芬、刘青、魏沁琳:《跨越历史与现实的人性之思——乔叶长篇小说〈认罪书〉〈藏珠记〉讨论课》，《新文学评论》，2019年第1期，第142—147页。

　　翟琳琳:《乔叶小说〈月牙泉〉英译研究》，《海外英语》，2019年第2期，第64—65页。

　　杨珺:《隐忍与僭越——乔叶小说女性人物论》，《广西师范大学学报（哲学社会科学版）》，2019年第3期，第16—20页。

　　郭海荣:《〈藏珠记〉:传奇背景下的俗世生活》，《牡丹》，2019年第4期，第104—109页。

宫敏捷:《时间的灰烬——读乔叶〈她〉》,《南方文学》2019年第4期,第150—152页。

刘世芬:《真伪作家辨》,《文学自由谈》,2019年第4期,第83—90页。

徐洪军:《以女性主义拷问人性,抑或相反——论乔叶的短篇小说〈零点零一毫米〉》,《郑州师范教育》,2019年第4期,第79—83页。

潘磊:《一个乡村叛逃者视角下的乡村档案——读乔叶〈拆楼记〉》,《写作》,2019年第4期,第97—102页。

王梅:《"原罪"之罪——读乔叶长篇小说〈认罪书〉》,《湖北工业职业技术学院学报》,2019年第5期,第46—50页。

孟繁华:《在"头条"里我们看到了什么——评乔叶的短篇小说〈头条故事〉》,《北京文学(精彩阅读)》,2019年第7期,第62页。

何微:《"至此无山"与"山外青山"——评乔叶短篇〈至此无山〉》,《边疆文学(文艺评论)》,2019年第7期。

郭洁:《以乔叶散文指导学生作文》,《商情》,2019年第8期,第194页。

张凤梅:《中原作家群关于乡下人进城的文学表达——乔叶和刘庆邦同题异构》,《视界观》,2019年第17期,第19—20+23页。

张丽颖：《最慢的是活着——读乔叶〈最慢的是活着〉》，《中国出版》，2019年第21期，第15页。

李勇：《焦虑与对焦虑的抗拒》，《新世纪文学的河南映像》，人民文学出版社2019年版，第128—137页。

李勇：《小说写作是我精神成长最有效的途径——乔叶访谈录》，《新世纪文学的河南映像》，人民文学出版社2019年版，第137—154页。

2020年

江磊：《文学的价值之一是"丰富"——乔叶文学访谈录》，《平顶山学院学报》，2020年第1期，第44—50页。

张艳梅：《"七〇后作家研究"栏目主持人语》，《枣庄学院学报》，2020年第1期，第1页。

褚珊珊、马兵：《丰饶，或不及物的反刍——乔叶论》，《枣庄学院学报》，2020年第1期，第2—8页。

张淑坤、刘广远：《苦难叙事中的自救与他救——谈乔叶长篇小说〈我是真的热爱你〉》，《枣庄学院学报》，2020年第1期，第9—14页。

唐长华：《乔叶小说集〈她〉中的性别叙事话语》，《枣庄学院学报》，2020年第1期，第15—19页。

刘启涛:《〈拆楼记〉与一代人的"乡痛"》,《枣庄学院学报》,2020年第1期,第20—25页。

魏华莹:《从自我经验出发——谈乔叶作品的纪实与虚构》,《写作》,2020年第1期,第76—81页。

江磊、乔叶:《非虚构写作在努力拓宽文学创作的边界——乔叶访谈录》,《写作》,2020年第1期,第68—75页。

朱一帆:《阐释者的焦虑——写在乔叶〈拆楼记〉修订再版后》,《写作》,2020年第1期,第82—87页。

张瑗、沈芬:《"70后"女作家"自我"书写中的主体探寻——以鲁敏、魏微、庆山、乔叶为对象》,《当代作家评论》,2020年第2期,第18—23页。

姜汉西:《非虚构写作的层次结构:从问题意识到正义精神——以梁鸿和乔叶的相关作品为考察中心》,《天府新论》,2020年第4期,第143—149页。

杨庆祥:《一意孤行的写作——乔叶新作〈藏珠记〉讨论会》,《西湖》,2020年第3期,第93—105页。

袁雪:《〈认罪书〉:忏悔无力后的死亡救赎》,《牡丹江大学学报》,2020年第4期,第41—45页。

欧阳蒙、欧阳宁:《论乔叶小说叙事时限中生命常态——以〈最慢的是活着〉为例》,《读天下》,2020年第21期,第263页。

2. 研究专著

李群编著：《中原作家群研究资料丛刊·邵丽、乔叶、计文君研究》，河南大学出版社2015年版。

3. 硕士学位论文

雷颜丽：《乔叶散文的修辞探析》，漳州师范学院，2012年。

张苏丽：《论乔叶的小说创作》，山西大学，2013年。

张利平：《乔叶小说中的苦难书写》，山东师范大学，2013年。

张馨：《坚守与超越——论文学豫军中青年女作家乔叶的创作》，河南师范大学，2014年。

陈彦平：《文学伦理学视野下的乔叶小说研究》，广西大学，2014年。

安丽姗：《温婉的匕首——论乔叶的小说创作》，广西师范大学，2015年。

孔婧：《论乔叶女性写作中的自审特征》，四川师范大学，2015年。

邓文芳：《坚守与和解——论乔叶的小说创作》，安徽大学，2016年。

孙蓄:《乔叶小说论》,江西师范大学,2016年。

徐潇:《聆听生命的隐痛——论乔叶小说的伦理叙事》,沈阳师范大学,2016年。

王欢:《论乔叶小说的女性书写》,山东师范大学,2016年。

董晓明:《社会性别视野与乔叶小说创作》,天津师范大学,2017年。

于丽敏:《论乔叶小说的欲望书写》,广西师范大学,2017年。

马敏:《论乔叶小说的人性书写》,武汉大学,2017年。

潘晨:《论乔叶小说人物形象及风格——以〈我是真的热爱你〉为例》,广东技术师范学院,2018年。

蒲伊琳:《乔叶的小城文学研究》,河南大学,2018年。

曹丽萍:《性别视野中的乔叶小说》,阜阳师范学院,2018年。

曹昙昙:《论乔叶小说的救赎意识》,山东师范大学,2020年。

作家创作年表

1996年

4月，散文集《孤独的纸灯笼》由上海人民出版社出版。

1998年

1月，短篇小说《一个下午的延伸》发表于《十月》1998年第1期。

6月，散文集《坐在我的左边》由中国青年出版社出版。

2000年

1月，散文集《迎着灰尘跳舞》由福建人民出版社出版。

8月，散文集《薄冰之舞》由长江文艺出版社出版。

10月，散文集《喜欢和爱之间》由中国国际广播出版社出版。

10月，散文集《爱情底片》由浙江人民出版社出版。

2001 年

5月，散文集《自己的观音》由中国青年出版社出版。

2003 年

10月，长篇小说《我是真的热爱你》发表于《中国作家》2003年第10期。

2004 年

4月，长篇小说《我是真的热爱你》由长江文艺出版社出版。

8月，中篇小说《我承认我最怕天黑》发表于《百花洲》2004年第4期。

11月，中篇小说《紫蔷薇影楼》发表于《人民文学》2004年第11期。

12月，短篇小说《普通话》发表于《都市小说》2004年第12期。

2005 年

1月，散文集《我们的翅膀店》由中国青年出版社出版。

2月，短篇小说《深呼吸》发表于《上海文学》2005年第2期。

2月，中篇小说《爱情六周记》发表于《都市小说》2005年第2期。

3月，短篇小说《取暖》发表于《十月》2005年第2期。

3月，中篇小说《他一定很爱你》发表于《十月》2005年第2期。

3月，中篇小说《从窗而降》发表于《十月》2005年第2期。

7月，中篇小说《解决》发表于《红豆》2005年第7期。

8月，中篇小说《芹菜雨》发表于《都市小说》2005年第8期。

9月，中篇小说《轮椅》发表于《人民文学》2005年第9期。

2006年

1月，长篇小说《爱一定很痛》发表于《小说月报·原创版》2006年第1期。

1月，中篇小说《打火机》发表于《人民文学》2006年第1期。

7月，短篇小说《遍地棉花》发表于《芒种》2006年第7期。

8月，中篇小说《锈锄头》发表于《人民文学》2006年第8期。

8月，短篇小说《不可抗力》发表于《中国作家》2006年第8期。

8月，中篇小说《山楂树》发表于《布老虎中篇小说·

2006·夏之卷》，9月由春风文艺出版社出版。

2007年

1月，长篇小说《虽然，但是》由河南文艺出版社出版。

4月，中篇小说《旦角》发表于《西部·华语文学》2007年第4期。

5月，散文集《天使路过》由哈尔滨出版社出版。

5月，中短篇小说集《我承认我最怕天黑》由山东文艺出版社出版。

6月，长篇小说《结婚互助组》发表于《西部·华语文学》2007年第6期。

7月，短篇小说《像天堂在放小小的焰火》发表于《收获》2007年第4期。

9月，长篇小说《底片》发表于《长江文艺·长篇小说》2007年秋季号。

10月，散文集《五颗樱桃》由江苏文艺出版社出版。

10月，长篇小说《结婚互助组》由江苏文艺出版社出版。

10月，短篇小说《防盗窗》发表于《滇池》2007年第10期。

11月，中篇小说《指甲花开》发表于《上海文学》2007年第11期。

2008 年

2月，短篇小说《良宵》发表于《人民文学》2008年第2期。

2月，短篇小说《最后的爆米花》发表于《山花》2008年第2期。

5月，中篇小说《最慢的是活着》发表于《收获》2008年第3期。

7月，短篇小说《家常话》发表于《上海文学》2008年第7期。

7月，短篇小说《爱情传奇》发表于《小说界》2008年第4期。

9月，长篇小说《底片》由群众文艺出版社出版。

12月，短篇小说《一个豫剧女演员的落泪史》发表于《西部·华语文学》2008年第12期。

12月，中篇小说《拥抱至死》发表于《青年文学》2008年第12期。

2009 年

3月，散文集《黑布白雪上的花朵》由安徽少儿出版社出版。

9月，中篇小说集《最慢的是活着》由上海万卷出版公司出版。

9月，中篇小说《失语症》发表于《人民文学》2009年第9期。

9月，中篇小说《叶小灵病史》发表于《北京文学》2009年第9期。

9月，中篇小说《我信》发表于《芒种》2009年第9期。

2010年

4月，中篇小说《龙袍》发表于《绿洲》2010年第4期。

10月，短篇小说《妊娠纹》发表于《北京文学》2010年第10期。

10月，短篇小说《语文课》发表于《延河》2010年第10期。

10月，散文集《薄荷一样美好的事》由江苏文艺出版社出版。

2011年

2月，短篇小说《月牙泉》发表于《西部》2011年第2期。

5月，中短篇小说集《最慢的是活着》由浙江文艺出版社出版。

6月，中短篇小说集《最慢的是活着》由江苏文艺出版社出版。

6月，非虚构小说《盖楼记》发表于《人民文学》2011年第6期。

9月，非虚构小说《拆楼记》发表于《人民文学》2011年第9期。

10月，散文集《玫瑰态度》由上海辞书出版社出版。

2012年

1月，中短篇小说集《失语症》由工人出版社出版。

4月，中短篇小说集《被月光听见》由21世纪出版社出版。

5月，非虚构小说《拆楼记》由河南文艺出版社出版。

5月，中篇小说《扇子的故事》发表于《山花》2012年第5期。

2013年

2月，中篇小说《拾梦庄》发表于《长江文艺》2013年第2期。

5月，长篇小说《认罪书》发表于《人民文学》2013年第5期。

9月，中篇小说《在土耳其合唱》发表于《莽原》2013年第5期。

11月，长篇小说《认罪书》由北京十月文艺出版社出版。

2014年

1月，短篇小说《鲈鱼的理由》发表于《时代文学》2014

年第1期。

1月，短篇小说《黄金时间》发表于《花城》2014年第1期。

1月，中短篇小说集《月牙泉》由中国言实出版社出版。

1月，散文集《刀爱》由新疆电子音像出版社出版。

4月，中篇小说集《最慢的是活着》由现代出版社出版。

9月，散文集《谁在风中留下》（中英对照译本）由外文出版社出版。

2015年

1月，中短篇小说集《旦角》由安徽文艺出版社出版。

1月，散文集《深夜醒来》由当代中国出版社出版。

1月，散文集《走神》由河南文艺出版社出版。

1月，短篇小说《塔拉，塔拉》发表于《芒种》2015年第1期。

2月，中篇小说《卡格博峰上的雪》发表于《大观》2015年2月上旬刊。

3月，中短篇小说集《拥抱至死》由山东文艺出版社出版。

4月，中短篇小说集《指甲花开》由台海出版社出版。

7月，短篇小说《煲汤》发表于《回族文学》2015年第4期。

8月，散文集《让自己有光》由厦门大学出版社出版。

9月，短篇小说《玛丽嘉年华》发表于《江南》2015年第5期。

10月，短篇小说《煮饺子千万不能破》发表于《青年作家》2015年第10期。

11月，中短篇小说集《打火机》由河南文艺出版社出版。

11月，中短篇小说集《取暖》由长江文艺出版社出版。

2016年

1月，短篇小说《原阳秋》发表于《人民日报》2016年1月6日。

1月，散文集《生活家》由江苏文艺出版社出版。

5月，短篇小说《送别》发表于《天津文学》2016年第5期。

6月，短篇小说《上电视》发表于《作家》2016年第6期。

6月，短篇小说《厨师课》发表于《长江文艺》2016年第6期。

8月，中短篇小说集《一个下午的延伸》由作家出版社出版。

12月，短篇小说《走到开封去》发表于《作家》2016年第12期。

2017年

1月，短篇小说《零点零一毫米》发表于《作品》2017年第1期。

3月，中短篇小说集《最慢的是活着》由江苏文艺出版社出版。

5月，长篇小说《藏珠记》发表于《十月》2017年第3期。

7月，短篇小说《说多就没意思了》发表于《莽原》2017年第4期。

8月，短篇小说《进去》发表于《广西文学》2017年第8期。

8月，长篇小说《藏珠记》由作家出版社出版。

9月，短篇小说《口罩》发表于《作家》2017年第9期。

9月，小说集《最慢的是活着》由作家出版社出版。

11月，中篇小说《四十三年简史》发表于《人民文学》2017年第11期。

11月，非虚构小说《拆楼记》修订版由北京十月文艺出版社出版。

2018年

1月，小说集《塔拉，塔拉》由太白文艺出版社出版。

1月，小说集《在土耳其合唱》由北京十月文艺出版社出版。

1月，长篇小说《我是真的热爱你》(修订版）由四川文艺出版社出版。

1月，长篇小说《结婚互助组》(修订版)由四川文艺出版社出版。

1月，小说集《像天堂在放小小的焰火》由四川文艺出版社出版。

6月，散文集《天气晴朗，做什么都可以》由北京联合出版公司出版。

6月，散文集《一往情深过生活》由北京联合出版公司出版。

8月，散文集《香蒲草的旅程》由人民日报出版社出版。

9月，短篇小说《随机而动》发表于《青年文学》2018年第9期。

10月，诗集《我突然知道》由河南文艺出版社出版。

11月，散文集《我常常为困惑而写》由河南大学出版社出版。

11月，短篇小说《象鼻》发表于《南方文学》2018年第6期。

2019年

1月，短篇小说《至此无山》发表于《中国作家》2019年第1期。

6月，中篇小说《朵朵的星》发表于《人民文学》2019年第6期。

6月，小说集《她》由广西师范大学出版社出版。

7月，短篇小说《头条故事》发表于《北京文学》2019年第7期。

7月，短篇小说《在饭局上聊起齐白石》发表于《花城》2019年第4期。

2020年

3月，非虚构作品《小瓷谈往录》发表于《十月》第2期。

8月，短篇小说《卧铺闲话》发表于《人民日报》2020年6月6日。

11月，短篇小说《给母亲洗澡》发表于《北京文学》2020年第11期。

后　记

　　这套"当代河南女作家研究资料汇编"系列丛书分为五本，包括:《当代河南女作家研究资料汇编　何向阳卷》《当代河南女作家研究资料汇编　邵丽卷》《当代河南女作家研究资料汇编　梁鸿卷》《当代河南女作家研究资料汇编　乔叶卷》《当代河南女作家研究资料汇编　计文君卷》。为全面而完整地呈现这些作家的创作及研究样貌，每本书二十余万字，分为六部分:作家作品选、作家创作谈、对谈、研究论文、研究资料索引、作家创作年表。

　　作为资料选编，我们的工作主要致力于对21世纪以来的河南女作家——何向阳、邵丽、梁鸿、乔叶、计文君的研究论文进行收集、汇编。在我的构想里，这些研究资料的编纂是构成当代河南女性文学发展史的重要部分，尝试呈现河南女性文学的发展脉络。我所期待的是，这套资料汇编能尽可能兼容并包，众语喧哗，为河南女性文学发展提供丰富翔实而深具学术品质的参考。

特别致谢五位青年批评家——行超、李馨、杨毅、马思钰、张天宇，作为每本研究资料的副主编，他们承担了研究资料的基础搜集和整理工作，而具体篇目的选定，则由我和他们分别商量、讨论定稿。

感谢河南省文联、河南作家协会的资助。感谢五位作家何向阳、邵丽、梁鸿、乔叶、计文君的作品授权。感谢责任编辑韩晓征、李婧婧、张小彩、窦玉帅及北京十月文艺出版社，没有他们的工作，就没有这个系列研究资料的问世。

张莉

2021年6月9日

图书在版编目（CIP）数据

当代河南女作家研究资料汇编. 乔叶卷 / 张莉，李
馨主编. -- 北京：北京十月文艺出版社，2021.9
ISBN 978-7-5302-2162-4

Ⅰ. ①当… Ⅱ. ①张… ②李… Ⅲ. ①乔叶—文学研
究②乔叶—人物研究 Ⅳ. ①I206.7②K825.6

中国版本图书馆 CIP 数据核字 (2021) 第 117786 号

当代河南女作家研究资料汇编　乔叶卷
DANGDAI HENAN NÜ ZUOJIA YANJIU ZILIAO HUIBIAN　QIAOYE JUAN
张莉　李馨　主编

出　　版　北 京 出 版 集 团
　　　　　北京十月文艺出版社
地　　址　北京北三环中路 6 号
邮　　编　100120
网　　址　www.bph.com.cn
发　　行　新经典发行有限公司
　　　　　电话（010）68423599
经　　销　新华书店
印　　刷　北京盛通印刷股份有限公司
版　　次　2021 年 9 月第 1 版
　　　　　2021 年 9 月第 1 次印刷
开　　本　850 毫米 ×1168 毫米　1/32
印　　张　15
字　　数　260 千字
书　　号　ISBN 978-7-5302-2162-4
定　　价　55.00 元
质量监督电话　010-58572393
如有印装质量问题，由本社负责调换。